《 개정판 》

두 얼굴의 미국과 한국전쟁

| 오로지·남호정 |

휴엔스토리

"한번 거짓말하고, 두 번째 더 큰 거짓말을 하면 사람들은 이내 그것을 믿는데 영국인들은 이 원칙을 잘 따른다. 영국 지배층은 아무리 배꼽을 잡게 만드는 거짓이라도 거짓을 끝까지 유지한다."

독일 나치의 선전 계몽부 장관 요제프 괴벨스는 이처럼 처칠과 영국 정보부의 거짓선전을 비판했다. 영국 역사가들은 그의 언급을 그대로 놓아둔 채 주체만 바꾸어 진실을 왜곡했다. 주어인 영국이 갑자기 괴벨스로 바뀐 것이다. 그리고 이 왜곡이 무려 3세대를 이어왔다. 어떤 역사가도 괴벨스의 어록을 읽지 않았거나, 읽었다 하더라도 내용을 무시했다는 뜻이 된다.

승자의 역사는 이런 식으로 기술된다. 경찰이 현장 조사를 나가듯이, 승자의 역사는 주어진 현실을 왜곡하지 않는다. 현실을 꼭 붙잡는 대신 그 위에서 움직이는 주체와 객체를 뒤바꿀 뿐이다. 승자의 역사는 객관적인 현실의 주체를 뒤바꾼 후 주체를 선과 악으로 나누고, 진영논리를 세우며 그것을 공식화한다. 역사가 현실에 근거했다고 하니 사람들은 이를 믿는다. 그 위에서 선과 악을 나누었으니 이것도 믿는다. 의식과 도덕, 머리와 가슴이 함께 세뇌당하는 것이다. 실상, 승자가 장악한 강단의 교육과 역사는 세뇌의 그것이었다. 학교에 다니면 다닐수록 편협해지고 진실과 멀어지는 정신세계를 우리는 충분히 경험했다.

강단의 교육과 역사는 역사를 왜곡하여 소수 승자에게 엄청난 이익을 장기적으로 안겨주었다. 그랬던 근대 자본주의 역사도 제 스스로 서서히 끝나가고 있다. 기존 체제로는 더 이상 얻을 이익이 없기 때문이다. 끝나가는 역사를 붙잡고 늘어지는 교육기관과 역사학자들은 현재 역사를 두 번 왜곡하는 꼴이다. 이래서는 세계시민이 제대로 된 삶을 살아갈 수 없다. 눈치 볼 것 없이 교육과 역사 바깥으로 나갈 필요가 있다. 역사 바깥으로 나가면, '역사가 승자의 기록'이라 불평하며 교단을 오가던 역사학자들이 정작 승자의 기록자들이었다는 사실을 알게 된다. 그들의 게으름과 기만도 알게 된다. 역사와 역사가에 의해 배신당했다고 느끼는 지점이 역사 그 자체로부터 벗어나는 지점이며 동시에 승자의 감수성으로부터도 벗어나는 정신현상학적 귀결이다.

오로지의 이 책은 승자의 역사로부터 벗어나 자주적으로 생각하고 살고 싶은 이들에게 소중한 역할을 담당할 것이다. 이 책은 역사가 아니라 역사의 수레바퀴에 모래를 끼얹는 반反 역사를 담고 있다. 절벽에 떨어지는 수레를 멈추는 방법은 새로운 바퀴를 다는 일이 아니라, 바퀴를 멈추게 하는 일이다.

신항식
전 홍익대 교수
현 새한일보 주필 겸 한국 아나키즘학회 학회장

추천사 Ⅱ

2차 대전 이후 유럽과 아시아는 물론 세계 전역을 장악하려는 미국의 야심은 조선반도에 대해서는 일제의 그것과 크게 다르지 않았다. 1945년 9월 9일, 한반도 남쪽에 상륙한 맥아더의 "금일 북위 38도 이남의 조선영토를 점령한다"는 포고령에서는 점령군의 속셈을 느낄 수 있다. 일제와 다르지 않았던 목적으로 인하여 미군정은 일제에 부역했던 친일파들이 남한을 계속해서 장악하게 하는 단초를 제공한다. 대학에서 학생들을 가르치며 학생들의 세계관과 역사관을 확립하는 데 도움이 될만한 일부 충격적인 자료들을 추천할 때가 있다. 자료를 공부한 후, 학생들이 자주 되뇌는 구문 하나는 본인이 "우물 안 개구리였다."라는 말이다.

우리는 한국전쟁에 대해서 그저 승자들이 들려주는 모범답안만을 교육받아 온 것이 사실이다. 진실은 '믿으라고 배운 모든 것들을 의심해 보는 사람들에게만 보이는 것'이다. 또한 '좌파'니 '우파'니 '빨갱이'니 '수꼴'이니 우물 안 개구리 논쟁에서 역사적 진실은 개구리 시야로는 보기 어렵다. 어쩌면 조금 물러나 당시 한반도를 좀 더 넓은 역사적, 정치지정학적 시각에서 되돌아보아야 역사적 진실에 더 접근할 수 있으리라 생각한다. 역사를 잊은 민족에게 미래는 없다는 말이 의미하는 것처럼 역사적인 진실 규명은 우리 민중의 삶의 방향을 결정짓는 중요한 문제다.

구조적으로 점점 사회적 경제적 약자가 되어갈 수밖에 없는 우리 민중들의 빼앗겨 가는 시민권을 수호하기 위해 헌신하시는 오로지 선생님의 《한국의 GMO 재앙을 보고 통곡하다》, 《백신주의보》에 이어 《두 얼굴의 미국과 한국전쟁》 출간을 축하드리며 한국전쟁에 대한 역사적인 진실 접근에 힘쓰신 노력에 깊은 감사를 드린다.

김세령
전 경희대학교 생명과학대학 교수

우리 사회의 근본적이고도 민감한 문제를 파헤치는 저자의 용기와 애국심에 감사드립니다.

6·25전쟁은 우리 현대사의 가장 뼈아픈 부분입니다. 반만년의 역사 동안 6·25전쟁만큼 비참하고도 잔혹한 골육상잔의 전쟁이 없었습니다. 그것도 외세까지 합쳐져서 3년간이나 엄청난 무기를 우리 민족의 머리 위에 가지고 와서 터뜨린 전쟁이 어디에 있었습니까? 이렇게 잔인한 전쟁의 비극을 우리 민족은 이전에 겪은 적이 없으며, 앞으로도 영원히 일어나서는 안 될 것입니다.

전쟁은 70여 년 전에 끝났지만 전쟁의 상처는 아직도 여전히 남아있고, 전쟁으로 인해 왜곡된 정치, 사회 구조는 여전히 우리의 삶을 왜곡하고 있습니다. 그래서 6·25전쟁을 정면으로 파헤치는 것 자체가 아직도 우리 사회의 금기된 영역입니다. 6·25전쟁은 전쟁의 상처가 완전히 아물고 분단구조를 완전히 극복할 때까지 우리의 생활 하나하나를 옥죄고 있을 것입니다. 다만 그것을 깨닫지 못하거나, 그래도 우리 민족의 힘으로 이런 현실을 돌파하고 성장과 진화를 이루어 가고 있음에 가려져서 당장 느끼지 못할 수는 있지만 그래도 여전히 6·25전쟁은 우리의 질곡으로 작용하고 있으며, 또한 확대 재생산되고 있습니다. 아직도 레드콤플렉스가 우리 사회의 곳곳에서 자유로운 정책의 논의와 사상과 양심의 자유를 가로막고 있으며,

분단의 극복과 통일의 길을 방해하고 있습니다.

저자 오로지 선생의 글은 이렇게 우리 사회의 근저에 흐르는 중요한 문제인 6·25전쟁을 정면으로 파헤치고 있습니다. 이 길은 참으로 어렵고 험난한 길을 가는 개척자의 길입니다. 오로지 선생은 자신이 지은 성명대로 오로지 애국애족을 위해 자신의 영화나 안위를 돌보지 않고 곧은 길을 나아가고 있습니다. 그 용기와 헌신에 존경의 마음으로 격려를 보냅니다.

물론 책 하나로 거대한 역사를 다 규명한다는 것은 아니지만, 올바른 역사 규명의 불씨가 될 수 있겠습니다. 저는 오로지 선생의 이번 책이 올바른 역사 규명에 중요한 불씨가 될 것으로 확신합니다. 아울러 이 책이 올바른 역사 규명의 많은 다른 노력들을 불러일으키기를 바랍니다. 한 사람의 힘은 약하지만 수많은 사람의 힘이 모이면 태산을 옮기는 역사를 보아왔으며, 우리는 그리되기를 바랍니다.

우리가 역사를 파헤치고 공부하는 이유는 첫째는 왜곡된 역사선동에 속지 않아야 한다는 것이며, 둘째는 오욕의 역사를 반복하지 않기 위해서이며, 셋째는 역사 자체가 우리에게 앞날을 올바로 살아가도록 비추어 주는 빛이기 때문입니다. 6·25전쟁의 역사를 정면으로 다룬 오로지 선생의 책은 온갖 부당한 왜곡을 떨치고 우리의 앞날을 환하게 비추어 줄 환한 빛이 되기를 희망하고 기원하겠습니다. 오로지 선생의 건강과 성장을 바랍니다.

이광희
현 김해시의회 의원
동국대 북한학 석사

머리말

과거를 조정하는 자가 미래를 조정한다.
현재를 조정하는 자가 과거를 조정한다.

_조지 오웰George Orwell

우리의 생각을 바꾸기 전에는 세상을 바꿀 수 없다.

_알베르트 아인슈타인Albert Einstein

현재 우리의 사회와 문화 그리고 정치면에서 아마도 가장 돋보이는 특성은 우리 자신을 좌와 우 혹은 진보와 보수로 구별 짓는 고정관념(혹은 강박관념)일 것이다. 심지어 코로나 전염병 같은 과학과 수치의 문제에 있어서도 좌와 우라는 정치적 대결 구도에 갇힌 반응을 볼 때 좌절감에 빠지게 된다.

한국 사람들에게 6·25전쟁이란 뼈아픈 경험은 70년이 지난 지금도 좌아니면 우라는 이분법적 사고방식이 마음 깊숙이 새겨진 트라우마로 남아있다. 마치 충격적인 경험으로 마음의 상처를 깊이 받은 사람이 평생 고생하듯이, 지울 수 없는 전쟁의 충격은 오늘날까지 이성적 판단을 어렵게 만든다. 우리 한국 사람은 치유가 필요하다. 그러기 위해서는 한국전쟁에 대한 진실된 접근과 관찰이 절실하게 필요하다.

그렇다면 1950년 6월 25일에 시작되어 1953년 7월 27일에 정전이 된 이

전쟁에 대하여 한국 사람들은 얼마나 잘 알고 있을까? 이에 대해 권영근 전 공군사관학교 교수는 다음과 같이 말한다:

> 미국인들이 저술한 이들 관련 책을 읽으면서 필자는 6·25전쟁에 관해 한 국인들이 알고 있는 것들이 대부분 오류라는 사실을 확인하고 있다.^{머리말-1)}

많은 사람들은 이런 터무니없게 들리는 주장을 받아들이기가 무척 힘들 것이다. 한국 사람들은 한국전쟁에 대해 어릴 때부터 끊임없이 듣고, 읽고, 보아왔기 때문에 38선이 어떻게 그어졌고, 한국전쟁은 언제, 왜, 누가 일으 켰는가를 잘 알고 있다는 확신을 가지고 있을 것이다. 그렇다면 권영근 교 수는 도대체 왜 한국인들이 한국전쟁에 대해 알고 있는 것들이 작은 부분 도 아닌 "대부분 오류"라고 말을 할까? 권영근 교수의 말이 맞다면, 그의 말 대로 한국전쟁사는 "전면 개정"이 필요할 것이다.^{머리말-1)}

그런데 여기에는 또 다른 중요한 의문이 생긴다. 왜 우리가 알고 있는 한국전쟁에 관한 대부분의 정보가 오류일까? 왜 우리는 불과 70년 전의 과 거를 모르는가?

진실이 억압되기 때문일 것이다. 여기에 한 논문에 인용된 사례를 들어 보겠다.

1977년 미술을 전공하는 서울의 한 학생이 일본에 여행을 간 아버지로 부터 일본어로 발행된 파블로 피카소 작품집을 우편으로 받았다. 그런데 의아하게도 그림 하나가 매직펜으로 까맣게 칠해져 가려져 있었다(그림 머 리말-1).^{머리말-2)} 가려진 그림은 피카소가 1951년 완성한 "한국에서의 학살 Massacre in Korea"이라는 제목의 그림이었다. 피카소의 작품은 추상화임에도 그 림에서 풍겨 나오는 비극을 실감할 수 있다. 죽음의 공포에 질린 임산부, 아기엄마, 그 아래에서 무슨 일이 벌어지는지도 모르고 꽃을 보듬으려는

아기, 그리고 벌거벗은 이들에게 총부리를 겨누는 무장한 군인들. 피카소
는 이들의 잔악함을 고발하고 있다(그림 머리말-2).

그런데 이 정도로 온
세계가 다 아는 화가의
그림이 가려질 정도라면,
우리가 모르거나 잘못 알
고 있는 그 외의 것들은
어느 정도일까? 한반도
가 분단되고 전쟁이 벌어
진 지 70년이 넘게 지난
지금도 접근할 수 없고
논의할 수 없는 정보가
얼마나 많을까?

그림 머리말-1) 검열로 삭제된 피카소의 <한국에서의 학살
(Massacre en Corée)> 《현대세계미술전집》, 6th ed., vol.14,
Picasso, 1977, 도쿄: 集英社, 정영목 교수의 2001년 <조형> 24
호 논문

필자가 이 책을 쓰는
이유는 다음과 같다. 첫
째, 한국전쟁의 잘못된
정보를 파악하고 확실한 증거를 바탕으로 진실을 가려보려는 것이다. 둘
째, 누가 정보를 가리려 하며 또 그들에게 정보가 어떻게 이용돼 왔는지 밝
혀 경계하게 하려는 것이다. 셋째, 이 허위 정보들이 추구하는 목표가 무엇
인지를 생각해 보자는 것이다. 넷째, 그렇게 함으로 우리의 역사적 판단을
도우려는 것이다.

불행하게도 우리는 지난 100여 년 동안 제대로 된 정보를 바탕으로 교
육을 받아본 적이 없다. 그러기에 무엇보다 정확한 정보가 바탕이 된 역사

그림 머리말-2) 피카소, <한국에서의 학살(Massacre en Corée)> (출처: pablopicasso.org)

의식이 필요하다.

"전쟁이 벌어지게 되면 그 첫 번째 사상자는 진실"이라는 말이 있다. 이제라도 한국전쟁을 비롯한 우리의 현대사가 얼마나 많이 오도되었는가를 알아가는 작은 출발점으로 열린 마음을 가진 독자들에게 이 책을 권한다.

차례

1장

억압되는 정보들

모두의 유일한 보안은 자유 언론에 있다.

_토머스 제퍼슨Thomas Jefferson

금서

출판의 자유는 헌법에 보장되어 있고 민주주의를 표방한 거의 모든 나라들이 지향하는 가치다. 그렇기 때문에 언론 자유를 강조하는 미국에서 책을 금지하는 일은 없을 것으로 여겨진다. 하지만 뉴욕대학NYU의 마크 밀러Mark C. Miller 교수는 지난 수십 년간 억압되고 있는 책들이 있다고 말한다. 다만 독재국가들처럼 직접 책 출판을 금지시키는 것이 아니라, 정부나 기업들이 책들을 증발시켜서 의문의 품절이 되게 하는 것이다.

밀러 교수는 이렇게 사라진 책들을 최근에 재출판했다. '금지된 책들Forbidden Bookshelf'이라고 불리는 이 시리즈에는 한국전쟁에 관련된 책도 포함되어 있다. 스톤I. F. Stone 기자가 1952년에 출간한 《한국전쟁 비사The Hidden

History of the Korean War》가 2014년에 '금지된 책들' 시리즈로 재출간되었다.

그런데 이 책이 비공식적인 금서였다면 어떤 내용을 감추기 위해 그랬던 것일까? 누가 이 책을 감추려고 했을까? 스톤의 책은 소위 '남침유도설'을 가장 먼저 제기했다. 스톤은 한국전쟁에 대한 미국정부의 공식발표에 도전하며 거대한 음모의 존재 가능성을 드러냈다.

스톤은 뉴욕 데일리 컴퍼스의 기자로서 처음에는 동료들과 마찬가지로 미국정부가 제공하는 한국전쟁의 진행 과정에 관한 정보를 받아들였다. 그리고 북한(조선)이 소련의 도움으로 기습남침을 했다고 여겼다. 하지만 스톤은 1950년 8월 파리에서 취재하던 중 영국과 프랑스에서 보도되는 한국전쟁에 관한 기사가 미국에서 발표되는 뉴스와는 다른 것을 알게 된다. 그 당시 미국 언론들은 동경에 주둔한 더글러스 맥아더Douglas MacArthur 장군의 본부에서 전달하는 내용을 그대로 전달하는 수준이었다. 스톤은 그때부터 한국전쟁을 다른 시각에서 취재하기 시작한다.

그는 한국전쟁을 다르게 평가하는 첫 기사를 뉴욕《데일리 컴퍼스The Daily Compass》와 프랑스 언론에 게재했다. 이 기사에 대해 미국에서는 별 반응이 없었지만 프랑스에서는 외교 관계자들 사이에 큰 혼란이 일어났다. 1951년 2월 15일 프랑스 언론《롭세르바퇴르L'Observateur》지의 클로드 부르데Claude Bourdet는 한국전쟁에 대해 다음과 같이 논평을 냈다:

> 스톤의 기사가 맞다면, 군사 역사상 가장 큰 사기가 벌어지고 있다. 이것은 예사로운 사기가 아니다. 평화가 가능한 때에 고의적이고 악랄한 조작으로 방해하고 있는 것이다.[1-1]

스톤은 '한국전쟁의 원인'이라는 제목의 두 번째 원고를 썼는데 미국과 프랑스 신문사에서 거절당했다. 그러다 영국 언론에 게재할 수 있었는데, 그는 이 기사의 확장된 내용을 이후 책으로 썼으나 워싱턴의 압력으로 출간 시도는 실패했다. 이미 네 권의 성공적인 책을 저술한 경력이 있음에도 스톤의 책은 28개의 출판사에서 거절당했다. 그러다 그 책은 결국 1952년 봄 미국의 한 출판사에 의해 세상에 나올 수 있었다.

스톤은 이 책에서 마치 노련한 형사가 범죄를 수사하듯이 여러 자료를 분석하고 추리하여 한국전쟁의 원인을 기술하고 있다. 특히 주류 언론에서 발표된 관련 기사들의 모순과 허위를 발견하여 진실을 파악하는 특출한 능력이 돋보인다. 한국전쟁을 직접 목격하지 않고도 여러 언론의 기사를 분석하여 엄청난 음모를 간파했다는 점은 무척 놀랍다. 오히려 멀리서 한국전쟁의 상황을 주시했기에 큰 그림을 더 잘 파악할 수 있었는지도 모른다.

시카고대 교수이자 《한국전쟁의 기원》을 쓴 브루스 커밍스Bruce Cumings는 스톤의 2014년 재인쇄본에 서문을 썼는데 "그가 말한 모든 것은 'a, an, the'와 같은 관사까지도 모두 진실이다."라고 적었다. 앞으로 나올 내용이지만 70년 전에 쓰여진 이 책이 주장하는 내용이 최근에 공개된 수많은 증거들에 의해 뒷받침되고 있다.

《한국전쟁 비사The Hidden History of the Korean War》라는 책 이름으로 알 수 있듯이 스톤 자신은 한국전쟁의 모든 답을 제공하지 못했고 한국전쟁에 대한 진실은 앞으로도 오랫동안 숨겨질 것이라고 말한다. [1-2] 이러한 스톤의 예측은 70년이 지난 오늘날에도 여전하다고 할 수 있다.

6·25 한국전쟁에 대한 보도 이후 스톤은 자신의 책만이 아니라 생활도 무척 어려워진다. 스톤은 1933년 《뉴욕 포스트New York Post》의 기자가 되었고, 1939년에는 《더 네이션The Nation》지의 편집장을 역임할 정도로 능력을

인정받은 탁월한 저널리스트였다. 그러나《한국전쟁 비사The Hidden History of the Korean War》를 출간함으로써 그는 하루아침에 미국사회에서 버림받다시피한 처지가 되었다. 그의 이름은 블랙리스트에 올려져 아무 곳에서도 일할수 없었다. 심지어 해외특파원으로 프랑스에 갔지만 여권을 갱신할 수조차 없었다. 그는 사실상 자기 나라 안에서 추방된 처지가 된다.[1-3]

스톤이 용서되지 못할 언론인이 되어버린 주된 이유는 그가 한국전쟁에 있어 '남침유도설'을 처음으로 주장했기 때문인 것으로 보인다.

블랙리스트에 올려져 일자리를 구할 수 없게 된 스톤은 1953년부터 1971년에 이르기까지《I. F. 스톤즈 위클리I. F. Stone's Weekly》라는 1인 신문을 창간하게 된다. 그는 이 신문을 발행하며 광고 없이 그의 아내와 함께 취재, 집필, 편집, 그리고 배포까지 모든 일을 했다. 이 4쪽짜리 신문은 이 책에서 다시 다루겠지만 1964년 통킹만 사건을 조작해 베트남전을 확대한린든 존슨Lyndon B. Johnson 정권에 도전한 최초의 언론으로 베트남전 반대 여

그림 1-1) 스톤이 베트남 지도를 가리키고 있다. (출처:《네이션(The Nation)》)

론의 기폭제가 되었다(그림 1-1).

베트남 전쟁의 기원에 대해 스톤이 제시한 가설은 미 국방부의 1급 기밀자료인 〈펜타곤 문서The Pentagon Papers〉가 문서 작성에 참여했던 군사전략 분석가 대니얼 엘즈버그Daniel Ellsberg에 의해 공개됨으로써 사실이 확인되었다. 스톤은 유능한 탐정으로서의 추리력과 호기심뿐 아니라 용기와 강직함이 있었다. 저널리스트가 되고자 하는 사람들은 그의 진정한 언론인 정신에 입각한 교육을 받아야 할 것이다.

스톤이 처음 제기했던 한국전쟁에 대한 남침유도설이라는 가설은 베트남 전쟁에 관한 펜타곤 비밀문서처럼 내부고발자에 의한 결정적인 폭로는 없지만, 그동안 미국과 러시아에서 공개된 여러 기밀문서들에 의해 충분히 뒷받침되어 이해되는 단계에 와있는 것으로 생각된다.

출판되지 못한 책

> 진실을 말하는 것이 불편할 때, 인기가 없을 때,
> 위험할 때가 바로 진실을 말해야 할 때이다.
> _한스 한센Hans F. Hanssen

스톤의 책보다 훨씬 어려움을 겪은 책이 있다. 《국가의 배반Betrayal Of A Nation》이라는 책은 아예 영어권에서 출판되지도 못했다. 이 책은 1988년에 《미국의 배반》이라는 제목으로 한국에서 출판된 바가 있지만 오래전에 절판이 되어 발견하기가 쉽지 않다. 다행히 국립중앙도서관에서 전자책으로 볼 수가 있다. [1-4]

이 책의 저자인 리처드 로빈슨Richard D. Robinson MIT 명예교수는 1945년 11

월 미군정청의 정보요원으로서 한국에 왔다. 따라서 그는 누구보다 한국의 상황을 잘 파악하고 있었다. 그는 미군정을 배후로 둔 한국 경찰의 무자비한 폭력, 인권 유린 그리고 부패를 목격했고 이러한 우익을 비호하는 미군정의 행태를 고발했다. 그러나 아무도 그가 제기한 문제를 듣지 않았다. 때문에 그는 미군정에 압력을 가하려고 1947년 3월 1일 월 햄린Will Hamlin이라는 가명으로 '한국: 미국이 만든 비극Korea: An American Tragedy'이라는 제목의 기사를《더 네이션The Nation》지에 게재하게 된다.

문제는 그 기사에 포함된 기밀사항들이었다. 주한미군사령부는 이 기사의 필자가 주한미군의 일원이라는 단서를 포착하고 '월 햄린'의 신원 확인 작업에 들어갔다. 미 정보기관에서는 '월 햄린'이 리처드 로빈슨일 것이라는 심증은 가졌지만 결론을 내리지는 못했다. 정보국으로부터 조사 내용을 전달받은 주한미군 방첩대Counter-Intelligence Corps는 1947년 4월부터 로빈슨을 감시하기 시작했다. 결국 이 사건으로 신변의 위협을 느낀 로빈슨은 한국을 떠나야 했다. 로빈슨은 한국에 도착한 지 거의 2년 후인 1947년 9월 16일, 인천항에서 터키로 가는 배에 아내와 함께 올라탔다. 그는 배 안에서 그동안 기록해 둔 일기와 기억에 의존하여 일본 패망 이후 한국에서 벌어진 2년간의 역사를 써나갔고 마침내《미국의 배반》이라는 원고를 작성했다.

그러나 그가 한국의 실상을 알리기 위해 쓴 책은 미국에서 발간될 수가 없었다. 어느 출판사에서도 그 책의 발행을 맡아주지 않았다. 1958년이 되자 그는 다시 책을 출간하려고 시도했지만 그 역시 좌절되었다.

그는 결국 미 국무부 동북아과장을 지낸 존 메릴John Merrill 박사의 권유로 하버드 대학 옌칭연구소에 자신의 원고 사본을 기증하게 된다. 그리고 뒤늦게, 원고가 쓰여진 지 약 40년 만에, 한국에서 정미옥 선생의 노력으로 번역본이 나온 것이다. 이 책의 아래 구절은 곧 닥칠 전쟁을 예고한다.:

이승만은 자신이 국경(38선–역자주)에서 양 진영의 충돌을 유발시킬 수만 있다면 미국과 소련이 틀림없이 전쟁을 일으킬 것이라고 믿고 있었다. 이것은 어리석은 추측이 아니다. 미 정보부는 그러한 내용의 계획을 탐지하고 있었다.[1-5]

이 짧은 문장은 한국전쟁의 기원을 밝히는 핵심적으로 중요한 내용을 포함하고 있다. 전쟁을 고의적으로 '유발'했다는 주장은 앞에서 소개한 스톤의 책에서도 언급되고 있다.

조종되는 앞잡이들

교육을 통제하는 사람들이 국가의 여러 세대를 통제한다.
_개리 엘렌Gary Allen

허위정보를 조심하라. 무지보다 더 위험하다.
_조지 버나드 샤George Bernard Shaw

한국전쟁에 관한 정보는 미국의 관점이 압도한다는 것에 대부분의 사람들은 동의할 것이다. 그런데 미국과 러시아에서 한국전쟁에 관한 새로운 문서나 자료들이 공개되면 한국전쟁에 대한 새로운 해석이 필요한 경우가 생길 수 있다. 하지만 의아하게도 기존의 전통주의적 견해가 전혀 변하지 않는 전문가들을 볼 수 있다.

그 이유는 한번 받아들인 이론을 수정하기가 쉽지 않은 심리적 배경이 작용했기 때문일 수도 있고, 미국에 포섭당한 한국 엘리트들 때문일 수도 있다.

그런 의미에서 1990년대 중반 '흑금성'이라는 암호명으로 국가안전기획부(현 국가정보원) 비밀 공작원으로 일했던 박채서 씨가 제공하는 정보는 무척 중요하다. 박 씨는 한미합동정보대에서 3년간 함께 근무한 한국계 미국선임 정보관으로부터 한국 지도층의 추악한 실상을 전해 듣게 된다. 그 선임 정보관은 임기를 마치고 한국을 떠나면서 "한국 사람들 정신 차리라."하는 경고와 함께 "한국 각계각층 저명인사 380명이 미국 공작원으로 일하고 있다, 미국이 시민권으로 포섭했다."라는 정보를 주고 갔다.

이후 박 씨는 그 정보관이 준 자료로 스파이들을 추적했는데, 거기에 더해 그 당시 미국 측에 40년 이상 고용된 협조관의 도움으로 386명을 직접파악할 수 있었다. 그가 확인한 386명 중에는 "국회의원, 정계, 재계 고위직들, 기업인들이 많았다."라고 한다. 이 중에서 "가장 많았던 분야가 학계로 80명이 넘었다."[1-6]

박채서 씨는 "파악하는 데 한계가 있었지만 협조관은 최소한 이거보다한 3배에서 4배는 더 있을 것으로 추측했다."라며 최소 1,000여 명에 이를 것이라고 말한다. 그렇다면 학계에서 미국의 앞잡이 역할을 하는 교수가 200~300명에 달한다고 추측할 수 있다.

한국전쟁의 진실이 밝혀져 미국의 부당하고 부도덕한 측면을 알게 되면우리는 항의할 것이고 바로잡기 위해 노력할 것이다. 이러한 한국 사람들의 반응을 방지하기 위한 지난 70년간의 대응이 귄터 안더스Günther Anders라는 철학자가 쓴 《인간의 구식성The Obsolescence of Man》이라는 글에서 끔찍하게나타난다:

저항과 반항을 막기 위해서는 폭력적인 방법을 쓰지 말 것. 충분한 대중적 세뇌로 반항할 이유를 못 찾게 해야 한다. 교육이 부족한 인간은 생각의 영

역이 축소된다. 사고가 축소된 상태에서 축소된 관심에 몰입되면 반항이 사라진다.[1-7]

안더스의 이 말은 한국 사람이 알고 있는 한국전쟁에 관한 대부분의 정보가 진실이 아닌 경위를 설명해 준다고 생각된다.

두 얼굴의 사나이, 두 얼굴의 나라

> 한반도 정세를 둘러싼 진정한 위협은 북한의 핵무기가 아니라,
> 매스컴과 소셜미디어를 통해서 끊임없이 그리고 적절한 타이밍
> 에 맞춰 부채질당하고 있는 공포감이다.
>
> _다니구치 나가요谷口長世

현재 한국이 북한에 대해 가장 큰 위협을 느끼는 것이 핵무기라는 점은 당연하다. 그런데 북한의 핵무기에 대해 잘 알려지지 않은 무척 중요한 사항이 있다. 북이 핵무기를 가질 수 있는 과정에서 도널드 럼즈펠드Donald Rumsfeld 전 미 국방장관이 이익충돌 관계에 있었다는 것이다.

이러한 정보를 처음으로 알린 매체는 영국 언론《가디언The Guardian》이다. 2003년 5월 9일 자《가디언》은 '두 얼굴의 럼즈펠드The two faces of Rumsfeld'라는 기사에서 럼즈펠드 장관의 두 가지 모순된 행동을 소개한다:

2000년: 럼즈펠드, 북한에 원자로 설계도와 주요 부품을 2억 달러에 수
주한 스위스 기업의 이사로 재직

2002년:　럼즈펠드 미 국방장관, 북한을 악의 축이자 테러 국가로 선언하고 정권을 교체해야 한다고 주장[1-8]

럼즈펠드는 1990~2001년 스위스 ABB의 이사로 재직하면서 연봉 19만 불을 받았다. ABB는 스위스 취리히에 본사가 있으며 15만 명의 직원이 일하는 다국적 대기업으로 로봇, 에너지, 자동화 기술 분야 등에 종사한다.

ABB가 북한에 판매 계약을 한 두 개의 원자로는 경수로지만 플루토늄을 생산하기 때문에 핵무기를 제조할 수 있는 능력을 제공한다. 한 미국 하원의원은 ABB의 원자로는 '핵무기 공장'이라고 표현했을 정도다.

럼즈펠드는 ABB 이사회에서 북한에게 경수로 판매 안건이 상정된 기억이 없다고 국방부 대변인을 통해 말했다. 그러나 ABB 대변인은 이사진들은 그 당시 북한과의 거래를 알고 있었다고 말한다. 또한 ABB의 한 이사는 《포춘Fortune》지의 취재에 럼즈펠드가 ABB를 위해 그의 강경파 친구들에 대한 로비에 개입했다고 말했다. 핵 기술을 판매하는 것은 이목을 끌 수밖에 없는 거래다.

ABB의 고란 린달Goran Lindahl 당시 사장은 1999년 11월에 북한을 방문하여 북한과의 장기적인 협력에 대한 협력 약정서를 체결했다. ABB는 평양에 사무실을 열었고 2000년에는 경수로 2기 매각에 대한 계약이 체결됐다. 그럼에도 불구하고 럼즈펠드가 북한에 경수로를 판매한 것에 대해 기억이 없거나 몰랐다는 것은 납득하기 어렵다.

이 시기는 남북정상회담이 실현되어 2000년 6월 김대중 대통령이 북한의 김정일 국방위원장을 평양에서 만났고 같은 해 10월에는 매들린 올브라이트Madeleine Albright 미 국무장관의 첫 평양 방문이 있었다. 많은 사람들이 한반도 평화에 대한 큰 기대를 가지고 있었다. 하지만 클린턴 대통령의 임기가 종료되고 부시 정권이 들어서자 분위기는 완전히 바뀌게 된다.

2002년 새해 국정연설에서 부시 대통령은 북한을 이란, 이라크와 더불어 '악의 축'이라고 규정하면서 상황이 급격히 악화되기 시작했다. 그로 인해 북한은 국제원자력기구IAEA의 조사관을 추방하고 2003년 1월에는 핵확산금지조약NPT을 탈퇴했다. 그런데 비슷한 시기에 럼즈펠드가 국방장관인 부시 정부는 북한의 ABB의 경수로 계획 유지를 위해 350만 달러가 집행되도록 승인한다.

우리는 클린턴 정부 후 북한에 대한 미국의 유화노선이 완전히 바뀐 것은 민주당의 온건파에서 공화당의 강경파로 정권이 넘어갔기 때문이라고 해석하기 쉽다. 하지만 부시 행정부가 북한의 경수로 비용을 승인한 상황의 뜻을 파악하려면 더 큰 그림을 봐야 한다. 일본의 독립 저널리스트 다니구치 나가요谷口長世 씨는 자신의 기사 '북핵 위기라는 허상'에서 다음과 같이 말한다:

> 미 국방 장관의 '두 개의 얼굴'에 관한 (가디언 지의) 기사는 북한 핵무기를 둘러싼 복잡하고 긴장이 높은 배경을 말해주는 상징적인 일화다. '클린턴 정권은 온건파고 부시 정권은 강경파며 김정일보다 그 아들이 더 심한 독재자'라는 식의 판에 박힌 이해 방식으로는 돌아가는 일을 제대로 파악할 수 없다.[1-9]

그가 제대로 파악하라고 강조하는 것은 국제 '핵 암시장' 네트워크를 통해 유럽 및 세계 각국으로부터 기술과 부품 그리고 특수소재 등이 파키스탄을 통해 북한으로 흘러들어 갔으며 미국이나 네덜란드 정부 당국은 이런 부정 수출의 존재를 오랫동안 알고 있으면서도 방치해 왔다는 것이다. 여기서 중요한 점은 북한이 핵무기를 보유하면 결과적으로 누가 이득을 보는가이다. 이 점에 대해 다니구치 기자는 다음의 예를 든다:

미국 군산정軍産政 복합체의 주요 인물이기도 한 P는 냉전 종결 이후의 국제 안보 상황을 1980년대 전반의 전략 방위구상 발표 당시와 비교해서, "요즘에는 걸리는 게 많아서 말이야."라고 불평했다.

"예전에는 편했지. 이런저런 딴지를 거는 나라가 있으면 소련의 위협을 언급하면 그걸로 끝이었거든. 그러면 다들 아무 말도 못 했단 말이야. 그런데 지금은 그렇게 돌아가지 않아. 일 하나 만드는 게 정말 힘들어."

북한이 핵무기를 개발할 수 있었던 것은 '핵 암시장' 네트워크를 통해 다양한 필수 품목들이 북한으로 흘러들어 갔기 때문에 가능했던 것이다. 미국이나 네덜란드 등의 정부 당국은 이러한 부정 수출의 존재를 알면서도, 오랫동안 보고만 있었다. 다니구치 나가요는 북한이 핵보유국이 된 궁극적인 상황을 설명한다:

동아시아에서의 긴장이 고조되면 될수록 군사산업 입장에서는 더욱더 유망한 시장으로서의 가치가 증가하는 것이다. 거꾸로 말하면, 평화와 화해의 움직임에 진전이 있으면 군사 산업의 시장가치는 하락한다.

북한이 핵무기를 개발한 상황에서 2017년 4월에 발표된 스톡홀름 국제평화연구소(SIPRI)의 '세계 군사비 동향(2016년)'에 의하면, 세계 총 군사비 추계는 1조 6,860억 달러로 전년 대비 0.4% 증가했다. 이렇게 2011년 이후 세계적으로 큰 변동이 없는 상태가 지속되는 가운데 유독 동아시아에서만 같은 기간 74%가 증가한 3,080억 달러(2016년)의 군사비를 책정하게 된 것이다.

북한이 핵무기를 보유하게 된 과정을 따라가다 보면 결국 럼즈펠드가 보여준 두 얼굴이 바로 미국의 얼굴이라는 것을 알 수 있다. 가디언의 기사는 럼즈펠드의 두 손가락을 보여주는 사진을 게재했는데, 그것은 미국이 가진 두 개의 얼굴로 해석할 수 있다.

이러한 관점을 파고들다 보면 한국전쟁의 기원과 실체에 더 가까이 접근할 수 있을 것이다.

미국은 한국전쟁으로 36,574명의 군인이 전사했고 10만 명이 넘는 부상자가 생겼다. 그렇기 때문에 우리는 미국을 북한의 침략과 공산주의의 위협으로부터 피 흘려가며 우리를 구해준 은인으로 생각해 왔다. 이것은 한국전쟁의 표면에 나타난 미국의 얼굴이다. 북한이 핵무기를 개발하게 된 과정과 마찬가지로, 한국전쟁의 과정에서, 미국은 어떤 감춰진 역할을 했는지를 파악하는 것이 이 책의 주된 의도다.

자료는 공개되어 있다

필자는 한국전쟁의 기원을 밝힐 수 있는 충분한 자료가 미국과 러시아 등에서 공개되어 이제는 결론을 내릴 수 있는 단계에 와 있다고 생각한다. 이제까지 대답하지 못한 수수께끼를 풀 수 있는 증거들이 제시되어 있고 이 증거들을 점으로 이어가면 큰 그림을 볼 수 있고 따라서 한국전쟁에 관한 포괄적인 답을 찾을 수 있을 것이다.

남북한의 평화와 화합을 위해서는 각각 과거의 잘못을 제대로 파악하고, 인정하며 서로를 이해하고 바로 잡아 새로운 방향을 찾아야 할 것이다. 진실을 알게 되면 고통스러운 면이 있겠지만 치유를 위해서는 절대적으로 필요한 과정이다.

2장

한국전쟁의 수수께끼

거짓은 늘 앞서 오는 법이고,
진실은 절뚝거리면서 뒤따르는 법이다.

_발타사르 그라시안Baltasar Gracian

기존의 이론으로 설명되지 않는 문제를 푸는 것은 학자의 사명이기도
하다. 사실상 과학의 큰 진보는 수수께끼가 풀어짐으로써 이루어진다고
보아도 과언이 아니다. 그런데 수수께끼의 중요성은 비단 과학에서만이
아닐 것이다. 예를 들어 세계 역사에도 수수께끼가 있고 물론 한국 역사에
도 수수께끼가 있다.

그렇다면 한국 역사에서 가장 중요한 수수께끼가 무엇일까? 나로서는
한국전쟁에 대한 것이 가장 중요하다고 생각한다. 왜냐하면 한국전쟁의
수수께끼는 과거에 관련된 것만이 아니라 현재와 미래의 근본적인 어려움
과 직결되어 있기 때문이다. 특히 한국전쟁의 기원은 남북관계를 진전시
키는 데 있어 엄청난 중요성을 지니고 있다. 한국전쟁의 수수께끼를 푸는
것이야말로 동아시아를 넘어 세계평화에 큰 역할을 하게 될 것이다.

한국전쟁에 대한 또 하나의 수식어는 '이상한 전쟁The strange war'이다. [2-1] 이 장에서는 그동안 한국 사람들을 역사의 문맹으로 만들어 온 한국전쟁의 수수께끼를 다루고자 한다.

십자말풀이에서 배워야 할 점

십자말풀이는 네모난 격자에 단어를 맞물려 가는 퍼즐이다. 십자말풀이의 묘미는 세로와 가로의 단어가 어디선가 교차하기 때문에 어떤 단어가 잘 풀리지 않는다면 교차하는 다른 단어에서 해답의 실마리를 찾을 수 있다는 점일 것이다(그림 2-1). 그런데 그와는 반대로 교차하는 글자를 잘못 적어 넣게 되면 오히려 답

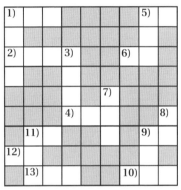

그림 2-1) 십자말풀이 또는 크로스워드 (Crossword) (출처: wikipedia)

을 찾는 데 방해가 될 수 있다. 즉 집어넣은 단어가 틀렸다면 교차되는 다른 단어를 알아내기가 더 어렵게 되는 것이다.

십자말풀이의 현명한 방법 중 하나는 연필과 지우개를 사용하여 추측한 글자를 지워 다른 단어를 집어넣을 수 있도록 하는 것이다. 그러기 위해서는 먼저 적어 넣은 단어가 틀릴 수도 있다는 점을 인정해야 한다. 만약 그런 유연성이 없다면 십자말을 풀어가는 데 교착 상태에 빠질 수 있다.

다른 분야들도 문제를 푸는 과정은 십자말풀이 과정과 비슷한 점들이 있다. 예를 들어 과학에서 우리는 단순히 알려진 하나의 현상이 연장되어 다른 현상으로 선형적으로 진행되기를 기대하지 않는다. 그 대신, 십자말

풀이처럼 교차점에 대해 두 가지 별도의 진행을 살펴야 한다. 즉 알려지지 않은 다른 현상이 숨어 있는 것을 생각해야 한다.[2-2]

십자말풀이를 하는 평범한 사람들은 문제가 잘 풀리지 않을 때 자기가 생각했던 단어를 지우개로 지우고 다른 시도를 한다. 하지만 과학에서는 문제 해결이 되지 않더라도 오류를 인식하고 이를 고쳐나가기가 무척 힘들다. 양자역학 이론의 개척자 막스 플랑크Max Planck는 이 점을 지적했다:

> 새로운 과학적 진실은 상대방을 설득해서 빛을 보게 함으로 승리하지 않는다. 그런 일은 대개 상대가 나이가 들어 사라진 후 새로운 세대가 자라서야만 가능하다.[2-3]

이 점은 역사학에서도 적용된다. 새롭고 중요한 정보가 공개되었을 때 얼마나 많은 학자들이 자신이 그동안 견지해 왔던 주장을 번복할 용의가 있을까? 특히 한국전쟁에 관한 수많은 수수께끼가 아직도 풀리지 않고 있는 이유는 기존의 논리에 근본적인 오류가 드러나고 있음에도 여전히 그 틀에서 벗어나려 하지 않기 때문이라고 생각한다.

한국전쟁의 수수께끼

한국전쟁을 해석하는 데 있어, 어떤 위치냐에 따라 바라보는 시각이 다를 것이다. 예를 들어 해외에서는 한국전쟁을 '잊혀진 전쟁The Forgotten War'이라고 부른다. 하지만 전쟁을 직접 경험한 한국인으로서는 영원히 지워지지 않는 상처로 남은 비극이다.

대부분의 일반인들은 한국전쟁의 원인과 과정에 대한 모든 것을 잘 알고 있다고 생각할 것이다. 교과서에서 배운 한국전쟁에 관한 역사적 해석은 거의 논란의 여지가 없다. 이에 반해 한국전쟁을 연구해 온 많은 전문가들은 교과서와는 전혀 다른 견해를 가지고 있다. 예를 들어 한국전쟁을 연구해 온 학자들은 이 전쟁을 가리켜 '아직도 모르는 전쟁'이라고 표현한다. '수수께끼', '미스터리', '의혹'[2-4] 같은 단어가 70년이 지난 지금까지도 한국전쟁을 지칭하고 있다는 것은 전쟁의 해석에 대해 중대한 정보가 빠졌거나 잘못된 설명이 지배하고 있을 가능성을 암시하는 것이다.

미 국무부 동북아지역 정세분석관이었던 조지 워싱턴 대학 존 메릴John Merill 교수는 자신의 책《(새롭게 밝혀낸) 한국전쟁의 기원과 진실》에서 다음과 같이 말한다:

> 한국전쟁이 어떻게 일어났는가에 대해서는 제대로 알려지지 않았으며, 그 문제는 이제 별로 '조용하지 않은 나라'를 뒤덮고 있는 아침 안개처럼 불분명한 의혹에 싸여있다. 한국전쟁이 일어난 경위에 대한 의견은 분분하다. … 한국전쟁의 원인에 대해 이처럼 여러 가지 주장이 있다는 것은, 거기에 무엇인가 잘못된 것이 있음을 말해 준다.[2-5]

한국전쟁을 연구해 온 전문가들이 이 전쟁은 '의혹에 싸여'있고 전쟁이 일어난 원인에 대한 설명에는 '무엇인가 잘못된 것이' 있다고 말한다면 그것은 우리가 배워온 정보의 정확성에 대해 의심을 가질 필요가 있다는 신호임을 알아차려야 한다. 이 장에서 전문가들이 제시하는 의혹들을 소개하고 논의해 보고자 한다.

수수께끼 1

왜 전범국인 일본은 멀쩡한데 한국이 분단되었나?

38선이 어떠한 과정으로 만들어졌나를 파악하기 전에 한반도가 분단되는 과정의 특이한 점을 이해해야 한다. 2차 대전에서 연합국과 싸운 추축국들은 독일, 일본, 이탈리아 3개국이지만 히틀러의 고향인 오스트리아도 추축국 동맹에 포함될 수 있다. 연합국들은 패전국이 된 이들 네 나라를 점령했다. 이들 4개국 중 연합국이 분단 점령한 나라는 독일과 오스트리아 두 나라였으며 일본과 이탈리아는 분단 점령되지 않았다. 일본 동경대 와다 하루키和田春樹 교수는 분단이 되어야 할 나라는 한국이 아니라 일본이라고 말했다.[2-6]

왜 한국은 전범국이 아닌데 점령당한 후 분단이 되었나? 한국이 이렇게 예외적인 취급을 당했던 이유가 무엇인지를 특정할 수 있을까? 이것이야말로 우리에게 매우 중요한 질문일 것이다.

수수께끼 2

왜 미국은 한국을 분할 점령했나?

미국은 한반도를 단독으로 점령할 수 있었지만 소련과의 분할 점령을 선택했다. 미국은 충분한 시간을 두고 한국에 대해 좀 더 철저한 계획을 세울 수 있는 상황이었고, 더 나아가 한반도의 대부분을 단독으로 점령할 수도 있는 상황이었다. 그럼에도 미국은 먼저 소련에게 38선으로 분할 점령을 제안했다. 사전에 계획된 이유가 있지 않고서는 굳이 분할 점령을 해야 할 상황이 아니었던 것이다.[2-7]

하지만 워싱턴은 "어떤 경우라도 미국의 단독 위임통치는 바람직하지 않다."[2-8]라고 한반도의 단독 점령을 강력히 거부했다. 한국에 대한 다국 공동관리 계획은 얄타회담(1945.2.) 준비문서와 포츠담회담(1945.7.) 준비 문서에도 나온다.

그러나 워싱턴의 모든 정치가들이 한반도의 분할 점령에 동의한 것은 아니었다. 스팀슨Henry L. Stimson 전쟁부 장관과 포레스탈James V. Forrestal 해군부 장관 등은 한국에 대한 어떠한 종류의 다국적 지배양식 설정에도 반대하면서 단독 점령할 것을 주장했다.[2-9]

포레스탈 장관은 트루먼Harry S. Truman 정부 시절 미국의 초대 국방부 장관이었다. 그는 트루먼 대통령과 그의 비선 조직이 소련과 야합하고 있다고 생각했고 갈등 끝에 장관직에서 물러난다. 건강 검진을 이유로 해군병원에 입원한 포레스탈(그림 2-2)은 16층에서 투신했고 그의 죽음은 의문사로 남게 됐다. 그는 워싱턴의 수상한 정책을 겨냥하는 유명한 말을 남겼다:

그림 2-2) 제임스 포레스탈(1892~1949) 미 초대 국방부 장관 1947년 사진 (출처: Mudd Manuscript Library Blog)

일관된 바보짓은 어리석음의 표시가 아니다. 러시아와의 관계에서 계속 실수를 하고 있는 외교관들이 정말로 바보였다면 때때로 우리에게 유리한 실수를 할 수도 있었을 테니까.[2-10]

포레스탈 장관의 이 말은 매우 중요한 의미를 가진다. 첫째는 워싱턴의 대소련 정책의 멍청함이 누구나 알아볼 수 있을 정도로 명백하다는 점이다. 둘째는 이렇게 지속되는 '멍청한 정책'이라는 것들이 능력 부족이나 우연한 실수의 연발이 아니라 어떤 일관된 계획(음모)하에서 벌어진 일들이라는 의혹이다.

미국은 일본의 분단을 왜 반대했나?

윌리엄 스툭William Stueck 교수의《한국전쟁 다시 생각하기Rethinking The Korean War》란 책은 한국 분단에 대한 또 하나 의문점을 지적하고 있다. 이오시프 스탈린Joseph V. Stalin은 태평양 전쟁의 막바지에 미국과 공동으로 일본을 점령하기를 제안했는데 미국이 이를 거부했다는 것이다.

러시아가 공개한 자료에 의하면 미국이 일본에 원자폭탄을 투하한 후, 소련의 1개 사단 병력이 8월 25일 홋카이도에 상륙할 예정이었다. 만약 이 계획이 이행됐다면 일본은 소련의 점령 지역이 되었을 것이고 미국과 소련에 의해 분단이 되었을 것이다. 하지만 트루먼Harry S. Truman 대통령은 소련에게 일본을 점령하지 말도록 경고했다. 결국 소련 군대는 일본에 상륙하기 11시간 전에 상륙 계획을 전격 취소했다. 2-11)

소련은 일본에 대한 영향력을 행사하기 위한 몇 가지 계략까지 시도해보았지만 미국은 이를 전혀 수용하지 않았다. 스탈린은 일본에 대한 미국의 일방적인 입장에 무척 화가 났다고 한다. 2-12) 기광서 조선대 교수는 스탈린은 미국과의 관계에서 이념과 도덕적인 우위를 확보하기 위해 한반도 내 군대 투입을 구두상으로나마 반대했으며 일본에 대한 공동 점령을 강

력하게 요구했다고 말한다. [2-13)

후에 다시 언급하겠지만 미국은 소련에 한반도를 점령하라고 거의 구걸하다시피 요청을 했다. 하지만 정작 소련이 원했던 일본 점령은 단호히 거절한 것이다. 또한 소련은 일본을 점령함에 있어 미국의 더글러스 맥아더Douglas MacArthur 장군과 소련 극동군 총사령관 알렉산드르 M. 바실렙스키Aleksandr Mikhaylovich Vasilevsky 원수를 공동 총사령관으로 하자고 제의하였지만 미국은 이 또한 거부했다. 소련이 한반도에 눈을 돌리게 된 계기는 일본에 대한 공동 점령이 좌절된 데 있다고 기광서 교수는 보고 있다. [2-13)

수수께끼 4
소련의 참전이 필요했나?

한반도의 비극은 소련의 태평양 전쟁 참전과 함께 시작되었다고 해도 과언이 아니다. 그렇다면 미국으로서는 소련의 참전이 꼭 필요했을까?

소련의 태평양전쟁 참전의 이유에 대한 교과서적 설명은 미국이 일본을 격파하려면 너무 많은 자국 군인의 희생이 요구되기 때문에 소련을 끌어들였다는 것이다. 하지만 일본의 패배가 거의 확정적인 상황에서 소련의 참전은 전황에 별 영향을 주지 못하게 돼 있었다. 이는 여러 증거에서 나타난다.

그 당시 미국 내에서도 소련의 참전을 반대하는 강한 목소리가 있었다. 예를 들어 윌리엄 레이히William D. Leahy 원수와 체스터 니미츠Chester W. Nimitz 제독은 일본의 붕괴는 단지 시간과 전력이 투입되면 되는 것이므로, 태평양전쟁에서 소련의 도움은 필요 없다고 적극적으로 주장했다. 특히 맥아더 측근의 정보 장교들은 1945년 4월 12일에 작성한 속칭 '대령들의 보고서'에

서 다음과 같이 강력한 반대 의사를 표명했다:

소련의 아시아전 참전은 세계를 동요시킬 중요한 사건이며 그 악영향은 앞으로 수십 년간을 두고 미칠 것이다. … 소련은 어차피 그들이 원할 때 참전할 것인데, 대일전 참전이 거의 확실한 소련에 미국이 불필요한 양보를 한다면 중국·한반도·만주는 각각 아시아의 폴란드·루마니아·불가리아가 될 것이며 이는 대서양헌장과 세계평화에 대한 반역행위가 될 것이다.[2-14]

하지만 2차 대전 이후를 논의하기 위한 1945년 2월의 얄타회담에서 미국의 루스벨트Franklin D. Roosevelt 대통령은 소련을 대 일본전에 참전시키고자 이미 백방의 노력을 기울이고 있었다.[2-13] 루스벨트 팀은 미국 내의 반대의견을 무시하고 소련에 어마어마한 원조까지 보장해 주었다.

이에 대해 소련은 한술 더 떠서 극동지역의 상당한 이권까지 요구했다. 여기에는 남사할린과 크릴 열도를 반환받고, 여순과 대련을 포함한 요동반도 일부에 대한 조차권의 회복, 만주 철도에 대한 권리 보장 및 외몽고에 대한 기득권 보장 등의 정치적인 밀약이 포함되어 있었다. 미국은 소련에 막대한 물자뿐 아니라 여러 가지 정치적인 양보까지 하게 된 것이다.

이러한 미국의 행위가 수수께끼라는 점을 떠나 우리는 이에 대한 핵심적이고 피할 수 없는 질문을 해야 한다. 미국은 무엇을 얻기 위해 국내외적인 반대와 비용을 무릅쓰고 소련을 태평양전쟁에 끌어들였나? 소련을 태평양전쟁의 막바지에 끌어들인 것은 한국의 분단과 뒤이은 한국전쟁에 어떠한 관련이 있을까?

맥아더 장군, 레이히 원수, 니미츠 제독 그리고 어니스트 킹 제독 등 주요 장성들은 대부분 소련이 태평양전에 참전하는 것을 반대했다. 하지만 루스벨트는 조지 마셜George Marshall 장군에 의해 소련을 끌어들이도록 설득 당했다.

사실 1943년까지만 해도 소련이 태평양전쟁에 참전하는 것은 일리가 있었을지도 모를 일이었지만 1944년 일본의 패배가 명백해진 후에 참전을 구걸하는 것은 터무니없는 일인 것이다. 1945년 루스벨트가 얄타회담에서 소련과 대일 참전에 합의했다는 것은 정상적인 사람이 본다면 '완전히 미친 짓'이었다. 2-15)

수상한 점은 루스벨트와 스탈린이 비밀회담에서 모종의 합의를 했다는 점이다. 얄타회담에 동행한 에드워드 스테티니어스Edward Stettinius Jr. 국무장관도 그 비밀회담에 참석하지 못했다. 스테티니어스 국무장관이 무엇을 합의했냐는 질문을 했지만 루스벨트는 답변하지 않았다. 이 비밀회의에는 미 국무부의 자문인 엘저 히스Alger Hiss만 참석했는데 그는 이후 소련의 비밀 간첩으로 확인되었다. 2-16)

루스벨트는 아시아 전쟁에 소련이 참전하도록 했을 뿐 아니라, 125만 명의 병력을 무장시킬 수 있는 무기까지 제공하기로 했다. 1945년 4월 12일 뇌출혈로 갑자기 사망한 루스벨트의 뒤를 이어 트루먼이 대통령이 되었을 때 그는 이러한 합의 사실을 몰랐다. 2-17)

수수께끼 5
일본의 항복 메시지를 왜 감추었나?

일본이 항복한 지 4일 후인 1945년 8월 19일 《시카고 트리뷴Chicago Tribune》에 놀라운 기사가 실렸다. 월터 트로한Walter Trohan 기자가 작성한 이 기사는 1945년 초 일본이 항복하겠다는 메시지를 여러 채널을 통해 다섯 번이나 미국에 전달했다는 것이다. 루스벨트 대통령은 1945년 1월 말, 얄타회담을 향해 떠나기 이틀 전에 일본이 항복하겠다는 정보를 알았다. 그리고 일본의 항복은 당시 부통령이었던 트루먼을 비롯해 스탈린과 처칠 Winston Churchill 모두에게 전달되었다.[2-18) 하지만 이 사실은 미국정부의 검열로 일곱 달이 지난 후에서야 언론에 올려진 것이다.

트로한 기자에게 일본의 항복에 대한 정보를 제공한 사람은 그 당시 참모총장이었던 윌리엄 레이히 제독으로 알려져 있다.[2-19)

또한 맥아더 장군은 40쪽짜리 일본의 항복 보고서를 백악관에 전달했고 워싱턴과 일본이 협상하기를 권유했다. 그러나 루스벨트 대통령은 맥아더의 보고서를 얄타회담에 가지고 가지도 않았다. 일본의 항복에 대한 정보가 지연되었기 때문에 1945년 3월 19일부터 근 한 달간 지속된 이오섬 전투와 4월 1일에 시작된 치열한 오키나와 전투가 벌어진 것이다.

83일에 걸쳐 오키나와에서 벌어진 이 전면전에서 사망한 미군 수는 12,000명이며 부상자는 62,000명이었다. 그전에 있었던 36일간의 이오섬 전투에서 미군 사망자는 6,800명이고 사상자는 26,000명이 넘었다.[2-20) 일본 측은 사령관을 비롯해 군인만이 희생된 게 아니라 그곳 주민들까지 서로를 죽이거나 수류탄으로 자결하는 등 끔찍한 참변과 비극이 일어나 공식 집계된 사망자만 18만 8,000여 명에 달했다.

역사학자들은 루스벨트와 트루먼의 이러한 행위는 상상하기 어려운 규모의 전쟁범죄이고 고의적인 대량살인이라고 말한다.[2-21) 그리고 오키나와 섬에서 벌어진 잔인한 전투와 인명의 손실은 인명의 희생을 줄이기 위해서 미국이 소련을 끌어들여야 한다는 이유와 명백하게 모순된다.

한국을 왜 태평양 방위선에서 제외시켰나?

1950년 1월 21일 딘 애치슨Dean G. Acheson 미 국무장관이 미국의 극동 방위 선에서 한국과 대만을 제외한다고 프레스 클럽에서 언급했다. 사실상 이 공표는 북한에게 보내는 전쟁 초대장이나 다름없었다.

이 발표와 연관되는 또 하나의 이상한 점은 남한이 중요하지 않아서 태 평양 방어선에서 제외되었다고 말하면서, 한국전쟁 바로 전에 존 포스터 덜레스John Foster Dulles가 남한을 방문했고 38선까지 시찰했다는 사실이다(그 림 2-3). 덜레스는 한국을 방문한 당시에는 국무부의 고문이었지만 아이젠 하워Dwight David Eisenhower 대통령 시절 1953년 1월 애치슨의 후임으로 국무장 관으로 임명되었다.

그림 2-3) 1950년 6월 17일 38선 부근에서 방한한 존 덜레스와 신성모 장관(쌍안경 든 사람) 그리고 손을 든 유 재흥 7사단장(왼쪽) (출처: National Archive US)

왜 소련은 거부권을 행사하지 않았나?

북한의 남침 후 안전보장이사회 결의안의 채택 과정에서 소련은 거부권을 행사할 수 있었다. 그러나 소련은 회의에 아예 참석하지 않았다. 모스크바 대표인 야곱 말릭Jacob Malik 이 근처에 있었고 그는 충분히 거부권을 행사할 수 있었다. 트뤼그베 리Trygve Lie 유엔 사무총장이 말릭을 초대했지만 그는 참석하지 않았다.

모스크바는 한국전쟁에 대한 UN의 결의안을 복잡하게 만들거나 방지할 수 있었기 때문에 미국이 한국에 조치를 취하는 것에 제동을 걸 수 있었다. 만약에 소련의 말릭 유엔 대표가 참여하지 않은 것이 그의 멍청한 실수였다면 스탈린이 그를 가만두지는 않았을 것이다. 말릭은 이후 스탈린이 안전보장이사회에 가까이 가지 말 것을 지시했다고 말했다.2-22) 이는 또 다른 측면에서 엄청난 사전 각본의 가능성을 암시하는 것이다.

압록강 다리는 건들지 말아라?

한국전쟁의 중공군 개입을 가장 쉽게 저지할 방법은 압록강 다리를 폭파시키는 것이었다. 맥아더 장군은 만주와 북한을 연결하는 압록강 다리를 90대의 B-29 폭격기를 이용하여 끊으라고 명령했다.2-23) 하지만 압록강 다리 폭격에 대해 마셜George Marshall 국방부 장관의 철회명령이 곧바로 내려왔다.

사령관으로서 전쟁을 빨리 끝내려는 맥아더 장군으로서는 적의 진격을 방치하라는 명령이 믿기 어려웠을 것이다. 압록강 다리는 중공군의 병력과 장비가 만주에서 북한으로 넘어올 수 있는 유일한 통로였다. 압록강 다리를 폭파시키라는 명령이 일방적으로 철회 당함으로 맥아더 장군은 손바닥에 있는 승리를 빼앗겼다고 회고했다.[2-24]

맥아더는 해리 버드Harry Byrd 상원의원에게 보내는 편지에서 압록강 다리를 폭파하지 못한 결과로 적의 진행을 막을 수 없었고, 결과적으로 수천 명의 참혹한 사상자들이 생겼다고 분노했다:

> 나는 처음으로 군인들의 생명과 군대의 안전을 지키기 위해 군의 완전한 힘을 충분히 사용하는 것이 거부됐다는 것을 깨달았습니다. 나는 장차 한국에서 벌어질 비극적 상황을 예견할 수 있었고 이에 대해 표현할 수 없는 충격을 받았습니다.[2-25]

맥아더 장군은 압록강 다리를 폭격할 수 없도록 한 일은 미국 역사상 가장 잘못된 결정을 현장 사령관에게 강요한 것이라고 주장했다.[2-25] 하루하루 지날수록 수천의 중공군이 강을 건너왔다. 겨울이 가까워져 맥아더는 압록강이 얼어 더 많은 중공군이 더 빠르게 건너오게 되리라고 걱정했다.[2-26] 만약 압록강 다리를 폭파하여 처음부터 중공군의 병력과 장비가 한반도로 들어올 길을 차단했다면, 한국전쟁은 맥아더의 지휘로 단시일 내에 끝날 수 있었을 것이다.

수수께끼 9
중공군은 압록강 다리가 안전한 것을 알고 있었나?

1950년 11월 25일 중공군은 압록강 다리를 건너 북한에 들어온다. 맥아더는 린뱌오林彪, 임표 당시 중공 인민지원군 총사령관이 압록강 다리가 폭파되지 않을 것처럼 행동했다고 화를 냈다.[2-27] 맥아더는 당시의 의아한 상황을 다음과 같이 설명한다:

> 정보의 누출이 있었다는 것은 모든 사람들에게 분명했다. 월턴 워커Walton H. Walker 장군은 자신의 작전이 워싱턴에 있는 소스를 통해 적들에게 미리 알려진다고 나에게 계속 불평했다. "압록강 다리는 계속 유지될 것이고 그들의 기지가 그대로 남을 것이라는 정보가 저들에게 전달된 것이 틀림없습니다. 그들은 만주에 있는 우리의 폭격기를 걱정할 필요없이 압록강을 건너서 진군할 수 있는 것을 알고 있습니다."[2-28]

수수께끼 10
작전정보가 적에 넘겨졌나?

전쟁이 진행되면서 맥아더 장군은 그의 작전에 대한 정보가 새어나가 적에게 전달되는 것같이 느껴졌다. 맥아더의 수석 사령관인 월턴 워커 Walton Harris Walker 장군은 작전들이 워싱턴의 출처를 통해 적들에게 알려졌다고 지속적으로 불평했다.[2-29]

비록 유엔군의 90%는 미군이었지만 미군도 공식적으로는 유엔군의 일원임으로 군 사령부는 뉴욕의 유엔 사무총장에게 사전에 작전을 보고해야만 했다. 그런데 1945년 당시 에드워드 스테티니어스Edward Stettinius Jr. 국무장관이 체결한 비밀협정에서 유엔 사무총장에게 직접 보고하는 요직은 동유럽 공산국가의 대표가 차지하도록 되어 있었다. 한국전쟁 당시 그 자리에는 유엔 사무차장인 소련의 콘스탄틴 진첸코Constantine E. Zinchenko가 맡고 있었다. [2-30)

소련의 알렉산드르 바실리예프Alexandre Ph. Vasiliev 장군은 유엔군사위원회 회장이었다. 북한의 남침 후 안전보장이사회의 결의안 과정에서 그는 트집을 잡아 항의 퇴장을 했다. 하지만 유엔 안전보장이사회의 한국전쟁 참전 결의안이 통과되자 소련측은 유엔 군사위원회에 바로 돌아왔다. 바실리예프 장군 대신 새로운 대표인 스킬리아로Ivan A. Skliaro 장군이 그 역할을 담당했다. 사실상 소련 측은 한국전쟁의 양쪽을 진행하는 것이나 마찬가지였다. [2-31)

수수께끼 11
군사요지의 공격은 왜 금지시켰나?

한국전쟁 중에는 이해할 수 없는 일들이 많이 있었다. 그중 하나는 군사요지는 폭격이 자제된 반면 민간인에 대한 공격은 최악이었다는 기가 막힌 사실이다. 미국은 전쟁 기간을 단축시키고 아군의 피해를 최소화할 수 있는 중대한 기회를 피해갔다. 중공군의 보급선을 차단해서 전쟁을 쉽게 이길 수 있는 전술은 자제했지만, 민간인 지역에 네이팜탄을 투하하여 대학살을 범하는 공격은 전혀 개의치 않고 저질렀다.

이북의 모든 지역은 미군의 폭격에 의해 초토화가 되었다. 그런데 가장 안전한 장소는 바로 전쟁 보급품이 쌓여있는 나진이었다. 나진은 소련의 블라디보스토크에서 북한으로 투입되는 보급물자가 도달하는 항구다. 소련으로부터의 보급 기지가 된 나진을 공격하지 말라는 지시는 무엇을 뜻하는 것인가?

미 합동참모본부는 1951년 2월 21일에 함경북도 나진에 대한 폭격금지를 명하고, 3월 1일에는 다시 압록강 연안의 중국 발전시설에 대한 폭격도 금하면서 현지의 사령관 맥아더에게 제한전쟁을 명령했다.[2-32] 맥아더 장군은 자서전에서 다음과 같이 말한다:

> 가장 이해할 수 없는 것은 만주나 시베리아가 아닌 국경에서 불과 수 마일 떨어진 나진의 중요한 공급 센터에 대한 폭격을 거부당한 것이다. 나진은 러시아 블라디보스토크에서 북한군대를 위한 보급품을 전달하는 물품 창고였다. 나는 나의 무기들이 단계별로 박탈되고 있다고 느꼈다.[2-33]

수수께끼 12
래티모어는 한국전쟁을 어떻게 예측했나?

1949년 7월 17일 아시아 학자로서 유명한 오언 래티모어Owen Lattimore는 충격적인 내용의 기고문을 언론에 올렸다:

> 해야 할 일은, 우리가 밀어붙인 것으로 보이지 않게 하면서 한국이 무너지게 하는 것이다. 그래서 헤어지는 선물로 1억 5천만 달러를 줄 것을 권유한다.[2-34]

래티모어의 글에는 4가지 뜻이 내포되어 있다. 첫째, 한국이 무너지게 한다는 것은 북한의 남침을 뜻하는 것이다. 둘째, 북한이 남침을 하도록 미국이 밀어붙인다는 뜻이다. 즉 남침을 유도한다고 해석할 수 있다. 셋째, 남침 유도를 눈치채지 않도록 한다는 것이다. 넷째, 남한에 희생의 대가로 1억 5천만 달러를 주자는 것이다.

래티모어의 기고문에 나타난 예언은 한 가지만 빼고 모두가 현실화되었다. 그 한 가지 이행되지 않은 것은 1억 5천만 달러에 관한 것이었다. 사실 한국전쟁이 일어나기 거의 1년 전인 1949년 국무부의 권유로 미 의회는 1억 5천만 달러의 10분의 1도 안 되는 약 1천 30만 달러의 군사원조를 남한에 주기로 결정했다. 이 원조는 비행기, 탱크, 총 그리고 대포 등을 구입하도록 되어 있었다. 하지만 미 의회가 국무부와 국방부에 그 돈이 어떻게 사용되고 있는지를 물었을 때 안보상의 이유로 알려줄 수 없다는 답변을 들었을 뿐이다.

래티모어라는 인물이 누구인지 앞으로 자세히 논의하겠지만, 무엇보다 그는 중국을 공산화시키는 데 있어 핵심적인 외부 조력자 역할을 한 인물이다.

전쟁이 시작된 후 윌리엄 노랜드William Knowland 상원의원이 그 1천여만 달러의 집행 사항을 의회 기록에 올렸다. 그런데 그 세부 내역이 무척 경이롭다. 남한의 국방을 위해 배정된 금액을 미 국무부가 200달러 미만으로 제한시키는 데 성공했다는 것이다. 200달러 미만조차도 전기선을 제공하는 데 사용되었지만 그 전기선들은 남한에 도착하지도 않았다. [2-35)]

6·25 당시 미국의 군사고문이었던 제임스 하우스만James Hausman은 1987년 영국 템스 텔레비전과의 인터뷰에서 이승만 대통령이 도착하지 않는 무기에 분노한 모습을 두고 다음과 같이 가볍게 말하고 있다:

그(이승만)는 화가 많이 났었죠. 자기 손가락을 저에게 막 흔들며 말하더 군요.

"당신의 의회가 승인한 무기들은 어디 있는 겁니까?"

당연히 저는 그게 다 시간이 걸리는 일이라고 둘러댔죠. 이승만이 그러더 군요.

"나는 절대로 당신네 미국인들을 용서하지 않을 겁니다!"

자기 손가락을 제 얼굴에 들이대고 흔들면서요.[2-36]

수께끼 13
휴전협정은 왜 2년이나 지속되었나?

휴전협정의 가장 큰 의문점 중 하나는 협상이 이루어질 때까지 2년이나 걸린 일이다. 이것은 협상이 몇 주 안에 끝날 것으로 생각했었던 거의 모든 사람들의 예상을 완전히 산산조각냈다. 휴전협정의 지연으로 모두가 어마 어마한 피해를 보았다. 미군도 마찬가지였다. 통계를 보면 미군 사상자의 약 45%가 정전협상 시기에 발생했다.[2-37]

초여름에 시작된 정전협상을 위해 개성에 온 중국의 대표들은 협상이 오래 걸리지 않을 것으로 보고 여름옷만 지참할 정도였다.[2-38]

아마도 그 수수께끼의 심도를 파악할 수 있는 가장 좋은 일화는 프랭크 페이스Frank Pace 미 육군장관의 인터뷰에서 찾을 수 있을 것이다. 페이스 육 군장관은 조지 마셜George Marshall 국방부 장관과 한국전쟁의 종료에 대한 대 화를 했다:

미 육군장관 페이스는 6·25전쟁이 추수감사절 이전에 종료되고 미군이 본국으로 귀환할 수 있을 것이라는 맥아더의 낙관적인 관점을 마셜에게 말했다. … 마셜은 결코 기분 좋은 표정이 아닌 얼굴로 이렇게 말했다. "페이스! 6·25전쟁이 그처럼(빨리) 종료되면 문제가 심각해집니다."

페이스는 마셜이 자신의 말을 오해했다고 생각했다. 그래서 그는 전쟁 종결이 임박했다는 좋은 소식을 반복해서 말했다. 이에 대해 마셜은 "당신 말을 알아들었소. 그러나 6·25전쟁이 너무 빠르게 종료되면 미국이 직면하고 있는 문제를 미국인들이 완전히 이해할 수가 없을 것입니다."

그러나 아직도 마셜이 의미하는 바를 잘 몰랐던 페이스는 마셜에게 그가 말하는 바는 미국인들이 냉전의 완벽한 의미를 잘 이해해야 한다는 의미인 건지 재차 물었다. 그러자 마셜은 바로 그것이라고 말했다.

… 페이스는 "이제는 미국인들이 냉전의 교훈을 터득했다고 말하면 제가 순진한 건가요?"라고 마셜에게 질문했다. 그러자 마셜은 "페이스! 이처럼 말하는 당신에 대해 나는 순진하다고 말하지 않고 놀라울 정도로 순진하다고 말하겠소."[2-39]라고 말했다.

위의 대화는 왜 휴전협상이 그토록 오래 지속되었는가를 잘 설명하는 일화라고 생각된다. 조지 마셜은 전쟁으로 이윤을 챙기는 세력의 입장을 설명하고 있는 것이다.

수수께끼 14

유엔 결의안을 미리 준비해 두고도
남침을 예측하지 못했다니?

앞 장에서 언급한 스톤I. F. Stone 기자는 한국전쟁이 전혀 예측하지 못한 기습으로 시작되었다는 미국의 공식발표를 신뢰하지 않았다. 그가 의문을 가진 이유는 그 당시 뉴스들 중에 미국 정보 부서들이 북한의 남침 동향을 파악하고 있었다는 기사들이 있었기 때문이다. 정보부에서 북의 움직임을 관찰하고 있었으면서도 미국은 남한에 전쟁을 억제할 수 있는 군사적 지원을 충분히 제공하지 않았다. 그것이야말로 한반도에서 전쟁을 일으키려는 '책략'의 정황 증거라고 스톤은 주장했다.

당시 남한은 미국과 UN 측에 북의 남침 가능성을 경고하는 한편, 한국의 전략적 가치를 낮게 보는 일부 미국 정책결정자들의 태도에 반발하며 군사 지원을 확대해 줄 것을 요구하고 있었다. 또한 신성모 국방장관은 1950년 5월 10일 기자회견을 열어 대규모의 북한군이 38선으로 이동하고 있으며 북의 침략이 곧 일어날 위험이 있다고 발표했다. 하지만 그 이후 북의 침략 위험성에 대해서는 아무것도 하지 않았고 더 이상의 언급도 없었다.[2-40] 스톤 기자는 이렇게 전쟁 발발의 경고가 갑자기 잠잠해진 이유에 대해 이승만 대통령이 미국으로부터 남침을 유도하자는 '권유'를 받았을 것으로 보았다.[2-41]

전쟁 발발 이틀 후인 1950년 6월 27일 유엔위원회는 북의 침략을 전혀 예측하지 못했다는 남한 정보원의 보고를 안전보장이사회에 전달했다. 하지만 북의 남침이 있기 6개월 전 한국의 육군 참모총장은 유엔위원회에 북한의 침략 가능성을 알린 바 있다.[2-42] 또한 북의 남침 가능성을 발표한 신성모 국방장관의 5월 10일 기자회견 이후, 유엔위원회는 북한의 침략 준비에 대한 더 자세한 정보를 받았다. 남침 하루 전인 6월 24일 자 유엔위원회 문건에는 6월 9일부터 38선상에 일어나는 변화는 군사적 충돌의 임박함을 나타낸다고 기록되어 있는 것이다. [2-43]

미 국무부는 북한의 침략에 놀란 척했지만 사실은 전혀 놀라지 않았다. 1951년 6월 5일 미 의회의 국무부 예산에 관한 국회 공청회에서 존 히커슨 John D. Hickerson 유엔사무국 차관보는 북한의 침략에 대한 유엔 결의안을 사전에 준비해 두었다고 시인했다. [2-44] 전쟁이 일어나기도 전에 유엔군 참전에 대한 결의안이 이미 준비돼 있었던 기가 막힌 사실이다. 이것은 다시 나오겠지만 베트남전에 미국이 참전한 과정과도 비슷하다. 통킹만 사건이 일어나기 전에 베트남 참전을 위한 의회 결의안이 미리 작성돼 있었던 것이다.

미군은 1950년 주한미군 간부들의 가족을 대피시키려고 수송선을 대기시키고 있었다. 이것은 북의 남침을 예상하지 못했다는 워싱턴의 말이 사실이 아니라는 또 하나의 정황 증거다. [2-45] 또한 라스코 힐렌코터 Roscoe H. Hillenkoetter CIA 국장은 남침이 이번 주나 다음 주에 있을 것이라는 말을 기자에게 흘리기도 했다. [2-46]

하지만 5월 11일 후에는 마치 약속이나 한 것처럼 북의 남침 위험에 대해 모두가 입을 다물었다. 존 포스터 덜레스 John Foster Dulles 국무부 고문은 6월 14일 한국에 도착하여 38선을 방문하며 3일간 머물렀다. 그는 이승만에게 남침의 징조에 대해 들었을 것이고 국군의 장비가 부족한 것도 확인했을 것이다.

한편 북한에 남한의 상황은 마치 따기 좋은 잘 익은 자두처럼 보였을 것이다. [2-47]

지켜보고 있었으면서 남침을 몰랐다고?

잠을 자는 척하는 사람은 깨울 수 없다.
_나바호 인디언의 격언

6·25전쟁이 시작되기 전까지 거의 모든 언론은 한반도에서의 증가하는 군사적 긴장에 이상하게도 침묵하는 모습을 보였다. 급격히 증가하는 38선에서의 긴장과 북한군의 심상치 않은 변화들은 보도되지 않았고, 이에 대해 미국 언론들도 언급이 거의 없었다. 2-48)

1950년 6월 19일의 CIA 보고에 의하면 탱크와 대포를 겸비한 북한군이 38선을 향해 남쪽으로 몇 달 동안 이동하고 있었다. 이러한 보고는 미국이 지속적으로 북한군의 규모와 이동을 주시하고 있었기 때문에 가능했을 것이다. 2-49)

그 이전인 같은 해 4월 중순, 미 공군수사국OSI, US Air Force of Special Investigations은 모스크바가 남침을 지시했다고 보고했다. 5월 초 미 육군 정보부의 보고는 북한군이 38선 쪽으로 꾸준히 이동하고 있으며 이것은 침략의 가능성을 나타낸다고 해석했다. 5월 23일 육군 정보부는 북한의 남침을 경고했고, 6월 19일에는 남침이 임박했다고 보고했다. 2-50) 1951년 4월 트루먼에게 해임된 맥아더 장군 후임으로 유엔사령관이 된 매슈 리지웨이Matthew B. Ridgway 장군은 다음과 같이 말했다:

> CIA는 북한군이 국경을 넘기 6일 전에 상당한 규모의 북한군 이동을 포착했고 38선 2㎞ 이내에 거주하는 주민들을 대피시켰다는 보고를 했다. 원산에서 철원으로 가는 기차는 군 물자 수송으로 전용되었고, 대규모의 탄약과

무기들이 접경지대로 옮겨지는 것이 포착됐다. 이러한 보고에도 불구하고 북한의 공격을 예측하지 못했다는 것은 이해할 수 없다.[2-51]

이북 지역에 침투해 잔류하던 비밀 첩보원들 역시 남침의 동향에 대한 정보를 얻는 중요한 역할을 했다. CIA 창립 멤버였던 존 K. 싱글러브John K. Singlaub 장군에 의하면 CIA 서울 부서는 1949년 중반부터 북한에 침투한 비밀 첩보원들로부터 정보를 받고 있었다. 북한은 중장비와 장갑차를 운송할 수 있도록 도로 공사를 하고, 군부대와 국경을 연결하는 도로에 민간인 통행을 제한시키는 등의 사전 준비를 하고 있었다.[2-52]

이러한 정보가 있었음에도 미국 상원 외교위원회 톰 코널리Tom Connally 위원장은《U.S. 뉴스 & 월드 리포트U.S. News & World Report》와의 인터뷰에서 방위선에서 제외된 남한을 포기하는 것에 대해 심각하게 고려해야 한다는 발언을 했다.[2-53] 1950년 5월 11일《뉴욕타임스The New York Times》는 북한의 침략을 예상하는 신성모 국방장관의 기자회견을 보도했다.[2-54] 하지만 워싱턴은 이 기사를 주목하지 않았다.

전쟁의 위험이 확실해 보였지만 한국의 상황은 미국의 언론에서 전혀 언급되지 않았다. 이에 반해 중국의 대만 침략 가능성에 관한 보도는 공개적으로 강조되었다.[2-55] 예를 들어 대만 주재《뉴욕타임스》기자는 8월 전 중국이 대만을 공격할 것이라는 기사를 썼다.[2-56] 심지어 대만 거주 미국인들은 대만을 떠나도록 권장되기도 했다. 대만 관련 언론 보도는 한반도의 위험상황에 대한 주의를 분산시키는 바람잡이로 이용되었을 것이다.

한국이 중요하지 않다면서
전쟁 발발과 동시에 왜 호들갑을 떠는가?

한국이 별로 중요하지 않아서 태평양 방위선에서 제외시켰다고 발표했던 것과는 다르게 미국은 일단 전쟁이 발발하자 한반도에 엄청나게 집중하기 시작한다. 남침이 벌어진 직후 트루먼 정부는 서둘렀고 유엔을 다그쳤다. 6월 27일 오후 3시 15분, 트루먼은 미국 공군과 해군이 한국군을 지원하도록 명령했다. 이 같은 명령은 유엔 안전보장이사회의 결의가 있기도 전에 내려진 것이다.[2-57]

한국전쟁이 일어나자 미 의회에서는 미국이 무방비 상태로 당한 것에 대한 논란이 일어났다. 이에 대해 딘 애치슨Dean G. Acheson 국무장관은 한국전쟁의 발발을 '정보의 실패'로 돌렸다. 그렇다면 라스코 힐렌코터Roscoe Hillenkoetter CIA 국장이 가장 책임이 있다는 얘기다. 하지만 애치슨은 CIA 국장이 의회에 불려 답변을 하는 것을 원하지 않았다. CIA 국장은 애치슨의 야비한 의도를 알고 있었다. CIA 국장은 트루먼 대통령에게 정보의 실패는 없었다는 증거의 문서를 제출했고 의회에도 제출했다. 《뉴욕타임스》에는 전쟁이 일어나기 2달 전에 북한의 침략 준비를 보여주는 증거들이 정부 요직에 있는 고위관료들에게 전달된 바 있다는 보도가 있었다.[2-58]

북한의 침략이 '정보의 실패'로 인한 것이라고 말하는 것은 납득하기 어렵다. 엄청난 규모의 병력, 무기, 군수물자 등을 이동시켜야 하는 대대적인 군사작전은 감추기가 무척 어렵다. 특히 미국의 정보력은 세계 최고 수준이기 때문에 더욱 의심할 수밖에 없다.

맥아더 장군도 국회에서 북한의 기습남침을 전혀 예상할 수 없었다고 답변했다. 하지만 도널드 니콜스Donald Nichols 공군 첩보담당 요원은 전쟁 발발에 대한 다수의 결정적 첩보 보고를 작성하여 6월 25~28일 북한의 남침을 예측했다.[2-59, 2-60] 그러나 맥아더 장군의 정보담당으로 극동 사령부 차석 책임자였던 찰스 윌러비Charles A. Willoughby 장군이 그 정보를 제압했다.

미군 철수 후 1949년 설치된 CIA 서울지부의 중국 담당 책임자였으며 이후 한국 유엔사령부 참모장이 된 존 싱글러브John K. Singlaub 장군의 회고록에 따르면, 그는 1946년 말 단둥시에서 미 중앙정보단CIG의 소규모 사무실을 운영하면서 광복군 사령부 참모장을 지낸 군인 김홍일의 도움으로 만주 내 조선인들을 포섭하여 북한에 침투시켰다. 그들은 공산주의자로 가장하여 군과 관 그리고 운수 부분의 요직에 들어가, 남침 가능성에 관한 경계경보를 꾸준히 발송했다. 싱글러브는 이 정보를 〈북한 정권의 현재 능력CURRENT CAPABILITIES OF THE NORTHERN KOREAN REGIME〉이라는 보고서로 6월 19일 CIA의 "ORE 18-50"에 올렸고 또한 백악관, 국무장관, 육군장관, 합참의장, 맥아더 등에게도 보냈다. KBS와 가진 인터뷰에서 싱글러브는 자신이 북한의 공격징후를 보고했지만, 맥아더의 정보참모인 윌러비 장군이 이를 신뢰하지 않았다고 증언했다.[2-61]

북한의 남침 준비에 대한 정보가 여러 층에서 전달되었음에도 불구하고 모두 무시된 것은 그만한 필연성이 있었다고 해석할 수 있다.

수수께끼 17
한강다리는 왜 일찍 폭파했나?

한강다리의 조기 폭파에 관해서는 많은 사람들이 문제를 제기해 왔다. 1950년 6월 28일 새벽 2시 15분경 한강철교가 폭파되었다. 철교를 끊기에는 6~8시간의 여유가 있었음에도 조기 폭파시킨 것이다. 그로 인해

500~800명의 시민과 군인을 태운 수십 대의 차량들이 폭파와 함께 사라졌다. 왜 그리고 누가 한강다리를 조기에 폭파시키도록 했는가? 게다가 폭파 과정에서 일어난 더 큰 의문점은 "27일 오후 시점부터 10분 간격으로 국민들에게 피난하지 말고 현 위치에서 편안한 마음으로 있으라는 내용이 방송을 통해 보도되었다는 사실이다."[2-62]

많은 한국 사람들은 한강철교를 폭파한 책임자는 이승만 대통령이라고 생각할 테지만, 권영근 교수는 "하우스만의 책임이 분명해진다."라고 주장한다.[2-63] 제임스 하우스만James H. Hausman은 스스로가 '한국군의 아버지'라고 자칭하는 인물이다.

한강다리는 하우스만이 육군 참모총장 채병덕과 함께 도강한 직후 폭파되었다. 권영근 교수는 한강다리를 조기에 폭파한 이유를 다음과 같이 추정한다:

> 당시 미 국무장관을 지냈고(1950년 9월부터) 미 국방부 장관을 역임한 예비역 육군 대장 조지 마셜George C. Marshall은… 한국전쟁이 가능하면 보다 오랜 시간 처절한 형태로 진행되어야 한다고 주장했다. 애치슨 국무장관 등 미국의 주요 인사들에게 6·25전쟁은 미국인들에게 일대 충격을 줌으로써 국방예산의 주요 증액이 가능하도록 하기 위한 성격이었다. 이외에도 일본, 독일, 영국 등 전후 미군 철수를 염원하고 있던 동맹국 국민들에게 공산주의의 위협이 심각한 수준임을 절감하도록 하기 위한 성격이었다. 한강철교 폭파로 인해 서울에서 지옥과 같은 생활을 했던 한국인들의 참혹한 실상이 미국인들로 하여금 전쟁의 경각심을 일깨우는 과정에서 커다란 도움이 되었을 것이다.
>
> 차단된 한강철교 교각을 넘어 남하하는 한국인들의 처참한 모습이 미국인들은 물론이고 전 세계 국민들에게 공산주의 위협의 경각심을 알려준다는

측면에서 상당한 의미가 있었을 것이다.[2-63)]

또한 한강 인도교를 비롯한 3개의 철교 폭파의 진실을 알고 있던 한국인 세 사람(채병덕, 김백일, 최창식)은 편리하게도 모두 6·25전쟁 도중 사망하거나 사형당했다. 하우스만이 유일한 생존자다.[2-63)] 국사편찬위원회 편사연구관 김득중 박사 역시 '여순사건과 제임스 하우스만'이란 제목의 글에서 채병덕 장군이 하우스만의 지시에 따라 폭파 명령을 내린 것으로 보고 있다.

최창식 대령은 1950년 8월 28일 체포되어 한강다리에 대한 책임을 뒤집어쓰고 9월 21일 총살당한다. 이 당시 최창식 공병감의 미군 측 고문이었던 리처드 크로포드Richard I. Crawford 육군소령이 증언하기를, 그는 최창식의 누명을 벗겨주려 했으나 하우스만이 입 다물고 있으라고 말했다는 것이다.[2-64)] 여하튼 최창식 대령은 12년 뒤인 1962년의 재심에서 무죄 판결을 받았다.

한국전쟁 당시 약 500명의 미 군사고문단 요원들이 한국군 주요 부대에 배치되어 있었고 한국군은 이들 군사고문단의 지시에 따라 움직였다. 특히 하우스만은 이승만 대통령과 채병덕 육군 참모총장의 군사고문이었고, 이승만 대통령은 "한국군 장교 가운데 당신의 말을 듣지 않는 사람은 징계하겠다."라고 하우스만에게 직접 말할 정도로 권위를 가지고 있었다.[2-65)]

수수께끼 18
한국군의 방어 체계, 무능인가, 음모인가?

북의 남침 초기에 남측이 거의 속수무책으로 당한 이유 중 하나는 군 편성에 있어 방어는 거의 무방비 상태였다는 점이다.[2-66] 블라디미르 라주바예프Vladimir N. Razuvaev 소련 군사고문단장은 본국에 보낸 보고서에서 한국군 지도부는 실질적으로 방어를 위한 어떠한 작전계획도 가지고 있지 않았다고 적었다.[2-67] 특히 서울은 38선과 인접해 있음에도 방어 준비가 없었다고 지적했다. 따라서 첫 방어선이 뚫리자 서울로 향하는 진격로가 열렸던 것이다.[2-68] 라주바예프 보고서는 한국군의 방어 실상을 다음과 같이 평가했다:

1. 한국군은 38선을 따라 방어선을 구축하는 데 충분한 관심을 기울이지 않았다. 때문에 방어전단에서 장기간에 걸친 견고한 저항을 하지 못했다.
2. 종심 깊이 고밀도로 조직된 방어망이 구축되지 않았다.
3. 방어체계는 포병이 충분히 보강되지 않은 채 보병 경화기 중심으로 구축되었다. 포병은 분산되고 비효율적으로 운영되었다.
4. 작전적 고려 없이 방어선이 구축되고, 적절한 방어계획이 부재했기에 후퇴병력과 예비병력을 적절히 운용하지 못했다.
5. 미군이 지도했으나 한국군 방어체제는 2차 대전의 경험이 반영되지 않았다. 대전차 방어설비가 구축되지 않았다.
6. 한국군 장교·부대에 대한 교육훈련 수준이 매우 낮았다.[2-69]

한국군은 방어체계가 부재했음에도 군수보급 창고의 대부분은 서울의 한강 이북에 있었다. 그로 인해 전쟁 발발 수일 이내에 남한 군사장비의 70%를 상실했다. 맥아더 장군도 38선과 서울 사이에 그들의 보급창고들이 있었다고 말했다.[2-70] 이렇게 된 결과가 과연 군사적 무능 혹은 방심으로 인한 것이었는지 아니면 일부가 주장하듯 제5열의 책동이 있었는지에 대해서는 생각해 보아야 한다.[2-71] 더 높은 가능성은 거의 모든 결정권을 가지고 있었던 미군 고문들의 고의적인 방임이라는 점이 될 것이다.

1950년 5월에 한국을 방문한 《뉴욕타임스The New York Times》의 월터 설리반Walter Sullivan 기자도 한국 군대에 500명의 미군 고문이 있었다고 적었다. 이 미국 고문들은 한국군의 여단, 심지어는 대대에도 파견되어 있었다.[2-72] 각 사단마다 13~14명의 미군 고문이 상주하고 있었다. 그들은 한국군 장교와 같이 야전에서 생활하고 전투가 벌어지면 같이 주둔했다.[2-73] 여기서 알 수 있는 것은 1949년 7월, 한국에서 미군은 철수했지만, 고문단이 남아서 거의 모든 결정권을 쥐고 있었다는 점이다. 이 고문단이 (고의적으로?) 무능한 한국군의 방어 체계에 하나의 원인으로 작용했다고 생각할 충분한 이유가 있다.

수수께끼 19

대전차지뢰는 왜 쓰지 않았나?

북한군이 보유한 T-34형 탱크는 한국군과 미군에게 탱크공포증을 일으킬 정도로 위협적이었다.[2-74] T-34 탱크를 저지할 수 없었던 이유는 한국군이 보유한 대전차 무기인 2.36인치 바주카포가 개량형 T-34 탱크의 강화장갑을 뚫지 못했기 때문이다.

하지만 더 중요한 대전차 방어무기인 대전차지뢰의 존재에 대해서는 거의 언급이 없다. 이상한 일은 미국이 대전차지뢰를 한국군에 다수 보급했지만, 북한이 진격해 온 주요 기동로에는 전혀 매설되지 않았다는 사실이다.[2-75] 대전차지뢰에 대한 또 하나의 의문점이 있다. 한국군은 당시 대전차지뢰를 보유하지 못했다는 이유를 한국의 공식 전사인 《한국 전쟁사》(개

정판)에서 내세운다. 하지만 한국군은 1949년 7월 송악산 전투 당시 488고
지에 대전차지뢰와 대인지뢰를 매설하는 한편 대전차 해자를 구축한 바가
있었다.[2-76]

수수께끼 20
8사단은 왜 엉뚱한 행보를 하는가?

북의 남침 초기에 전세가 무척 불리한 상황에서 국군 8사단은 엉뚱한
행보를 한다. 8사단은 전황이 불리해지자 퇴각하여 7월 2일 제천에 집결해
서 원주와 명월로부터 진격해 올지 모르는 적에 대비하고 있었다. 그러던
7월 4일 오후, "제8사단은 충주로 이동"하라는 난데없는 육군본부 명의의
전문을 수신했다.

이는 중앙의 축선을 적의 공격에 그대로 방치해 두고 40㎞나 서쪽으로
이동하라는 상식에 어긋난 명령이다. 그러나 '충실한' 군인인 8사단장은 본
인 스스로도 납득할 수 없는 명령이었지만 그대로 따랐다. 그로 인해 인민
군은 저항없이 제천에서 단양에 이르는 지역을 확보했다. 이 일은 지휘관
이 실수했거나 무능하다고 생각하기에는 너무나 도가 지나쳤다. 게다가
이러한 치명적인 실수가 있었는데도 이에 책임을 진 사람이 없었다는 것
은 이해할 수 없는 일이다.[2-77]

최악의 패장이 승승장구하는 이상한 한국군

중앙일보는 2015년 5월 31일 '우리나라 역사 빛낸 9명의 명장들'이라는 커버스토리에서 역사 최고의 명장 9명을 선정했다. 이들은 광개토대왕, 김유신, 계백, 척준경, 이성계, 이순신, 김시민, 김좌진, 그리고 만주, 신흥무관학교장 이세영이다.[2-78] 그렇다면 최악의 장군은 누구일까? 최악이라는 불명에 감투를 특정한 역사적 인물에게 씌우는 예는 거의 없을 것이다. 하지만 한겨레 신문은 한국전 '최악의 패전' 장군으로 유재홍이라는 인물을 지적했다.[2-79] 도대체 유재홍 장군이 어떠한 역할을 했기에 그렇게 수치스러운 오명으로 남게 되었을까?

한국 역사의 3대 패전은 일반적으로 칠천량해전, 쌍령전투, 현리전투를 꼽는다. 칠천량해전은 이순신의 후임으로 임명된 삼도수군통제사 원균이 1597년 칠천도 부근에서 왜군의 공격을 받고 그 자신의 목숨과 함께 함선의 대부분을 잃게 되는 대참패를 말한다. 쌍령전투는 1637년 1월 2일 병자호란 당시 남한산성에 고립되었던 인조를 구하기 위해 북상한 경상도 속오군 4만 명이 청나라군에게 참혹하게 패배한 전투를 말한다. 조선군의 패배로 남한산성에서 40일 동안 버티던 인조는 결국 성문을 열고 굴욕적인 항복을 하게 된다.

현리전투는 1951년 5월 16~22일 7일 동안 강원도 인제군 기린면 현리에서 중공군·북한군과 한국군 사이에서 벌어진 전투를 말한다. 이때 한국군은 참혹한 패배를 했는데 그 패배의 주역이 바로 유재홍 장군이다(그림 2-4). 유재홍 장군은 '최고의 북한군 장군'이라는 별명을 가질 정도로 한국군에게는 전혀 도움되지 않았던 인물이다.

유재홍 장군이 논란이 되는 이유는 "한국전쟁 당시 가장 유명한 한국군의 패전에 그의 이름이 빠지지 않고 등장한다."라는 점이다.[2-80] 그가 지휘하던 7사단 궤멸, 그가 지휘한 2군단 해체, 그가 지휘한 3군단 해체 등 유재홍

그림 2-4) 유재홍 장군(1921~2011)과 이승만 대통령

은 불가사의한 업적을 남겼다.

1950년 한국전쟁이 발발했을 때 제7사단은 의정부에서 북한군에 패전을 거듭한다. 제7사단장이 바로 유재홍 장군이다. 그럼에도 불구하고 1950년 7월에 2군단이 창설되자 유재홍은 군단장으로 임명된다. 그리고 중공군이 참전하여 벌어진 덕천전투에서 지휘 실수로 중공군 38군과 42군에 포위를 허용하여 제2군단이 전멸되어 해체케 하였다.

1951년 3월에는 육군 제3군단장으로 전임되었는데 현리전투의 패배로 역시 제3군단도 해체되게 된다. 하지만 1952년 7월 육군 제3군단장에 다시 보임되어 1953년 3월까지 그 자리에 있었다.

현리전투는 중공군의 개입으로 국군이 후퇴를 거듭하다 다시 서울까지 빼앗기게 된 상황에서 벌어진 전투다. 중공군은 승세를 몰아 1951년 4월부터 서부 전선에서 이른바 춘계공세를 가했지만 유엔군은 제공권과 강력한 화력의 힘으로 방어에 성공한다. 이에 중공군은 1951년 5월 16일부터, 강원도 인제 지역에서 공격을 시작한다. 중공군의 공격 대상은 당시 유재홍이 지휘하는 3, 9사단으로 편성된 3군단과 5, 7사단이 방어하고 있는 현리 지역이었다. 중공군의 대대적인 공세로 5사단과 7사단은 패배했지만 옆에 있던 미군 2사단의 필사적인 방어로 중공군의 진격은 일단 저지되었다.

문제의 발단은 전면적인 교전이 없었던 3군단 소속의 9사단장 최석 장군이 5사단과 7사단이 중공군의 공격에 무너진 것으로 알고 후퇴명령을 내린 것이다. 3사단장 김종오는 3군단의 방어선이 무너지고 9사단의 후퇴를 알게 되자 덩달아서 후퇴명령을 내린다. 결국 3사단과 9사단은 전력을 보존한 채 인제군 현리에 모이게 된다. 이 당시 박정희 중령은 최전방 9사단 참모장이었는데 5월 16일 전투가 시작되기 며칠 전 병가를 내고 고향인 대구로 내려갔다.[2-81)

이때 중공군은 5, 7사단의 방어선을 뚫고 그 지역의 가장 중요한 요충지인 오마치 고개(말 다섯 마리만이 간신히 지날 수 있다는 뜻의 좁은 길) 일대를 1개 첨병중대를 동원해 점령하고 말았다. 오마치 고개는 3사단과 9사단의 유일한 보급로이자 현리에서 빠져나갈 수 있는 후퇴로였고 생명줄이었다.

오마치 고개는 해발 500m의 시야가 탁 트인 요충지이다. 이곳에 중공군이 들이닥쳤지만 3군단장 유재흥 장군은 이를 보고받고도 적절한 대응을 하지 않았다. 점령된 지대는 중공군이 60사단의 전 병력을 투입하여 튼튼한 방어선을 마련했다.

3군단은 현리에 모였지만 사단과 군단의 지휘부는 이 사태를 적극적으로 수습하지 못했다. 무엇보다도 후방 퇴각로를 상실했다고 느낀 유재흥 3군단장은 연락기를 타고 후방으로 나가버렸다. 훗날 유재흥 장군은 그때 "도망을 간 것이 아니라, 연락기를 타고 작전 회의에 참석하러 간 것이었다."라고 했지만, 백선엽 장군의 회고록에 의하면 유재흥 장군은 그때 작전 회의에 참석하지 않았다고 했다.

군단장이 빠져나간 후 전의를 상실한 병사들은 중장비와 중화기를 포기하고 무작정 후퇴했으며, 포로로 잡힐 것을 두려워해 스스로 계급장도 떼버리는 장교들도 있었고 병사들은 소총과 실탄까지 버리고 도망갔다.

사실상 현리전투는 전투도 패배도 아니었다. 3개의 사단병력으로 구성된 1개 군단이 제대로 싸워보지도 않고 도망가느라고 증발해 버린 참혹한 비극이었다. 1950년 10월 창설된 3군단의 군단장이 된 유재홍은 다음 해 현리전투로 병력 60%를 잃은 채 부대가 해체되는 치욕을 겪었다.

한겨레 신문은 현리전투의 참가자들의 증언을 다음과 같이 게재했다:

> 현리전투에 참가한 생존자인 정병석(76) 씨는 지난해 8월 《연합뉴스》와 한 인터뷰에서 "당시 지휘부가 연락기로 탈출했다는 소문이 퍼지면서 아군의 사기는 바닥으로 떨어졌다."라면서 "전황이 급박하다 보니 박격포 등 중화기는 방태산 바위 밑에 숨긴 채 몸만 빠져나왔다."라고 말했다.

당시 3사단 23연대 1대대 4중대 소속 상등병으로 이 전투에 참가한 박한진(83) 씨도 "지휘부가 먼저 도주하자 지휘체계를 잃은 병력은 중대, 소대 단위에서 10명 규모로 뿔뿔이 흩어졌고 소총을 버린 병사도 부지기수였다."라면서 "일부 장교들은 수치스럽게도 계급장을 떼고 달아났다."라고 말했다.

당시 전투에 참가했다 포로로 잡혀 북한에 끌려갔다가 갖은 고생을 하고 1994년 탈북한 귀환 국군포로 1호인 조창호 소위는 유재홍 장군과의 면담을 추진했으나 2006년 조창호 소위가 사망할 때까지 거부당한 것으로 알려졌다.

결국 나흘간 70㎞를 도망친 3군단 병력은 5월 19일 오후 중공군의 포위망을 벗어나 평창 하진부에서 겨우 수습됐다. 집결된 병력은 3사단 34%, 9사단 40%에 불과했다. 2-82)

현리전투로 인해 두 가지의 결과가 일어난다. 하나는 유재홍의 3군단이 해체된다. 현리전투의 참패 이후 유재홍과 밴 플리트James A. Van Fleet 미 8군 사령관과의 유명한 대화가 일화로 남아있다:

밴 플리트가 "유 장군, 당신의 군단은 지금 어디 있소?" 하자 유재흥 장군은 "모르겠습니다."라고 대답했다고 한다. 이에 밴 플리트가 "당신의 예하 사단은 어디 있소? 모든 포와 수송장비를 상실했단 말이오?"라고 힐문하자 "그런 것 같습니다."라고 답했다. 이에 밴 플리트는 "당신의 군단을 해체하겠소. 다른 보직이나 알아보시오!"라고 말했다.[2-82]

기가 막히게도 유재흥 장군에게 3군단의 해체는 두 번째 군단 해체였다. 유재흥 장군의 2군단 역시 전멸되다시피 해체되었다. 1950년 11월에 북진을 거듭하던 유재흥 장군의 2군단은 중공군에게 포위 공격당해 괴멸된 후 해체되었다. 아이러니하고 비극적인 한국군의 상황을 인용해 본다:

친일파 장교가 해방 뒤 한국군 장교로 변신해 미군에게 작전권을 빼앗기는 빌미를 제공한 인물이 군에 있을 때나 군문 밖에서나 영전을 거듭하는 현실은 대한민국의 왜곡된 현대사를 상징적으로 보여준다.[2-82]

수수께끼 22
유재흥 장군 전승기념비

유재흥 장군에게 의아한 점은 또 하나가 있다. 경북 경산시 하양읍 하양초등학교 내에 유재흥 장군 전승기념비가 설립되어 있는 것이다. 그런데 놀랍게도 기념비를 소개하는 웹사이트에 다음과 같은 내용이 올려져 있다:

6·25 때 그는 7사단장, 1군단 부군단장, 2군단장(2번), 참모차장(3번), 3군

단장으로 개전 초기부터 낙동강선 방어작전, 북진·청천강 전투, 1·4 후퇴, 유엔군의 재북진, 고지쟁탈전을 거쳐 휴전 때까지 한 번도 전장을 떠나 본 적이 없는 '가장 고생을 많이 한 전투지휘관'이었다.

도대체 누가 역사를 마음대로 뜯어고치는가? 위의 내용은 월간조선 오 동룡의 기사를 그대로 옮겨 놓은 것이다. [2-83] 유재홍 장군 같은 사람이 한 국에 존재한다는 것은 그 배경에 보이지 않는 엄청난 세력의 손이 작용하 기 때문이라고 생각할 수밖에 없다. 그렇다면 보이지 않는 손을 조작하는 세력은 무엇일까? 어떤 이득을 보기 위해 한국전쟁의 역사를 뒤에서 조정 할까? 이 점이 우리가 풀어야 할 문제다.

군사재판에 넘겨져야 할 사람이 어떻게 출세의 승승가도를 달릴 수 있 나? 세계역사에서 찾아보기 어려운 최악의 패장인 유재홍 장군의 이후 행 보는 의아하지 않을 수 없다.

유재홍 장군은 5·16 이후 주 태국 대사, 주 스웨덴 대사, 주 이탈리아 대 사에 임명되었고, 심지어는 1971년 국방부 장관에까지 임명되었다. 퇴임 후 1974년부터 6년간 대한석유공사 사장으로 있었고 1978년 석유화학공 업협회 회장에 선임되었다. 그 후 한국과 스칸디나비아재단 이사장, 전직 장성 모임인 성우회의 부회장, 성우회 회장 등을 맡았고 2011년 11월 26일 91세에 숙환으로 사망하여 국립현충원에 안장되어 있다.

세월호 참사 후 이준석 선장이 호화판 여객선의 선장으로 임명되는 것 을 상상해 봐라. 이준석 선장이 교통부 장관으로 임명되는 것을 상상해 봐 라. 이준석 선장의 기념비가 설립되는 것을 상상해 봐라.

유재흥 보호세력의 정체는 무엇인가?

유재흥의 아버지는 대한제국 관비유학생으로 일본에 갔는데 후에 많은 일본유학생들과 마찬가지로 반고종으로 돌아서고 친일파가 되었다. 유재흥은 육군유년학교를 거쳐 일본군 대좌까지 올라갔던 유승렬劉升烈, 1891~1958의 아들이다. 유재흥은 1921년 일본 나고야에서 태어나서 5살 때 귀국하여 한국에서 줄곧 살았음에도 한국어를 잘하지 못했다. 평안북도 신의주고등보통학교를 거쳐 일본 육군사관학교(제55기)를 졸업했고, 태평양 전쟁 종전 당시에는 일본군 육군 대위로 근무했다. 해방 후 미군의 군사영어학교를 거쳐 대위로 임관되었다.

2004년 노무현 대통령이 미군으로부터 전시작전권을 회수하겠다고 발표하자 예비역 군 장성 72명이 반대성명을 발표했다. 그런데 반대성명의 대표자가 바로 유재흥이었다. 작전통제권을 잃게 한 장본인이 환수를 반대하는 것은 기가 막힌 일이다.[2-84]

수수께끼 24

가장 유능한 사단장이 왜 해임되는가?

1951년 중공군의 5월 공세 때 강원도 원주에서 미 8군의 돌출부 측면이 중공군에게 둘러싸이게 되는 상황에 이르렀다. 하지만 로버트 맥클루어 Robert B. McClure 소장이 이끄는 2사단이 성공적으로 방어한다. 그런데 뜻밖에도 맥클루어 소장은 해임된다. 어떤 영문일까?

장제스의 부참모부장이기도 했었던 맥클루어 소장은 중공군에 대한 최고의 전문가 중 한 사람이었다. 그는 1950년 12월 11일에 2사단장으로 임명되었다. 8군의 후방을 담당하던 2사단은 중공군의 공격을 받고 3분의 1의 사단병력이 사망하거나 부상당했다. 하지만 맥클루어 소장이 사단장으로 임명된 후 일류의 군대가 된다. 런던의 《데일리 메일Daily Mail》은 맥클루어 소장의 2사단이 16일 동안을 계속해서 남쪽으로 전진하던 적군을 차단시켰고 수천 명에 달하는 중공군 사상자를 냈다고 보도했다. 또한 5일 동안 벌어진 전투는 전략상 서울 다음으로 중요한 지점인 원주에서 가장 극적인 전투였다고 보도했다.

그런데 맥클루어 장군은 그러한 혁혁한 공로에 대해 칭찬을 받은 것이 아니라, 1월 15일 아무런 설명 없이 2사단장의 직위에서 해임된다. 그리고 러프너C. L. Ruffner 소장이 새 사단장으로 교체되었고 아무런 적의 공격이 없었음에도 불구하고 2사단은 퇴각해 버린다.[2-85)]

중공군의 인해전술은 막강했는가?

한국전쟁에서 중공군은 막대한 병력으로 인해전술을 사용했다고 잘 알려졌지만 상당히 과장되어 있다고 이희진 교수는 설명한다:

> 미국 측에서 파악하고 있었다고 하는 1950년 10월 말 투입된 중국군의 규모는 18만이고, 중국 측에서 밝히고 있는 규모는 26만 수준에 불과하다. … 이때 미군과 국군 위주의 유엔군은 총 42만 명에 달했다. 5개 군단 15개 사단 2개 여단으로 구성된 지상군 부대만 23만 명이다. 미군만 따져도 3개 군단 6개 사단 12만 명이었다. … 지상군만 비교해도 유엔 측이 그렇게 적은 숫자가 아니었다. 굳이 중국 측 자료를 보더라도 유엔군이 숫자 때문에 밀릴 상황은 아니었다.
>
> 시간이 많이 지나 휴전에 대한 말이 나올 때 즈음에는 중국군 병력이 많이 늘어난다. 미국 측에서도 70만가량이 투입되었다고 본다. 그러나 이때 즈음에는 국군까지 포함된 유엔군도 50만가량의 병력을 확보하고 있었으니 그렇게 압도적인 병력은 아니다.[2-86]

현대전은 장비의 역할이 압도적이다. 중공군의 화력은 제공권을 장악하는 미군과 비교가 되지 않을 정도였다. 중국군 부사령관 홍학지는 중국군의 무기와 장비는 북한의 인민군보다도 나을 것이 없었다고 했다:

> 보병은 박격포 몇 문을 보유한 게 고작이었다. 대형 야포는 모두 국민당군으로부터 노획한 것인데, 노새가 끌고 다녀 기동성이 떨어졌고 은폐가 어려

웠다. 결국 소총과 수류탄에 의존하는 수밖에 없었다.

중국군은 스스로도 장비가 별로 좋지 못한 국군을 상대로 5배 정도, 장비가 좋은 미군을 상대로는 10배의 병력을 투입해야 이길 수 있다고 보는 수준 이었던 것이다. … 제공권의 중요성. … 이러한 점을 감안하면 중국군이 이루어 낸 전과는 더욱 이해하기가 어렵다.[2-87]

이희진 교수는 미군이 중공군에 밀려서 1·4 후퇴를 하게 된 점에 의구심을 표현한다:

그렇다면 중국군의 병력이 그다지 압도적인 숫자가 아니었는데도 어떻게 해서 '미군 역사상 가장 긴 후퇴'라는 말이 나올 만큼 전과를 올릴 수 있었을까? 이 점도 겉으로만 보면 상당한 수수께끼다.[2-88]

수수께끼 26
대만해협을 미국 7함대가 왜 막았는가?

한국전쟁이 발발한 지 이틀 후, 트루먼Harry S. Truman 대통령은 의외의 발표를 한다. 트루먼은 대만이 중국 본토를 공격할 가능성을 경고한다:

저는 대만 정부가 본토에 대한 모든 항공 및 해상 작전을 중단할 것을 촉구합니다. 제7함대는 이것이 완료되도록 하겠습니다.[2-89]

더글러스 맥아더Douglas MacArthur 장군은 미국의 해군 제7함대가 중국 본토와 대만 사이의 타이완 해협을 가로막고 있음으로 해서 한국전쟁에 어떤 결과를 가져왔는지를 회고록에서 설명한다. 마오쩌둥毛澤東과 장제스蔣介石) 군대는 서로 전쟁을 할 수 없게 된 것이며 마오쩌둥이 해안 공격에 할당한 2개 군단을 한국에 투입할 수 있도록 해준 것이다. [2-90] 이는 마치 한국전쟁에 중공군이 참여하도록 트루먼이 도움을 주는 듯하다. 또한 전쟁 발발 일주일 후에 대만 정부는 5일 안에 33,000명의 군대를 한국에 보내 도울 수 있다고 했지만 미국정부는 이를 거절했다.

수수께끼 27
스탈린의 이상한 전략

전쟁 초기에는 북한군이 압도적으로 남한군대보다 우세했기 때문에 전략적인 면에서 하나의 작전만 밀어붙였으면 빠른 시간 안에 승리할 수 있었을 것이다. 그 하나의 작전은 남한을 외부의 지원으로부터 끊는 일이다. 그러기 위해서는 남한 유일의 대규모 항구인 부산을 점령했어야 했다. [2-91] 그리고 사실상 부산은 거의 무방비 상태로 있었다.

평양으로서는 미군의 개입을 막는 것이 전략적으로 가장 중요한 목표이고, 그러기 위해서는 탱크를 앞세워 번개처럼 빠른 기동으로 부산까지 종심 타격을 하는 기갑전격전Blitzkrieg이 당연한 것이다. 부산은 미군이 교두보로 사용할 수 있는 항구도시이기 때문에 최대한 빨리 장악해야 했었다. 하지만 3일 만에 서울을 점령한 북한군은 일주일 넘게 진격을 머뭇거려 미군이 개입할 시간을 주었다.

또한 북한군은 비행기를 이용해 무방비 상태의 부산항을 공격할 수 있었으며 부산항 앞바다에 기뢰를 설치하여 미군의 참전을 지체시킬 수 있

었다. 2-92)

한국전쟁은 3년이나 지속되었지만, 북한군의 승리는 첫 몇 주에 달려있었다. 사실 미국의 전략가들은 북한군이 남한을 3주 안에 점령하지 않는다면 전쟁은 실패할 것을 알고 있었다. 북한군대는 열정적으로 싸웠지만 모든 것이 헛수고였다. 그런데 북한군의 실패는 전쟁계획을 세운 스탈린에게 책임이 있었던 것이다. 2-93)

미군의 첫 지상군 접전 부대는 1950년 7월 2일 투입된 제24보병사단이었다. 두입된 미군은 처음 T-34 탱크를 앞세운 북한군과 2주간의 혹독한 전투를 치렀다. 24단은 처참하게 패배한다. 대대장은 부상, 연대장은 사망 그리고 사단장은 포로가 되었다. 이 시기 남한군대과 마찬가지로 미군은 북의 T-34 탱크를 저지할 무기가 없었다. 미군 전사에서 이때 미 24사단이 담당했던 오산에서 낙동강 교두보까지의 후퇴를 '패배의 연속Defeat after defeat'이라고 표현했을 정도였다.

이런 상황에서 평양의 목표를 성공할 수 없도록 만든 스탈린의 2가지 결정이 내려온다. 하나는 북의 6사단을 주력 공격에서 끄집어내 전라도 방향으로 진격하도록 한 것이다. 인민군 6사단은 신속한 기동전을 통해서 초기에 서울 후방을 차단할 수 있었다. 이 전과로 6사단은 근위칭호를 받았고 사단장 방호산은 영웅칭호를 부여받을 정도였다. 가장 효과적이고 강력했던 인민군 기동사단인 6사단이 만약 그대로 진격을 계속해서 부산을 점령했다면 전쟁은 그 길로 끝났을지 모른다.

6사단을 주된 진격 루트에서 벗어나게 한 결정으로 상황이 전개되는 것을 목격한 기자는 이런 말을 한다:

> 왜 탱크를 앞세워 부산까지 진격하지 않았는지. 이 전쟁의 미스터리 중 하나다. 2-94)

이때쯤 맥아더는 한국에 발을 디딜 수 있는 가능성을 생각한다. 7월 25일 인민군 제6사단이 순천에 도달하여 재정비를 할 때 북한군의 보급품과 식량은 형편없이 부족했다.

스탈린의 또 다른 이상한 결정은 인민군 4사단 역시 부산으로 향하는 주력부대에서 빼내어 충청도의 금산으로 진격시킨 것이다. 이것도 역시 6사단 행로의 오류를 반복하는 결정이었다. 전쟁 초기 아주 중요한 시기에 주력부대를 2번이나 약화시켰고 이로 인해 전쟁의 방향이 결정돼 버렸다.

이렇듯 스탈린은 남으로 진격하는 인민군 정예사단 3개 중 2개 사단을 주력부대에서 빼버린 것이다. 이 2사단들이 다시 주력부대와 합류했을 때는 이미 미군이 충분한 방어진을 쳐서 더 이상 돌파할 수 없게 된 뒤였다.[2-95] 이것은 한마디로 미국이 한반도에 군대를 투입할 할 수 있도록 스탈린이 필요한 시간을 내준 것이라고 밖엔 볼 수 없다.[2-96] 맥아더의 야전참모장 월턴 워커Walton H. Walker 장군도 김일성이 모든 병력을 부산에 집중했다면 북한군을 시간 내에 막기는 힘들었을 것이라고 말했다.[2-97]

3장

한국전쟁의 의혹

엄청난 규모의 음모를 직면하면
믿지 못하게 되는 것이 개인의 불리함이다.

_애드가 후버 J. Edgar Hoover FBI 국장

앞장에서 제시한 27가지 수수께끼 외에 다른 의혹들이 제기되었다.

이형근 장군이 제시하는 '10대 미스터리'

아마도 한국군 장교가 한국전쟁에 대한 의혹을 가장 설득력 있게 제시하는 사람 중 하나는 초창기 대한민국 국군으로 4성 장군이었던 이형근 육군 대장일 것이다. 그는 자신의 회고록인《군번 1번의 외길》에서 6·25전쟁의 '10대 미스터리'를 제시하고 있다. 강직하고 바른 소리 잘하기로 이름난 이형근 장군이 전쟁의 참화 속에서 발견한 수상한 일들을 조목조목 나열한다:

첫 번째, 일선 부대의 북의 '남침의 징조'에 관한 적정敵情 보고를 군 수뇌부에서 묵살했다는 점:

1950년 4월~5월, 8사단을 비롯한 다른 사단에서 북한의 대규모 남침 징후가 보인다는 보고가 잇따랐다. 태백산맥으로 침투한 유격대 중 생포된 포로들을 심문한 결과 대규모 남침이 예정되어 있는 것을 알았다. 일선에서 이러한 정보를 육군본부에 보고했지만 무반응을 보였다.

두 번째, 각급 주요 지휘관들의 이른바 6월 10일 인사이동:

6·25가 일어나기 2주일 전, 전후방의 사단장과 연대급의 장교들에게 대대적인 인사이동이 있었다. 짧은 기간에 너무 많은 인사를 단행한 것은 문제였다.

세 번째, 전후방 부대의 대대적인 교대:

6월 13~20일간, 전후방 부대의 대대적 교대가 있었다. 따라서 전투를 지휘해야 할 지휘관들이 적정이나 지형 파악은커녕 부하들의 신상조차 제대로 알지 못했다. 지휘관들의 인사이동과 마찬가지로 한꺼번에 많은 부대가 교체되어 전력 공백을 야기했다.

네 번째, 북한의 위장평화 공세에 대한 남한의 6월 11~23일 비상 경계령 발동:

비상 경계령은 북한의 남침위협을 인식한 것이다.

다섯 번째, 이런 위기 상황에서 육군 본부는 비상 경계령 해제와 더불어 전 장병의 2분의 1에게 휴가를 주어 외출과 외박을 시켰다:

남침위협이 있음에도 불구하고, 6월 23일 비상 경계령을 해제했다. 이날은 공교롭게도 김일성이 남침 준비를 완료하고 대기하도록 명령한 날이다. 더구나 전 장병의 절반에게 휴가를 주었다는 점에 대해 의구심을 갖지 않을 수 없다.

여섯 번째, 육군 장교 클럽 댄스파티가 6월 24일 밤에 열렸다:
하필이면 6·25 남침이 일어나기 몇 시간 전에 성대한 댄스 파티가 있었다. 전 후방 고급 장교들은 초청을 받았다. 참석한 장교들은 새벽까지 술과 댄스를 즐겼으며, 일부 미 고문관과 한국 장교들은 2차까지 갔다.

일곱 번째, 적의 남침 이후 병력을 서울 북방에 축차 투입해 불필요한 희생을 강요했다:
부대를 쪼개서 일부만 투입하라는 것은 아무리 급한 상황이라지만 군사적 기초 상식을 깬 명령이다.

여덟 번째, 적의 공세로 국군이 퇴각하는 상황에도 불구하고 6월 25~27일 중앙 방송은 국군이 반격, 북진 중이라고 허위 방송을 함으로써 군부는 물론 국민들까지 상황 판단을 그르치게 했다. 육군본부가 상황 판단을 제대로 했다면 서울 북방에서 접전 중이던 국군을 재빨리 전장에서 이탈케 하여 다음 작전을 대비시켰을 것이다.

아홉 번째, 수많은 시민과 병력 그리고 군수물자를 방치한 채 한강교를 조기 폭파했다. 대통령과 정부 고관들 그리고 육군 참모총장이 국민들에게 알리지도 않고 한강 이남으로 도피한 뒤, 한강교를 폭파했다는 것은 전술적으로나 도의적으로 용납될 수 없는 반역 행위였다.

열 번째, 육군 공병감工兵監 최창식 대령은 상부의 명령에 따라 한강교를 폭파했을 뿐인데, 이에 책임을 지고 1950년 9월 21일 비밀리에 처형되었다. 게다가 그때는 유엔군의 인천상륙작전으로 전세가 역전되는 시기였는데, 이런 경황을 틈타 책임 소재도 가리지 않은 채 서둘러 처형한 것은 의문스러운 일이다.[3-1]

CIA 요원이 본 미스터리

이형근 장군이 제시한 미스터리는 그 혼자만의 주장이 아니다. 다른 증인들도 비슷한 의혹을 제기한다. 그중 가장 자세하게 설명한 사람은 하리마오(한국명 박승억) 씨일 것이다.

하리마오 씨는 35년 동안 미국 중앙정보국CIA 극동지부에서 비노출 요원으로 활약한 한국계 미국인이다. 하리마오 씨는《38선도 6·25한국전쟁도 미국의 작품이었다》라는 저서에서 당시의 CIA 보고를 근거로 하여 워싱턴은 6월 25일 북한이 남침한다는 것을 정확히 알고 있었다고 말한다.

이 당시 미국의 행동은 이중적이었다. 존 무초John J. Muccio 주한 미국대사와 주한미군 군사고문단장 윌리엄 로버츠William L. Roberts 준장은 이승만 대통령에게 북한의 남침설은 전혀 근거 없다고 자신 있게 보고했다. 하지만 이들은 북한의 남침을 예상하고 도망치는 방법을 논의하기 위한 회의를 6월 이전부터 매월 한 번씩 열었다는 것이다. 6월 11일 한국군은 북한의 동태가 수상하다며 38선 접경 부대에 또다시 비상경계령을 내렸다. 그 후에 일어난 일을 주시할 필요가 있다:

6월 23일 정년 퇴임한 로버츠 준장의 뒤를 이어 고문단장 대리가 된 스털

링 라이트_{William H. Sterling Wright} 대령이 채병덕 육군 참모총장을 찾아왔다. 그는 한국 육군 참모학교에 꾸민 장교구락부 개관 축하 파티를 24일 밤에 열라고 제안했다. 채 총장이 전선에 비상이 걸려 곤란하다고 하자, 라이트는 "벌써 세 번이나 비상을 걸었지만 아무 일도 없지 않았느냐. 비상경계령을 해제하라."라고 재차 강요했다. 강요에 밀린 채 총장은 6월 24일 자정을 계기로 비상경계령을 해제했다. 해제 명령은 즉각 해당 부대들에 하달되었다. 그리고 24일 밤 흥겨운 파티가 열렸다. 한국전쟁이 터진 것은 바로 이 파티가 끝나가던 6월 25일 새벽 4시쯤이었다.[3-2]

이형근 장군이 제시한 한국전쟁이 일어나기 몇 시간 전에 있었던 파티에 대해서 상세히 하리마오 씨가 설명한다:

이렇게 하여 24일 밤에 개관 축하회가 성대하게 열렸다. … 이 파티에는 육본 수뇌부와 일선 지휘관을 포함한 50여 명의 고급 장교들이 참석했으며 재경 미 군사 고문단 장교들도 여럿 참석하여 근래에 보기 드문 성대한 파티를 이뤘다. … 파티는 밤 10시경에 끝났으나 참석자들은 장소를 옮겨가면서 25일 새벽 2시경까지 흥겨운 자리를 계속했다. 다시 말해 북한의 남침이 있기 두 시간 전까지 고주망태가 되어 인사불성으로 집에 돌아가 곯아떨어졌던 것이다.[3-3]

장교들뿐 아니라 일선 장병들 역시 오랜만에 긴장을 풀고 모처럼의 주말(토요일 하오) 휴가를 나와 즐거운 시간을 보내고 있었으며 다음날(25일)은 일요일이라 서울 시내의 극장가는 온통 군 장병들로 초만원을 이루었다.

CIA에 복귀해 근무 중이었고 계급은 미 육군 소장이었지만 사복 근무를

했었던 하리마오 씨는 미 군사고문단장이 국군을 함정에 빠뜨렸다고 주장한다:

(나는 6월) 24일 저녁에 열린 육본 장교클럽 개관 축하파티에 도사린 음모를 알게 되었다. 그때 나의 머릿속은 교활한 로버츠가 미 군사고문단장직을 떠나 예편하면서 단장 직무 대리인 라이트를 시켜 비상경계령도 해제시키고 파티도 열게 했던 장본인일 것이라는 확신에 차 있었다. 그 짧은 순간에 그렇듯 확신에 찬 생각을 한 것은 로버츠와 라이트가 꽤 오래전부터 6·25 남침 사실을 알고 있었던 것을 내가 알고 있었을 뿐 아니라 로버츠 준장의 인간성을 너무나 잘 알고 있었기 때문이었다.[3-4]

...

(나는) 오랜만에 미 육군 유니폼 정장을 하고 평택 오산기지를 떠나 일본 아쓰기 미 공군기지에 도착했다. 막 비행기에 내려 공항 건물 로비를 빠져나가려는 순간 6·25 직전까지 미 군사고문단KMAG에서 근무하던 두 장교를 만났다. 비행장으로 뛰어들어가는 리드 소령과 홀랜드 중령이었다.

나는 다급히 물었다. "잠깐! 한마디 물어봅시다. 6·25 전날 밤, 한국 육본 장교클럽 개관 축하파티를 누가 개최하라고 지시를 했소?" 그러자 리드 소령이 망설임도 없이 "그건 그때 도쿄에 계시던 브라운 장군의 전화지시라며 라이트 참모장께서 채병덕 육군 참모총장에게 간청해 이루어졌던 것으로 기억합니다. 그리고 다음 날 저녁 파티에 잠깐 참석하였다가 저와 같이 주말 휴가차 김포기지로 가 비행기로 도쿄에 왔습니다. 이상입니다."라고 대답했다.[3-5]

하리마오 씨는 북한의 남침전쟁 준비실태를 훤히 들여다보고 있었고, 49년 6월 군사고문단만 남겨놓고 미군이 철수하자 수차례에 걸쳐 상관 킹

스베리Kingsbury 장군(CIA 극동지부장)에게 울분을 토하며 "(북의 전쟁준비를 알고 있으면서) 한국정부를 왜 속이느냐." 하고 따졌다.

하리마오 씨에 의하면 그가 50년 5월 24일 밤 11시 킹스베리 장군의 침실에 뛰어들어 미국의 진의를 추궁하자 이튿날 새벽 1시께 CIA는 긴급소집된 참모회의를 열어 그의 암살을 정했다고 한다. 그런데 한 미군 장교의 귀띔으로 이런 분위기를 알아챈 하리마오 씨는 숙소를 빠져나와 부대를 탈출한 뒤 제주로 피신해서 목숨을 건질 수 있었다고 말한다. [3-6]

중국이 제기한 의혹들

한국전쟁에 대한 수수께끼는 남측에서만 제기되고 있는 것은 아니다. 중국은 6·25전쟁을 해석하는 방송에서 다음과 같은 의혹들을 제기했다:

북은 1950년 6월 25일 전면전을 시작해서 단 3일 만에 서울을 점령했음에도

첫째, 김일성이 서울을 점령한 후 3일간을 머뭇거렸던 이유가 무엇인가?

둘째, 마오쩌둥은 김일성에게 인천항과 군산항을 요새화하도록 제안했지만 거부됐다.

셋째, 스탈린은 미국과 함께 휴전을 미뤘다.

넷째, 미국은 당시 소련이 점령하고 있던 만주를 마오쩌둥에게 선물했는데 그 이유는 무엇인가? [3-7]

기밀 해제된 한국전쟁의 사전 각본 <SL-17> 문서

한국전쟁에 관련 기밀이 해제되어 공개된 문건 중 아마도 가장 놀라운 자료는 단연코 미 육군의 <SL-17>이라는 전쟁계획서일 것이다. 이 계획서는 1985년에 공개되었는데 특히 한국 사람은 몰라서는 안 되는 서류라고 생각된다.

이 문건은 리처드 손튼Richard C. Thornton 조지워싱턴대 교수의 《강대국 국제정치와 한반도: 트루먼, 스탈린, 마오쩌둥 그리고 한국전쟁의 기원Odd Man Out: Truman, Stalin, Mao, and the Origins of the Korean War》이라는 책에서 언급되고 있는데 그 내용은 기존의 우리가 배운 역사를 다시 생각해 볼 만큼 충격적이다. 전쟁계획서 <SL-17>은 1949년 9월에 작성되었고 한국전쟁이 일어나기 6일 전인 1950년 6월 19일 일반 참모들에게 제공되었다. 놀라운 것은 영화의 각본같이 한국전쟁은 <SL-17>의 내용대로 진행되어 갔다는 것이다.

예를 들어 북한의 침략 후 부산 방어선까지 후퇴, 인천상륙작전, 북진을 통해 압록강, 두만강 지역으로 진격 등이 <SL-17> 전쟁계획서에 명시되어 있다.[3-8] 그렇다면 인천상륙작전은 맥아더의 뛰어난 전략의 산물이 아니라 전쟁 각본대로 따라간 것이다.

왜 6월 19일에 미국의 한반도 전쟁계획이 회람되었을까? 권영근 교수는 6월 18일 김일성이 북한군 전 부대에 전쟁준비를 지시했기 때문일 것이라고 본다.[3-9]

손튼 교수는 거의 2주 동안 한국의 전선 상황을 시찰하던 유엔 요원들이 6월 24일에 철수했다는 점은 우연이 아니라고 말한다. 또한 6월 24일을 기점으로 한국 육군 내부에서 있었던 여러 사건(장병 휴가, 경계태세 완화), 6월 24일의 한국군 고급 장교들과 미 고문단의 파티 또한 6월 25일의 북한군 남침을 미국이 정확히 파악하고 있었기 때문에 벌어진 사건일 가능성이 있다는 것이다. 이러한 의아한 상황은 한국전쟁이 예기된 사건이라는 점을 ⟨SL-17⟩이 보여주는 것이라고 해석할 수 있다.

⟨SL-17⟩이 한국전쟁의 기원을 이해하는 데 있어 아마도 가장 중요한 서류임에도 불구하고, 전문가들은 대체적으로 모르거나 별로 중요하게 여기지 않는다. 이 문건이 가리키는 엄청난 의미에도 불구하고 브루스 커밍스 교수조차도 다음과 같이 짤막하게 언급할 뿐이다:

> 우리는 아직도 왜 미 국방성이 1950년 6월 19일 ⟨SL-17⟩로 지칭되는 한반도 전쟁계획을 승인하여 회람시켰는지 그 이유를 모르고 있다. 그 전쟁계획서는 북한의 남침이 있으면 교두보인 부산으로 신속히 후퇴한 후 낙동강에서 방어망을 구축하며 인천에서 상륙작전을 한다고 가정하고 있다.[3-10]

⟨SL-17⟩ 계획서만큼 놀라운 것은 ⟨SL-17⟩이라는 문건의 존재가 거의 사회나 학계에 알려지지 않았다는 점이다. 무엇보다도 ⟨SL-17⟩이 공개되었어도 일반적으로 6·25전쟁에 대한 해석이 변하지 않는다는 점 역시 놀라운 일이다.

4장

동유럽의 공산화

한반도의 이해 못 할 상황을 이해하기 위해서는 다른 나라에서도 벌어진 이상한 사건들과 비교할 필요가 있다. 특히 2차 세계대전 후에 동유럽의 여러 나라들이 공산화되는 배경은 무척 중요하다.

2차 대전의 유럽 전승 기념일은 1945년 5월 8일이다. 이 일은 일본의 항복보다 수개월 전에 일어났기 때문에 소련이 동유럽 국가들을 점령하면서 공산주의의 영향력이 세상에 확실하게 드러나고 있었다. 그럼에도 미국은 한편으로는 반공 정책을 강하게 밀어붙이면서 다른 편에서는 소련을 태평양 전쟁에 끌어들여 극동아시아에도 소련 공산주의의 영향력을 증대시키는 직접적인 역할을 한 것이다.

배신당한 유고슬라비아

유럽에서 아돌프 히틀러Adolf Hitler에게 점령당한 나라들 중 가장 먼저 해방된 국가는 유고슬라비아였다. 1944년 10월 20일 소련군은 유고슬라비아의 수도인 베오그라드Belgrade에 입성했다. 이 나라가 가장 먼저 해방된 특출한 상황은 용감하고 애국적인 군인들이 있었기 때문이다.

히틀러가 유고슬라비아를 1941년 봄에 공격했을 때 정부는 바로 붕괴되어 영국으로 망명했다. 하지만 드라자 미하일로비치 Draza Mihailovic 대령과 동료 장교들은 산속으로 들어가서 저항을 계속했다. 체트니크 Chetniks라고 불리는 이 게릴라 전사들은 유럽에서 나치에 대항해 싸우는 가장 강력한

그림 4-1) 1942년 5월 25일 《타임(Time)》지의 표지 드라자 미하일로비치(Draja Mihailovich) (출처: Time)

그룹이었고 특히 미국과 영국에서 많은 존경을 받았다. 미하일로비치는 1942년 미국 《타임Time》지의 표지 인물로 선정되기까지 했고(그림 4-1) 체트니크에 대한 영화까지 만들어졌다.

유고슬라비아에는 나치에 저항하는 또 하나의 게릴라 군대가 있었다. 이 그룹의 리더인 조셉 로즈Josef Rroz가 러시아로부터 돌아와서 공산주의 게릴라인 파르티잔 Partisan을 설립했다. 이 인물은 우리에게는 티토Tito로 잘 알려져 있다(그림 4-2). 히틀러가 소련을 침공한 뒤 유고슬라비아의 공산당 소속의 티토는 모스크바의 도움을 받는다. 하지만 티토는 독일과 소련과의 전쟁이 일어난 후 첫 18개월 정도는 활동이 별

그림 4-2) 1944년 10월 9일 《타임(Time)》지 표지의 요시프 브로즈 티토(Josip Broz Tito) (출처: Time)

로 없었기 때문에 그에 관한 것들은 거의 알려지지 않았다. [4-1]

1942년 후반부터 티토의 군대가 서서히 알려지게 된다. 그 이유는 친소련적 언론들이 티토를 화려하게 선전했기 때문이다. 반면 미하일로비치를 깎아내리기 시작했다. 전에는 별로 알려지지 않았던 티토는 나치와 싸우는 영웅적 인물로 승격되고, 미하일로비치는 거의 하루아침에 친나치 악당으로 인식되다시피 했다. 이 점은 후에 보겠지만 일본 항복 후에 장제스가 미국으로부터 받았던 대접의 변화와 거의 같다.

용맹스러운 공산당만이 독일을 상대로 싸우고 있다는 선전은 완전히 거짓말이었다. 나치와 중립 협약을 한 사람은 티토였음에도 언론은 미하일로비치가 나치와 협상하는 반역을 했다고 보도했다. 티토 군대가 용맹무쌍하다는 친소련 세력의 선전과는 달리, 1944년 5월에 티토군이 독일군에게 완전히 패배하여 국외로 쫓겨나 영국과 소련의 보호로 유지된다. 소련군이 유고슬라비아를 함락한 후에야 티토는 베오그라드Belgrade에 입성하여 권력을 요구한다. [4-2]

이렇게 된 이유는 정보를 담당하는 연합국 고위 장교들이 허위정보를 뿌렸기 때문이다. 영국 정보부에는 친소련 요원들이 중요 직위를 차지하고 있으면서 미하일로비치를 깎아내리고 티토를 추켜세웠다. [4-3]

영국 기록보관소에서 찾아낸 MI5(영국의 FBI)의 녹음된 증거들은 정보요원들이 진실을 왜곡하는 현장을 보여준다. 전쟁이 끝날 무렵 친공산주의 작가인 제임스 클러그먼James Klugmann과 영국 공산당 간부 로버트 스튜어트Robert Stewart와의 대화 기록에는 영국의 지지를 미하일로비치에서 티토로 바꾸는 것이 카이로에 주둔한 영국 정보부의 목표라는 내용이 나온다. 다음은 《스탈린의 정보원Stalin's Secret Agents》이라는 책에 인용된 자료의 일부다:

첫째, 그(제임스 클러그먼)는 유고슬라비아로 가는 정보원의 선정과 목적지를 조정할 수 있었다.

둘째, 그는 정보원이 출발하기 전에 브리핑을 담당했다. … 그는 이렇게 말했다. "누구든지 파견되기 전에 나를 거쳐서 가야 한다. 내가 무엇을 찾아야 하는지를 알려주고 그 사람들은 자신들이 기대하는 것을 차지할 것이다."

셋째, 그는 티토를 높이고 체트니크를 깎아내리는 정책을 지지하는 정보만이 확보되게 지도한다.[4-4]

처칠은 런던에 제공되는 친 티토에 관한 정보에 따라 테헤란 협약에서 티토에게 큰 도움을 주겠다고 약속했다. 그러나 미하일로비치에 대해서는 언급조차 없었다.

결국 소련군 점령 후 미하일로비치는 체포되어 여론 조작용 재판에서 사형 선고를 받는다.[4-5] 이런 일에 관하여 1943년 6월부터 1944년 5월까지 유고슬라비아에 파견되었던 영국 장교 마이클 리스Michael Lees는 자신의 직접 경험과 해제된 비밀 자료를 바탕으로《세르비아의 강간The Rape of Serbia》이라는 제목의 책을 출판했다.[4-6]

리스의 책에서도 미하일로비치의 명성을 추락시키는 데 제임스 클러그먼James Klugmann의 핵심적인 역할이 강조된다. 영국의 친소련 요원들은 체트니크 전사들의 성공적인 전과를 조작된 지도와 메시지를 통해 티토의 성공으로 돌린다. 이런 엉터리 정보를 바탕으로 영국정부는 티토에게 18,000톤의 무기를 제공했지만 미하일로비치에게는 고작 30톤이 전달되었을 뿐이었다.

또 하나의 책《배반당한 동맹국Ally Betrayed》은 어떻게 영국과 미국이 유고슬라비아를 티토의 공산주의가 장악하도록 했는지를 설명한다. 여기서 필자가 아이러니하다고 강조하는 점은 자본주의와 민주주의 체제를 가지고 있는 영국과 미국이 유고슬라비아를 공산주의 국가로 만든 책임이 있다는 것이다.[4-7]

당시 영국과 미국 뉴스 회사들이 제공하는 정보를 유고슬라비아 사람들은 전혀 믿지 않았다. 미하일로비치가 배반자라는 기사들이 있었음에도 그의 인기는 더 높아졌다. 그리고 유고슬라비아 사람들 사이에는 "런던같이 거짓말을 한다."라는 유행어가 나돌았다.[4-8]

체트니크들과 함께 지낸 로버트 맥도웰Robert McDowell 미군 대령은 독일군은 미하일로비치를 티토보다 증오하고 두려워했고 더 많은 군대를 체트니크에 집중했다고 증언한다.[4-9]

유고슬라비아 망명정부는 미국정부에 미하일로비치를 도와달라고 요청했지만 루스벨트는 티토를 지지했다. 이로써 유고슬라비아를 공산주의 진영에 넘겨주게 된 것이다.

체코슬로바키아의 공산화

조지 패튼George S. Patton 장군이 지휘하는 3군단은 체코슬로바키아의 수도인 프라하의 서쪽으로 50마일 지점에서 모든 진격을 멈췄다. 그 당시 소련군은 프라하에서 150마일이나 떨어진 위치에 있었다. 그런데 연합군 최고 사령관 아이젠하워Dwight David Eisenhower가 패튼 장군에게 정지 명령을 내린 것이다. 그로 인해 1945년 5월 9일 붉은 군대가 프라하에 단독 입성했다(그림 4-3).[4-10, 4-11]

1943년부터 연합군과 함께 독일에 대항해 싸우던 체코슬로바키아의 애

그림 4-3) 1945년 5월 9일 소련군의 프라하 입성 (출처: History Today)

국자들은 조국의 해방에 함께할 것을 약속받았다. 하지만 소련군이 장악하기 전까지 그들은 입국할 수 없었다. [4-12] 한국에서 독립군들이 미군정에 외면당한 것과 비슷한 상황이었다. 1945년 11월 2일 트루먼 대통령은 스탈린에게 12월 1일까지 공동으로 철수하자고 제안한다. 체코슬로바키아는 수도를 포함한 대부분의 영토를 소련군이 장악하고 있었기 때문에 스탈린은 공동철수에 쾌히 동의한다. 프라하에 주재했던 로렌스 스타인하트 Laurence Steinhardt 미국대사는 이 제안이 만들 결과는 끔찍할 것이라고 생각했다. [4-11] 미소 양군의 공동철수의 공식은 물론 한반도에서도 사용되었다.

체코슬로바키아의 에드바르트 베네시 Edvard Beneš 대통령은 공산당을 싫어했지만 주둔했던 외국 군대들이 철수하는 것을 환영했다. 하지만 이 일은 결과적으로 공산주의자들이 소련 비밀경찰 NKVD 의 도움을 받아 체코슬로바키아를 장악할 수 있는 계기가 된다. 미국은 대부분의 체코슬로바키아를 점령할 수 있었지만 소련이 장악할 수 있도록 양보를 했던 것이다. 이 점은 미국이 소련으로 하여금 북한을 장악하도록 도모한 것과 비슷하다.

한국과는 달리 얄타회담이나 포츠담에서 체코슬로바키아에 대한 어떠한 공식적인 결정도 없었다. 미군과 소련군이 연합하여 체코슬로바키아를 독일로부터 해방시켰지만, 미국은 군사와 정치면으로 이 나라를 소련에 넘겼다.

동유럽의 공산화

폴란드가 공산화된 과정은 다른 동유럽 국가에서 보았던 것과 비슷하다. 알바니아, 불가리아, 헝가리, 루마니아, 유고슬라비아, 체코슬로바키아 등의 동유럽 국가들은 2차 세계대전 후 소련이 점령하고 경찰국가로 전환되어 결국 공산주의 체제가 장악하게 된다. 그 후 모든 다른 정치적 세력들은 제거되고 언론의 자유도 사라진다.

그런데 동유럽의 공산화 과정이 중단될 수 있었다고 여러 전문가들은 주장한다. 폴란드에 주둔했던 아서 블리스 레인Arthur Bliss Lane 미국대사는 폴란드가 배신을 당했다는 사실을 사회에 알리기 위해 책을 썼다.[4-13] 레인 대사는 미 국무부가 고의적으로 소련이 동유럽을 장악하도록 역할을 했다고 말한다.

소련의 행위는 독일의 패망 이후에만 국한된 것이 아니었다. 소련은 훨씬 전부터 여러 나라들을 침략했지만 이러한 행위에 대해서는 역사에 별로 언급이 없다.

예를 들어 2차 세계대전은 1939년 독일이 폴란드를 침공하면서 일어났다고 되어있지만 사실 그 전쟁은 서로 불가침 협정을 맺은 독일과 소련의 합작품이었다. 하지만 역사는 독일이 폴란드를 침공한 것만을 강조한다. 또한 소련은 1940년에 핀란드, 라트비아, 에스토니아, 리투아니아 등을 침략했다. 독일의 패망 후에도 소련이 점령한 폴란드와 루마니아 등에서 얄타회담의 협상에 어긋난 행위들이 벌어지고 있었다. 4-14)

1945년 6월 23일 불가리아의 미국 대표로 있던 메이너드 반스Maynard B. Barnes는 워싱턴에 전보를 보냈다. 그는 불가리아에 대한 소련의 침략에 대해 미국의 이권과 평화를 위해 최대한 저항할 때라고 말했다. 4-15) 소련, 미국, 영국, 프랑스 4국으로 이뤄진 연합군 통제위원회Allied Control Council의 존 크레인John A. Crane 소장은 러시아인들이 불가리아의 모든 부분을 완전히 장악하고 있고 비행기와 사람에 대한 입국을 아무 이유 없이 통제하고 있다는 현지 상황을 트루먼 대통령에게 보고하였다. 불가리아는 그 당시 러시아 장교의 동반 없이는 수도 소피아를 벗어날 수조차 없었다. 미국이 소련에게 무기대여법Lend-Lease으로 60억 불을 여전히 제공 중이었던 것을 감안한다면 발에 채이고 매일 얼굴을 얻어맞는 상황이 무척 힘들다고 크레인 소장은 적고 있다. 4-16)

루마니아에서도 6월 28일 슐러C. T. Schuyler 준장이 긴급 전보를 보냈다. 루마니아 정부를 설립하는 과정에 연합국이 함께 참여해야 하는데 소련이 단독적으로 정부의 요직인원을 설정하는 부당한 일이 벌어지고 있다고 보고했다. 4-17)

독일이 물러간 후 공백 상태에 놓인 여러 동유럽 국가들을 소련이 장악하면서 벌어진 일들은 트루먼(루스벨트는 1945년 4월 12일 사망)에게 보고되었다. 트루먼은 포츠담 회의(1945. 7. 17.)에서 스탈린을 만나기 전 동유럽에서 벌어지는 소련의 영향력을 충분히 인지할 수 있었다.

이것은 미국이 소련을 아시아에 끌어들이기 전에 소련이 어떠한 위협을 줄 수 있는지 예측할 수 있었다는 의미다. 미 육군 정보기관 G-2는 중국에서도 공산당의 활동으로 유럽과 같은 상황이 벌어질 수 있다고 우려했다. 그럼에도 포츠담에 도착한 트루먼 대통령은 아이젠하워 장군에게 주요 임무로서 소련을 일본과의 전쟁에 끌어들이도록 주문했던 것이다.[4-18]

소련은 미국이 히로시마에 원자폭탄을 투하한(1945.8.6.) 이틀 후인 8월 8일에 대 일본 선전포고를 하고 태평양 전쟁에 개입하게 된다. 트루먼 정부의 헨리 스팀슨Henry L. Stimson 전쟁부 장관은 한국 문제를 이미 드러난 폴란드 문제에 빗대어 '극동으로 이식된 폴란드 문제'라고 평가했다.[4-19] 소련은 발트해 연안국, 폴란드, 체코슬로바키아, 헝가리, 불가리아 및 루마니아를 통제하고 있었으며 이들 나라에서는 탈출한 많은 난민이 발생했다. 스탈린은 폴란드에서 꼭두각시 공산정권을 세웠다.

여기서 중요한 점은 미국이 동유럽의 여러 나라에서 드러난 소련의 행위를 알고 있었기 때문에 한국에서는 충분하고 적절한 대응을 할 수 있었다는 것이다. 이전의 점령된 나라들에는 사실상 일종의 패턴이 나타나고 있었던 것이다. 이런 일은 소련과 미국의 합작으로 반복되는 공식에 가까웠다.

5장

베트남 전쟁:
또 하나의 이상한 전쟁

당연히 사람들은 전쟁을 원하지 않는다. 그러나 국민들을
항상 지도자의 입장으로 참여시킬 수 있다. 그것은 쉬운 일이다.
해야 할 일은 우선 그들이 공격당하고 있다고 믿게 하는 것이다.
그리고 평화주의자들은 애국심이 없고 국가를 위험에
노출시킨다고 화살을 돌린다.
이것은 모든 국가에서 동일한 방식으로 작동한다.
_헤르만 괴링Hermann Wilhelm Göring 나치 공군 총사령관

베트남 전쟁은 여러 점에서 한국전쟁과 유사하다. 베트남전은 한국전
쟁과 마찬가지로 '이상한 전쟁Strange war'으로 불린다. 5-1) 이 전쟁 역시 군사분
계선이 외세에 의해 설정되어 동족끼리 전쟁을 했다.

통킹만 사건: 베트남 전쟁은 거짓으로 시작된 것

1961년부터 1975년까지 14년간 계속된 베트남 전쟁은 미국에서 거대한 '반정부 시위 문화'를 시작하게 만든 전쟁이다. 이 전쟁은 칩 하나가 무너지면 차례로 다 무너지게 되는 '도미노 이론'에 따라 공산주의 확장을 저지하려는 '우익 매파'들의 '수렁'으로 알려져 있다.

역사가들은 미군이 호찌민군에게 애초에 이길 수 없는 전쟁이었다고 평하기도 한다. 그러나 여기에는 말하지 않는 것들이 있다.

2차 대전이 시작되기 오래전부터 베트남은 독립을 위해 프랑스와 싸웠다. 독립투쟁은 일본이 베트남을 점령한 후에도 지속되었다. 일본이 패망하자 프랑스는 다시 베트남을 점령했다. 이에 호찌민_{Ho Chi Minh}은 북베트남의 최고 군사지휘관으로 프랑스에 맞서 싸운다.

호찌민은 선원으로 미국을 거쳐 프랑스로 유학을 가서 공산당원이 되었으며 2차 대전 중 베트남으로 돌아가 항일 독립전에 나섰다. 원래 미국은 호찌민을 지원했었다.

1945년 CIA의 전신인 OSS는 호찌민의 공산군을 훈련시켰고, 2만 정의 총을 제공했다. 공산 독립군은 이 무기로 프랑스와 싸웠다. 그 당시 미국은 호찌민을 찬양했는데 1946년 《뉴스위크_{Newsweek}》는 그를 조지 워싱턴에 비유하기도 했다.

1954년 디엔비엔푸에서 패배를 눈앞에 두고 있던 프랑스는 워싱턴에 도와달라고 간청했다. 미국에 의한 한 번의 항공모함 타격만으로 공산군의 포대를 파괴하고 재앙을 면할 수 있었을 것이다. 그러나 당시 미 국무부 장관 존 포스터 덜레스_{John Foster Dulles}는 영국의 참여 거부와 의회의 반대를 이유로 프랑스의 요청을 거절했다.[5-2]

프랑스가 동남아시아에서 물러난 후 제네바 협정에서 베트남, 라오스,

캄보디아가 독립했다. 라오스와 캄보디아와는 달리 베트남은 17도선을 기점으로 임시로 분단되고 소련과 미국이 개입되었다. 한국과 비슷한 동족상잔의 비극의 서막이었다.

북베트남에는 소련의 지원이 있는 호찌민 정부가 들어섰고, 남베트남에는 미국이 미는 탄압적인 응오 딘 지엠Ngo Dinh Diem 정부가 세워진다. 한국에서와 마찬가지로 수천 명의 군사고문들이 파견된다. 응오 딘 지엠은 미국외교협회CFR와 CIA의 자산으로 1957년 미국을 방문하여 록펠러 형제에게 환영을 받았다. 지엠의 고문은 CFR 회원이자 CIA의 심리전 전문가인 에드워드 랜스데일Edward Lansdale 대령이었다. CFR에 대해서는 후에 다시 다룰 것이다.

미국은 통일의 구심점이 될 수 있는 바오다이 황제와 기존의 반공산주의세력들을 무장해제시키고 지엠 정부를 지원한다. 많은 남베트남인들은 폭압적인 지엠을 싫어해 공산 측으로 돌아섰다. 1963년 전쟁개입 확대를 거부하는 케네디John F. Kennedy 대통령은 암살되었고, 존슨Lyndon B. Johnson 대통령 정부가 들어서면서 미국의 개입이 증폭된다.

베트남에서 미국의 전쟁개입 확대를 정당화하는 통킹만 사건이 1964년 8월 2일 일어났다. 미 해군 구축함 매독스함USS Maddox이 통킹만에서 북베트남 어뢰정에 선제공격을 당했다는 것이다. 1964년 8월 4일 존슨 대통령은 통킹만에서 북베트남 어뢰정이 미국 해군 구축함을 공격했다고 발표한다. 3일 후 하원은 416-0, 상원은 88-2로 통킹만 결의안을 통과시키고 베트남 전선이 전면으로 확대된다.

그런데 통킹만 사건이 일어나던 당시 전투기를 조종하던 제임스 스톡데일James Stockdale은 높은 위치에서 USS 매독스함을 볼 수 있었다. 스톡데일은 그 상황을 직접 목격한 전투기 조종사로서 자신이 본 바를 상세히 적고 있다:

나는 어뢰정을 감지할 수 있는 가장 좋은 자리를 가졌다. … 하지만 어뢰정은 없었고, 어뢰정이 지나간 자국도 없었고, 어뢰정에서 튕겨 나오는 것도 없었고, 어뢰정이 쏘는 총격도 없었고, 어뢰가 지나간 자국도 없었다. 그곳은 검은 바다와 미국의 화력밖에 없었다.[5-3]

스톡데일은 베트남 전쟁에서 해군 소속 전투기 조종사로 활약하던 중 1965년 북베트남의 포로가 되어 7년 반을 포로수용소에서 지내다가 1973년에 풀려났다. 그는 1979년에 중장으로 예편했다. 스톡데일 장군은 회고록에서 베트남 전쟁은 분별없는 워싱턴 관료들의 통제하에 사실이 아닌 거짓False flag 작전으로 시작된 전쟁이라는 것을 알았다고 적고 있다.

미리 작성된 통킹만 결의안

놀랍게도 통킹만 사건이 일어나기 전에 통킹만 결의안은 미리 작성돼 있었다. 1967년 12월 21일 윌리엄 풀브라이트J. William Fulbright 상원의원은 통킹만 결의안에 대한 윌리엄 번디William P. Bundy 당시 국무부 차관보의 비밀 증언에 대해서 발표했다. 딘 애치슨Dean G. Acheson의 사위이기도 한 번디 차관보는 통킹만 사건이 일어나기 전 자신이 통킹만 결의안을 작성했다고 증언했다.[5-4]

그림 5-1) 펜타곤 문서를 공개한 대니얼 엘즈버그(Daniel Ellsberg) (출처: wikipedia)

펜타곤 문서The Pentagon Papers는 1945~1968년 동안 베트남 전쟁의 기원과 미국의 개입을 상세히 조사한 7,000쪽의 기밀문서다. 펜타곤 문서의 작성에 참여한 대니얼 엘즈버그Daniel Ellsberg(그림 5-1)는 115년의 징역형을 선고받을 수 있는 위험을 각오하고 1971년《뉴욕타임스The New York Times》를 비롯한 여러 언론에 그 비밀서류를 제공한다. 그 문서의 가장 핵심적인 내용은 베트남 전쟁은 북베트남의 도발로 시작된 것이 아니라 미국이 조작한 사건이라는 것이다. 이렇게 해서 존슨 정권이 국민과 의회에 조직적인 거짓말을 한 것이 드러났다.

베트남 전쟁의 교전 규칙: 미군의 팔을 뒤로 묶어라

한국에서는 베트남이 공산화된 예를 들면서 공산주의의 위협을 강조한다. 한국도 잘못하면 베트남같이 적화통일이 될 수 있다고 주장하는 사람들이 있다.

2차 대전 당시 미국은 유럽과 태평양의 두 전선에서 싸워 강력한 독일과 일본을 3년 반 만에 패퇴시켰다. 그런데 월남에서 세계 최강 미국이 북베트남을 상대로 10년간 싸우다 패배했다. 이게 말이 된다고 생각하는가?

한국전쟁과 마찬가지로 베트남 전쟁 역시 많은 잘못된 정보가 알려져 있다. 그중 하나는 미국이 베트남 전쟁에서 패배했다고 알고 있다는 점이다. 북베트남 인민군은 소련의 지원을 받았지만 미군의 군사력과는 비교가 되지 않았다. 그럼에도 불구하고 베트남 전쟁이 통킹만 사건 이후로 10년에 걸쳐 그토록 오랫동안 지속될 수 있었던 이유는 미군의 군사력이 제대로 발휘되지 못하도록 전투에 심한 제한을 받았기 때문이다. 이를 두고 팔을 뒤로 묶고 싸운다는 비유를 한다.[5-5] 이것이 소위 말하는 '교전 규칙

The Rules of Engagement'이다.

베트남 전쟁이 종결된 지 10년이 지난 1985년 3월, 교전 규칙에 대한 비밀서류가 공개된 후에 배리 골드워터Barry Goldwater 상원의원이 국회의 청문회에서 다음과 같이 발언한다:

여러 단계의 제한은 적에게 보호구역을 제공했습니다. 조종사들은 지속적으로 바뀌는 교전 규칙을 암기하거나 이해하기가 거의 불가능했습니다. 어떤 제한들은 참모총장이 반복되는 호소를 받고 마침내 철회되기도 했습니다. 교전규칙으로 전략적 목표를 달성하지 못했습니다. 수많은 폭격 중단으로 폭격 작전의 효율성이 제한됐습니다. 종종 목표에 대한 폭격이 허락됐을 때 얼마 후 갑자기 취소되거나 중단시켰습니다. 몇 가지 예는 다음과 같습니다.

· 베트콩의 지대공 미사일 설치가 증축되는 동안 폭격할 수 없으며, 미사일이 작동된 후 가능하다.
· 조종사들은 공산군의 미그MiG 전투기가 활주로에 있을 때는 공격할 수 없다. 적군의 전투기가 출격했고 확인되었고 적대적인 의도가 나타나야 공격할 수 있다. 그러나 그 후에도 미사일 기지는 폭격할 수 없다.
· 도로에서 2000야드 이상 떨어진 군용 트럭 차고는 공격할 수 없다. 도로 상의 적의 트럭은 공격할 수 있지만 도로 밖으로 나가면 폭격할 수 없다.[5-6]

제2차 세계대전 중 패튼 장군의 작전참모장으로 지낸 폴 하킨스Paul D. Harkins 소장이나 해병대의 레이먼드 데이비스Raymond G. Davis 소장도 베트남전은 단시간 내에 끝낼 수 있었다고 주장한다. [5-7, 5-8] 베트남전에서 헬기 조종사였던 그랜트_{W. T. Grant}는 누구든지 베트남전에서 패배했다고 말하는 사람들은 틀렸다며 "우리는 손을 뒤로 묶고 싸웠다."라고 말한다. ⁵⁻⁹⁾

1968년 《과학과 기술_{Science & Mechanics}》이라는 잡지의 로이드 말란_{Lloyd Mallan} 편집국장이 미군의 전직 고위 장성들과 인터뷰를 했는데 이들은 베트남 전쟁은 바로 끝이 날 수 있는 전쟁이었다고 만장일치로 주장했다:

> 그들이 주장한 전쟁 전략은 1) 결정적인 전략 목표를 폭격하고 2) 월맹군 보급의 90%를 담당하는 하이퐁 항과 호찌민 트레일을 봉쇄하는 것이다. … 그러나 만약에 지금과 같이 싸운다면 (전쟁은) 5년이나 10년은 갈 것이다. ⁵⁻¹⁰⁾

물론 워싱턴은 장성들의 조언을 무시했다. 예상대로 미국은 6주 안에 승리할 수 있는 전쟁을 10여 년에 걸쳐 패배했다. 린든 존슨 대통령, 로버트 맥나마라_{Robert McNamara} 국방장관, 딘 러스크_{David Dean Rusk} 국무장관, 맥조지 번디_{MacGeorge Bundy} 국가안보 보좌관, 월트 로스토_{Walt W. Rostow} 정책계획 위원장, 조지 볼_{George Ball} 국무부 차관, 애버렐 해리먼_{W. Averell Harriman} 국무부 정무차관은 베트남 전쟁을 최악의 장기전으로 만든 전범이라고 할 수 있는 것이다. ⁵⁻¹⁰⁾

해군의 레이먼드 데이비스_{Raymond Davis} 장군은 단시간 미군의 교전 규칙이 풀렸을 때 어떤 결과가 나왔는지 증언하고 있다. 교전규칙 제한 하의 그의 부대는 월맹군의 대포들을 먼저 공격할 수 없었다. 그러나 적은 언제든지 미군을 공격해 왔다. 그런데 제한을 받지 않았던 때에 그의 포부대는 월맹군의 3,500개의 박격포를 파괴하여 적의 사단을 완전 괴멸시켰다. 게릴라들은 주력부대의 지원 없이는 효력을 발휘할 수 없기 때문에 마을과 정글 곳곳에 숨어 있던 게릴라들 역시 전면적으로 몰아낼 수 있었다. ⁵⁻¹¹⁾

북베트남에서 가장 중요한 타깃은 하노이와 하이퐁에 있다. 타깃을 공격하려면 존슨 대통령의 화요일 점심회의 결정에 의한 승낙을 받아야 한다. 하지만 대부분 기상 여건이 좋지 않은 짧은 시간에만 허가가 나서 공격 효과는 별로 없었다.[5-11] 교전 규칙은 복잡하고 계속 바뀌어서 조종사들은 혼란스러웠다. 만약 교전 규칙을 어기게 되면 군법회의에 넘겨졌다.

미군의 팔을 뒤로 묶는 수법은 한국전쟁에서도 사용되었다. 앞서 언급한 중공군의 한반도 유입을 쉽게 차단할 수 있는 압록강 다리의 폭격을 금지한 조지 마셜 국방부 장관의 명령이 그 예다. 또한 소련이 블라디보스토크를 통해 제공한 물자와 무기가 쌓여있는 나진항의 폭격도 금지되었다. 이것은 전쟁 물자가 쌓여있는 하이퐁 항 폭격의 제한과 같은 상황이었다.

제한적 전쟁의 예고

외교협회CFR (1921년 설립)는 기관지《포린 어페어스Foreign Affairs》를 통해 핵무기가 있는 세상에서는 제한적인 전쟁을 해야 한다는, 장차 벌어질 베트남 전쟁의 방향성을 예고하는 것으로 보이는 제임스 킹James E. King Jr.의 글을 게재했다(1957년):

> 우리 스스로는 제한된 행동으로 싸울 준비를 해야 한다. … 그리고 우리는 제한된 전쟁에서 질 준비가 되어 있어야 한다. … 제한된 목표와 수단으로 싸워야만 분쟁을 제한할 수 있다. 전쟁에 대한 이유가 가치가 있든 없든, 우리 또는 우리 적의 목표와 수단을 제한하는 것에 생존이 달려 있다.[5-12]

즉 저들은 한국전쟁에서는 교착상태를 원했지만, 베트남 전쟁은 제한된 전쟁으로 시간을 끌다가 기꺼이 패배를 감수하겠다는 것이다. 전쟁에 반대하는 미국민의 애국심은 파괴됐고, 수많은 사람들이 흘린 희생의 피가 전쟁의 제단에 바쳐졌다.

6장

중국의 공산화

한국전쟁의 핵심 중 하나는 중공군의 개입이다. 그것은 먼저 중국의 공산화가 성공했기 때문에 가능했다. 그렇다면 어떻게 마오쩌둥毛澤東의 군대가 중국을 장악하게 되었는지 그 과정을 이해할 필요가 있다.

1934년 장제스蔣介石는 장시성에서 마오쩌둥의 공산군을 격파한다. 이당시 마오쩌둥과 주더朱德 장군의 홍군은 국민당 군의 포위망을 뚫고 간신히 탈출해서 험난한 '대장정'에 나서게 된다. 그것은 1만 킬로미터가 넘는멀고도 험한 장정이었는데 마오쩌둥을 따르던 약 9만 명의 인민들이 마지막에는 6천 명이 채 안 되게 남는다. 1만 킬로미터가 넘는 장정 끝에 마오의 군대는 북서쪽에 위치한 산시성과 간쑤성에 주둔하게 된다.[6-1] 그런데그 후 어떻게 마오쩌둥의 군대가 장제스의 군대에 승리하여 중국을 장악하게 되었을까?

1963년 달라스 대학의 앤서니 쿠벡Anthony Kubek 정치학 교수는 중국이 공산화된 과정을 상세히 다뤘다.[6-2] 쿠벡 교수는 패트릭 헐리Patrick J. Hurley 중국대사의 자료, 스탠퍼드 대학에 저장된 조지프 스틸웰Joseph Stilwell 장군의 자료, 프린스턴 대학에 저장된 해리 덱스터 화이트Harry Dexter White 자료 등을 바탕으로 루스벨트 정부의 '수상한Dubious' 1941~1949년 동안의 정책에 대한 검토를 했다.

8년 동안 장제스는 일본의 침략에 맞서 싸웠다. 그중 4년 동안은 미국이 석유와 고철을 일본에 보내고, 영국은 일본과 정상적인 통상관계를 유지했으며, 소련은 일본과 불가침 조약을 맺은 상황에서 혼자 싸웠다. 연합국의 승리는 중국군과 용감한 지도자에게 주어지는 것이 아니었다. 그들은 배반당했고 마침내는 미국에 의해 패망하게 된다.[6-3]

추축국의 항복을 외면하면서 소련에 힘을 실어준다

당시 소련이 볼셰비키 혁명 후 공산주의 국가로서 탄압적인 전체주의적 국가가 되었다는 것은 여러 자료와 증언에 의해 서방세계에도 충분히 드러난 사실이었다. 그럼에도 불구하고 워싱턴은 1941년 이후에도 소련을 평화를 사랑하는 민주주의 국가로 대했다.[6-4]

1943년 11월에 개최되었던 카이로 회담과 같은 달 28일부터 개최된 테헤란 회담에서 루스벨트, 처칠, 장제스 그리고 스탈린은 전쟁 후에 전개될 아시아의 정책에 관하여 논의를 했다. 그런데 이 네 명의 지도자들이 수차례에 걸쳐 논의했음에도 준비 서류 외에는 아무런 공식 기록이 남겨져 있지 않다. 이 점에 대해 의구심을 가질 수밖에 없다.[6-5]

카이로 회담이 중요한 또 하나의 이유가 있다. 루스벨트는 장제스에게 공산주의자들을 정부에 포함시켜야 한다고 알렸다.[6-6] 워싱턴의 이러한 요구는 이후 트루먼 대통령이 중국의 국공 내전에 대한 미국 측 중재자로 조지 마셜 장군을 지명했을 때 다시 반복되었고 결국 중국이 공산화로 넘어가는 주요한 역할을 하게 된다.

앞서 언급했지만 루스벨트는 1945년 2월 4~11일 열린 얄타회담에 참석하기 이틀 전 맥아더 장군을 통해 일본의 항복 의사를 전달받았다. 그런데도 루스벨트는 얄타회담에서 이미 승리한 태평양 전쟁에 소련이 참여하도록 한 것이다. 일본은 항복하겠다는 의사를 다섯 가지 경로(두 가지는 미국, 세 가지는 영국)를 통해 전해왔다. 항복은 일본 왕이 대표했고 포괄적이었다:

1. 바다, 영공, 본국, 점유영토에서 일본군의 항복
2. 무기와 탄약의 포기
3. 미국이 주도하는 연합군의 일본 점령
4. 만주, 한국, 대만 등 일본의 점령 지역의 포기
5. 현재와 미래의 전쟁 도구 생산을 중단시키기 위한 일본산업 규제
6. 지정된 전쟁범죄자의 인도
7. 일본이 통제하는 지역에서 모든 포로 석방[6-7]

소련이 극동아시아에 참전할지도 모른다는 점을 염려한 맥아더 장군은 루스벨트 대통령에게 일본과 즉각 협상을 하도록 권고했다. 하지만 루스벨트는 "맥아더는 훌륭한 장군이지만 형편없는 정치인"이라는 평과 함께 이 권유를 거부했다.[6-8]

결국 1945년 2월 19일, 미 해병대가 이오섬에 상륙함으로 시작된 이오지마 전투와 같은 해 4월 1일에 시작된 오키나와 전투는 불필요했던 엄청난 희생이었던 것이다. 게다가 이 두 섬은 일본 본토에서도 멀리 떨어진 군도의 작은 섬들로, 희생된 많은 인명의 상당수가 본토와 별 상관도 없는 섬 주민들이었다.

일본이 이미 항복할 준비가 되어있다는 사실은 소련이 참전하기 오래전부터 알려졌다. 예를 들어 1945년 3~4월에 심리전 참모인 대이너 존슨Dana

Johnson 대령은 일본군 포로를 심문하던 중 일본은 항복할 준비가 되어있다고 국무부에 보고서를 보냈다.

4월 17일에 일본에서는 스즈키 제독이 새 수상이 되었다. 스즈키 제독은 온건파였는데 그가 수상이 되었다는 것은 일본이 전쟁을 그만두겠다는 하나의 신호였다. 또한 미 국무부는 일본이 모스크바에 항복 의사를 전달한 것을 포착했다. 그때 일본이 내건 조건은 일본의 천황제를 유지시키는 것이었다.[6-9]

당시 제임스 포레스탈James Forrestal 해군 장관은 연합군이 추구하는 독일과 일본의 협상 없는 '무조건 항복'은 증가하는 소련의 군사력에 힘을 실어주는 것이라고 생각했다.[6-10]

애버렐 해리먼: 적인가 아군인가?

루스벨트 대통령의 외교 고문이자 국무부 차관이었던 섬너 웰스Sumner Welles의 1951년의 책 《역사를 바꾼 7가지 결정Seven decisions that shaped history》에 얄타회담도 포함된다.[6-11] 이 얄타회담의 합의 내용이야말로 오늘을 포함한 20세기 후반 이후의 세계 판도를 만든 결정이었다.

1945년 2월 11일 얄타회담에서 동유럽의 철의 장막 국가들, 동독, 한국의 절반, 그리고 중국 전체가 공산권이 되게 만든 회담이었다. 얄타회담으로 가장 큰 피해를 본 곳은 한반도이며 수십만 명의 병사들과 수백만 명의 민간인들이 한국전쟁으로 살해된다는 집행서가 서명된 것이다. 또한 70년이 넘는 지금까지도 그 체제에서 헤어나오지 못하고 있는 것이다.

얄타회담의 참석자 중 한 명은 잘 알려지지 않은, 오랜 시간 루스벨트의 고문을 담당한 애버렐 해리먼W. Averell Harriman이었다. 해리먼은 전쟁 후 미국과 소련과의 모든 정치적 군사적 협상에 참여한 유일한 인물이다. 그는 1941년 모스크바를 다녀오고 난 뒤 스탈린을 칭송하기 시작한다. 그는 또한 얄타회담에서 공산주의가 중국을 장악하는 청사진을 제공한 인물이다. 6-12)

맥아더 장군의 정보 장교인 찰스 윌러비Charles Willoughby 소장은 얄타회담이 열리기 전에 소련을 태평양 전쟁에 끌어들일 아무런 이유가 없다고 공식적으로 입장을 밝혔다. 1955년 윌러비 장군은 "소련이 없어도 심지어 원자폭탄이 없었어도 일본은 끝이 났었다."라고 말했다. 6-13) 하지만 루스벨트는 얄타회담을 준비하면서 윌러비 장군은 커녕 맥아더 장군의 의견조차 물어보지 않았다.

맥아더는 특히 하나의 부당한 명령에 항의했으나 워싱턴의 주문을 집행해야만 했다. 워싱턴이 맥아더에게 필리핀에서 사용되는 수송선 100척을 즉시 빼내 행선지를 블라디보스토크 항구로 변경하여 탄약과 보급품을 소련군에게 전달하도록 한 것이다. 소련군이 이렇게 전달받은 탄약과 보급품은 결국 마오쩌둥의 군대와 북한 인민군에게 건네진다. 6-14)

미래를 예측하는 발언

일본이 진주만을 공격하기 6년 전인 1935년 7월 19일, 모스크바 주재 윌리엄 벌릿William Christian Bullitt Jr. 주미대사는 소련의 의도에 관한 의아한 전문을 워싱턴의 코델 헐Cordell Hull 국무장관에게 보낸다. 그것은 미래에 일어날 일을 예측하는 듯한 내용을 담고 있었다:

소련정부는 미국이 일본과 전쟁하는 것을 간절히 원함. 일본과 전쟁이 일어나면 소련은 미국과 우방이 될 가능성을 기대하고 있음. 소련은 일본이 완전히 패배할 때 전쟁에 개입할 것이고, 만주를 소유하고 중국을 소련화하는 기회로 삼을 것임.[6-15]

태평양 문제 연구소IPR, Institute of Pacific Relations

중국이 공산화되는 과정에서 태평양 문제 연구소IPR라는 비정부기구가 매우 중대한 역할을 했던 것은 한국에서는 잘 알려져 있지 않다. IPR은 1925년에 설립되어 1960년까지 존속했으며 본부는 하와이 호놀룰루에 있었다(그림 6-1). IPR 회원의 대부분은 관련 국가의 비즈니스 및 학계 엘리트들이었고 자금 조달은 거의 록펠러 재단에서 이루어졌다. IPR이 직접 무력으로 중국을 정복한 것은 아니지만, IPR 없이는 공산주의자들이 중국에서 승리할 수 없었을 것이다.[6-16]

그림 6-1) 1925년 7월 IPR의 공식적인 설립을 기념하여 호놀룰루 푸나하우 대학에 모인 143명의 국제 대표단들 (출처: pacificaffairs.ubc.ca)

1945년 11월 27일 트루먼은 중국의 국공 내전을 중재할 중개인으로 마셜 장군을 임명했다. 마셜 장군은 장제스의 중국군에게 금수 조치를 내린다. 그러자 장제스가 이끄는 국민당은 1946년 7월부터 1947년 5월까지 10개월 동안 소총 탄피를 제외한 아무런 물자도 공급받지 못했다.[6-17]

거기에 반해 마오쩌둥의 군대는 소련으로부터 지속적으로 물자를 공급받게 된다. 그뿐 아니라 소련은 항복한 일본으로부터 압수한 군수물자의 대부분을 마오쩌둥에게 넘겼다. 1945년 8월 9일~10월 9일의 두 달간 만주에서 압수된 일본군의 무기는 그 양이 어마어마했다. 925대의 비행기, 369대의 탱크, 35대의 보병 전투용 장갑차, 1,226대의 대포, 4,836정의 기관총, 300,000정의 소총, 2,300대의 차량 등등. 또한 차고와 창고에 보관돼 있던 1,436대의 대포, 8,989정의 기관총, 11,052개의 수류탄, 3,078대의 트럭, 104,777마리의 말, 21,084대의 화물차, 815대의 특수 차량 등도 포함되었다.[6-18]

또한 앞서 언급했듯이 소련이 일본과의 전쟁에 참가하는 대가로 미국이 맥아더 장군을 시켜 블라디보스토크 항구에 보낸 100척의 수송선을 포함한 총 600대의 수송선에 실린 장비들과 무기들도 대부분 마오쩌둥에게 넘겨졌다.

동아시아를 공산주의가 장악하게 된 것은 우연이 아니다. IPR과 연결된 인물들이 미국의 모든 중요한 영역에 침투하고 동원되어 목적을 달성한 것이다. 혼동된 미국 관리들과 무기력하고 정보의 접근이 어려운 대중은 잘 훈련되고 고도로 조직된 IPR과 다른 요직의 전문가 집단과는 비교가 되지 않았다.[6-19]

이들은 미국정부의 요직을 차지했을 뿐 아니라 사실상 미국의 외교정책을 완전히 통제할 수 있었다. 또한 IPR과 연결된 사람들이 미 국무부를 장악한 것과 같이 거의 완벽하게 가장 영향력 있는 언론사들을 통제했다. 바탕이 관대하고 혼란스러운 가운데 무관심하게 된 미국 대중과 충성스럽지만 단순한 워싱턴 공무원들은 그들의 선전에 넘어갔다. [6-20]

조지프 매카시Joseph R. McCarthy 상원의원은 워싱턴이 장제스와 중국군을 배신한 것을 의회와 국민들에게 알리기 위해 혼자서 싸웠다. 매카시 의원은 자신의 주장에 대한 확실한 근거와 증거들이 있었기 때문에 미국인들 사이에서 논리적인 토론이 있기를 기대했다. 그러나 그의 주장에 대한 조사나 논쟁은 없었고 대신 편집증에 사로잡힌 반공주의자라는 인신공격이 매카시 의원을 고립시켰다. [6-21]

우리가 일반적으로 알고 있는 매카시즘McCarthyism이란 이 당시 매카시 의원에 대한 언론의 인신공격으로 만들어진 개념이다. 후에 다시 언급하겠지만 매카시 의원이 주장한 내용은 소련을 비롯한 2차 대전의 추축국의 암호교신을 해독하는 특급기밀 작전인 베노나 프로젝트Venona project로 얻어진 자료에서 뒷받침하고 있다. 매카시 의원은 미 정부 안에 친공산주의 인사와 소련의 스파이들이 깊숙이 침투해 있다는 확실한 증거를 확보하고 있었기 때문에 사실상 정확한 상황을 폭로했던 것이었다. 하지만 매카시 의원에 대한 잘못된 인식은 아직도 수정되지 않고 있다.

장제스의 중국국민당을 배반하고 소련과 합작으로 공산 측을 도운 혐의에 대해 미 상원 사법위원회가 조사에 착수했다. 5명의 상원의원으로 구성된 사법위원회는 1951년 7월부터 1952년 8월까지 진행되는 동안 66명이 증언을 했고 남겨진 기록만 5,000쪽이 넘는다. 또한 위원회 소속 인력들은 20,000개의 서류를 검토했다. [6-22] 그 결과 미국 정계에는 소련을 위해 일하는 스파이들이 영향력을 발휘하고 있었다는 결론을 내렸다. 이들의 영향력은 결국 미 국무부를 움직여 두 가지 중대한 결과를 이끌어 낸다:

1. 중국 공산주의 정부를 승인하고 장제스에게 주려 했던 무기를 마오쩌

둥에게 인도했다.

2. 미군을 남한으로부터 철수시켜 소련과 중국의 도움으로 북한이 남침을 하게 했다.[6-23]

이것은 미국의 공식적인 입장에서 보면 반역이다. 국무부의 누가 이런 끔찍한 반역을 했는가? 이들은 중국과 한국에만 이중 플레이를 한 것이 아니라 미국이라는 국가를 상대로 배신을 한 것이다. 이들은 누구인가? 어떤 이권이 있을까? 그들의 가슴에는 어떤 괴상한 충성심이 있고, 어떤 괴상한 철학이 그들의 마음에 있는 것인가?[6-24]

국무부에서 이런 짓을 모색하려면 필요한 재정을 갖춘 조직적인 세력이 뒷받침되어야 한다. 이 세력은 정부 밖에서 지속적이고 설득력 있는 선전을 하여 대중이 그들의 의제를 받아들일 수 있도록 환경을 조성해야 한다. 그리고 언론, 학계, 외교계 인사 등이 앞장서 공작을 해야 한다.[6-25] 그러한 역할을 주도하던 IPR은 다음과 같은 캠페인을 벌이고 있었다:

1. 소련은 독재가 아니라 평화를 사랑하는 민주주의 국가다.
2. 장제스의 국민당이 지배하는 중국은 파시스트이고 부패하고 대기업, 금융업자, 그리고 지주들이 장악하고 있다.
3. 장제스는 일본과 싸우는 것이 아니라 중국의 민주주의 분파(공산주의)와 싸우는 데 무기를 사용한다.
4. 소위 공산주의자들은 공산주의자가 아니라 농부들이 주가 된 사회혁신 가들이다.[6-26]

당시 미국에서 발간된 중국 혁명에 관련된 29권의 책들 중 22권은 강하게 친마오쩌둥적이었고 친공산주의적이었다. 여러 언론들은 이 22권의 책들을 엄청나게 좋은 서평과 함께 선전했다. 하지만 반공산주의책들은 일상적으로 심한 비난을 받았다.[6-27] 이 22권 책들의 저자들은 주류 잡지에 끝없이 글을 올렸고 라디오 방송에서 지속적으로 친공산주의적 발언을 했다. 미국인들은 친공산주의 선전 외에 다른 의견은 거의 듣지 못할 정도였다.[6-28] 미국 대중들은 혼란에 빠졌다.

태평양 문제 연구소IPR의 임무

> 돈을 쫓아가 보면 범인을 찾을 수 있다.
>
> _헨리 피터슨Henry E. Peterson

친공산당적인 선전 작업에 앞장선 태평양 문제 연구소IPR는 어떤 단체인가? 이 단체의 운영에 필요한 재정을 누가 제공하는가? IPR을 가장 크게 재정적으로 밀어주는 기관은 록펠러 재단과 카네기 재단이었다. 앞으로도 보겠지만 수많은 수상한 행위의 종착역은 항상 록펠러 재단을 비롯한 뉴욕의 은행 갑부들이 설립한 비정부기구NGO들이다.

록펠러 재단은 1,721,546달러를, 카네기 재단은 724,000달러를 IPR에 기부했다.[6-29] 또한 록펠러 재단은 1938년 IPR에 극동아시아 프로젝트를 위한 90,000달러를 제공했다. IPR의 극동아시아 프로젝트에는 3명의 중국인과 독일인 공산주의자들이 포진돼 있었다.[6-30]

여기서 의아한 점은 자본주의를 적으로 여기는 공산주의를 밀어주고 가장 많은 힘을 실어준 자들이 바로 미국의 재벌들이라는 것이다. 어떻게 자본주의로 가장 이득을 본 재벌들이 자본주의를 박멸하려는 공산주의 국가들을 밀어주게 되었나?

이 점은 후에 좀 더 자세히 다룰 것이다. 미 국무부의 극동부는 한국, 중국, 일본, 대만 등을 담당하는데 거의 다 공산주의자들이던가 친공산주자들이고 모두가 IPR 멤버들이었다.[6-31]

소련은 2차 세계대전 동안 일본과 좋은 관계를 유지했고 태평양 전쟁에 전혀 개입하지 않았다. 하지만 일본의 패배가 확실시되고 있는 상황에 루스벨트는 소련을 끌어들이려고 안간힘을 썼다. 하나의 미스터리는 마셜 장군이 추진하는 소련에 대한 모든 정책들은 IPR이 주장한 것들을 정확히 따라갔다는 것이다. IPR의 대표적 인물인 오언 래티모어Owen Lattimore와 로렌스 로징거Lawrence K. Rosinger는 워싱턴에 중국에 대한 10가지 제안을 했는데 다음의 4가지 사항이 핵심이다:

1. 미국은 마오쩌둥의 중국을 인정해야 한다.
2. 미국은 영국과 인도에 마오쩌둥의 중국을 인정하도록 설득해야 한다.
3. 미국의 정책은 대만보다 중공을 받아들여야 한다.
4. 장제스의 중국에 군사원조를 단절해야 한다.[6-32]

13년 동안 태평양 문제 연구소IPR를 이끌어 온 세 명의 사무국장들 반스Joseph Barnes, 프레데릭 밴더빌트 필드Frederick V. Field, 해리엇 무어Harriet Moore은 공산주의자들로 확인되었다. 그리고 또 다른 사무국장 역시 의혹 속에 물러났다. IPR은《퍼시픽 어페어스Pacific Affairs》와《파 이스턴 서베이Far Eastern Survey》라는 두 개의 저널을 발간하고 있었다. 이 저널들은 중국에서 공산주의가 성공하는 목표를 가지고 있었다. 래티모어는《퍼시픽 어페어스Pacific Affairs》의 편집국장이었는데 그의 후임으로 임명된 마이클 그린버그Michael Greenberg 역시 1940년대 소련 스파이의 협력자로 밝혀졌으나 기소는 면했다.[6-33]

저널리스트 존 플린John T. Flynn은 최초로 루스벨트 정부가 2차 대전에 참전할 구실을 찾기 위해 일본의 진주만 폭격을 사전에 알고 있었음에도 방치했다고 주장한 인물이다. 그는 미국을 2차 세계대전에 참전시키려는 루스벨트에게 격렬히 반대했으며 중국과 한국에 대한 미국의 이중 플레이야말로 역사상 가장 사악한 행위라고 비난했다.[6-34] 플린은 금융기업가가 제공하는 자금으로 운영되는 IPR 같은 NGO 단체가 60~70명의 지식인들을 규합하여 대중을 설득하고 음모를 이행해 나갔다고 말했다. 이로 인해 연합군의 태평양 전쟁 승리가 소련의 품으로 가게 되었다는 것이다.

오언 래티모어는 누구인가?

2장에서 얘기한 대로 래티모어는 한국전쟁에 대해 예고했고 헤어지는 대가로 한국에 돈을 주라고 했던 인물이다. 이승만 정부에게 예고된 돈이나 무기는 결코 도착하지 않았지만 말이다.

그렇다면 래티모어는 누구인가? 래티모어는 1900년대 어린 시절을 중국의 톈진에서 보냈고, 1919년 중국의 영어 신문사인 베이징 톈진 타임스에서 근무했다. 1926년 내몽고, 신장, 투르키스탄 등의 지역을 여행하며 연구와 저술 활동을 했다. 1928년에는 하버드대학 인류학부 대학원에서 연구했고, 하버드 엔칭연구소에서 1933년까지 연구원으로 일했다.

래티모어는 1940년도에 여러 직위에 지속적으로 임명되었는데 중요한 사건에 종종 개입되는 것을 발견할 수 있다. 1941년 루스벨트는 래티모어를 장제스의 자문으로 임명한다. 1945~1946년에는 일본의 전쟁 후 정책 자문으로 활동한다. 1940년대 말에는 국무부에서 중국, 남한 및 다른 아시아 부서의 자문을 지낸다.[6-35]

그림 6-2) 오언 래티모어(Owen Lattimore)가 국회 청문회에서 태평양 문제 연구소(IPR)에 대해 답변하고 있다. (출처: American Experience)

무엇보다도 래티모어는 태평양 문제 연구소Institute of Pacific Relations의 핵심적인 역할을 했다. 래티모어는 엄청난 에너지로 수많은 책과 기사를 언론에 올렸고 많은 책들의 리뷰를 작성했다. 그의 특징은 소련과 공산주의 국가들을 좋게 평가하는 일에 자주 관여된다는 것이다. 예를 들어 그는 "소련은 민주주의를 지지한다는 사실을 간과하지 말아야 한다."라고 말했다. 그리고 일명 '매카시즘McCarthyism'이라는 말을 지어낸 사람이 바로 래티모어였다.[6-35] 이러한 사실을 보면 그가 어떤 영향력을 가지고 있었는지 이해할 수 있을 것이다. 매카시 상원의원은 청문회에서 래티모어를 두고 소련의 최고 스파이라고 규정했다.

우리가 매카시즘이라는 단어를 사용한다는 점은 래티모어의 영향력이 아직도 우리에게 미치고 있다는 것을 말한다.

조지 마셜: 공산 측 도우미

조지 마셜George Marshall은 중요한 때마다 등장하여 공산 측에 도움을 주었다. 루스벨트는 조지 마셜을 그의 열 명 넘는 선배들을 제쳐 두고 육군 참모총장으로 임명한다. 마셜은 어떤 직책에 있더라도 공산주의 측에 도움을 주었다. 앞서 언급한바 마셜은 한국전쟁에서 국방부 장관으로서 중공군의 가장 중요한 통로인 압록강 다리를 폭파시키려는 맥아더 장군의 목표를 저지했다.

마오쩌둥을 '농업 개혁가'로 묘사한 선전은 IPR에 의해 대중에게 광범위하게 전파되었다. 마셜 역시 마오쩌둥과 그의 주변 인물들을 공산주의자들이 아니라, '구식 농민 개혁자Old-fashioned agrarian reformer'라고 설명했다.[6-36] 마셜이 중국에 도착했을 때 국민당의 군대는 공산군을 5대 1의 규모로 압도했고 그들은 공산군을 격퇴하고 있었다. 중국에서 마셜은 국민당에 세 번의 협상을 강요하여 패배 직전의 마오쩌둥 군대를 구해주었다(그림 6-3).[6-37] 하지만 마오쩌둥 측은 매번 국민당과의 협상을 위반하곤 했다. 태평양 전쟁의 중국, 버마(미얀마) 전역에서 일본군에 맞서 중국 국민당과 미 육군 항공대를 지휘한 클레어 셔놀트Claire Lee Chennault 장군은 다음과 같이 증언한다:

한커우漢口, 우한시의 일부 북부에는 약 20만 명의 정부군이 7만 명의 공산군을 포위하고 체계적인 섬멸 작업을 시작했다. 공산주의자들은 휴전 제안을 해 달라고 마셜에게 호소했고, 공산군은 포위망에서 나와 산둥성으로 진군한 뒤, 약 1년 후 공세가 시작했다. 광저우 근처 동쪽 강에서 약 10만 명의 공산군이 정부군에 포위당했다. 휴전은 그들이 탈출하도록 기회를 주었으며 공산군은 배에 장비를 싣고 산둥으로 향했다.[6-38]

그림 6-3) <Three people for peace>(Zhou En Lai, Central Archive Press, 1998.) 1946년 1월 1일. 좌측부터 장춘, 트루먼의 특사 조지 마셜, 주은래. (출처: wikipedia)

1943년 산둥에서 장제스의 군대는 북쪽에서 일본의 공격을 받고 있었다. 마오쩌둥의 군대는 동시에 남쪽에서 장제스 군을 공격하여 2만 명의 장제스 전군을 몰살시키는 데 도움을 줬다.[6-39]

미국의 금수 조치로 인해 장제스의 군대는 절망적인 상황이었다. 국민당은 탄약이 부족했다. 반면 공산당은 소련으로부터 지속적으로 물자와 무기를 공급받고 있었다. 한편 중국에 대한 미국의 금수 조치와는 대조적으로 유럽 재건 원조 계획인 마셜 플랜이 통과되자 단 며칠 만에 원조물자를 실은 배가 유럽 항에 도착했다.

특사로서 마셜의 15개월의 중국 임무는 재앙이었다. 마셜은 펜 하나로 장제스 정부군의 39개 사단을 무장해제시켰다는 것을 자랑스럽게 말했다.[6-40] 트루먼 대통령은 마셜을 국무장관으로 승격시켜 그의 '실패'를 보상해 주었다.

그들은 공산 측이 중국대륙을 장악하도록 최대한 노력했다

또 하나의 인물이 중국을 공산 측에 넘기는 데 중요한 역할을 한다. 조지프 스틸웰Joseph Stilwell 장군은 중화민국의 임시 수도였던 충칭重慶에서 장제스의 미국인 참모장으로 일본군에 대항하여 중국-버마-인도 전역에서 전투를 지휘했다.

그러나 스틸웰은 버마 전역에서 패배하는 등 넓은 전선에 대한 경험 부족과 무모한 공세 성향으로 인해 전과가 좋지 않았고 중국은 물론 영국이나 미국인들과의 마찰도 극심했다. 그는 중국군 지휘권을 가지려다 장제스에게 해고되고 결국 앨버트 웨더마이어Albert Coady Wedemeyer 장군과 교체되지만 그렇게 되기 전까지 중국군에게 엄청난 피해를 주었다.

스틸웰 장군도 마오쩌둥이 '농업 개혁가'라는 마셜의 선전을 따라 했다. 중국군과 함께 중국과 버마 전역에서 중국 공군을 현대화하고 미 육군 항공대를 지휘했던 클레어 셔놀트Claire Lee Chennault 장군도 스틸웰 장군이 마오쩌둥과 추종자들을 선호했으며 "만일 스틸웰이 중국의 장군이었다면 추호의 의심도 없이 총살 집행대에서 끝장났을 터였다."라고 말한 바 있다. 6-41)

미국의 전쟁부 장관과 1945년 1월부터 9월까지 중국 대사를 지낸 패트릭 헐리Patrick Hurley 대사는 스틸웰 장군의 기록을 보고 그가 장제스 정부를 전복시키고 중국을 공산화하려는 워싱턴 세력의 음모와 결탁했다고 단언했다.

헐리 대사는 중국 대사관에 소속된 부하들이 공산당의 편을 들었다는 점에 놀랐고 11명의 국무부 직원을 해고했다. 하지만 해고된 직원들은 다시 워싱턴에 돌아가서 국무부 극동아시아와 중국 부서에 들어갔고 심지어 헐리 대사의 상관이 된 사람도 있었다. 헐리 대사는 결국 사임했다. 6-42)

국무부의 도당들은 마오쩌둥이 공산주의자가 아니라 농업개혁가라고 반복했다. 그들은 마오쩌둥 측에 관한 평판을 긍정적으로 올렸지만, 장제스와 민족주의자들은 파시스트, 반동적, 부패 등으로 깎아내렸다.

또한 일본이 중국을 침략하자 장제스 정부는 심각한 인플레이션으로 화폐 가치가 떨어져 타격을 받고 있었다. 장제스는 경제를 안정시키기 위해 미국에 금을 빌려달라고 요청했고, 루스벨트 대통령은 수락했다. 하지만 중국을 향하는 금 수송이 해리 화이트Harry Dexter White 재무부 차관에 의해 지연되고 보류되었다. 화이트는 소련에 수많은 기밀을 건네준 인물로 이후 소련의 간첩으로 밝혀졌다. 월터 로버트슨Walter S. Robertson 국무부 극동부 차관은 1959년 프레스 클럽에서 중국의 상황을 다음과 같이 설명했다:

우리는 옆에서 중국이 완전한 경제 붕괴 상태로 빠져드는 것을 보았다. 화폐는 쓸모가 없었다. … 미국은 중국의 상황을 되돌릴 기회가 있었을 때 유일하게 자금집행을 보류했다. 무엇을 위해서 그랬을까? 공산당을 들여보내기 위해서.[6-43]

1948년 미 의회에서는 장제스에 대한 1억 2천5백만 달러의 군사원조를 통과시켰다. 그러나 국무장관 조지 마셜과 트루먼 행정부는 번거로운 절차로 9개월 동안 집행 정지를 유지했는데 그러는 동안 장제스의 중국군은 결국 붕괴되었고,[6-44] 마침내 중국대륙에서 마오쩌둥의 군대가 승리를 거두게 된다. 이에 대해 1949년 1월 25일, 젊은 존 F. 케네디 하원의원은 의회에서 다음과 같이 워싱턴의 이중 정책을 비난한다:

우리는 중국과 미국에서 발생한 재난이 어느 정도인지 알게 되었습니다. 극동에서 외교정책의 실패에 대한 책임은 백악관과 국무부에 있습니다. 공산당과 국민당이 연합정부를 결성하지 않으면 원조를 하지 않겠다는 워싱턴의 요구는 중국정부(장제스)에 치명적인 타격을 주었습니다.[6-45]

1949년 10월 초, 미국에 배반당한 장제스였지만 그는 아직 남부의 네 지역을 장악하고 있었다. 그 지역의 주민 수는 중국 전체 인구의 4분의 1에 달한다. 이 시기에 미 의회는 또다시 중국(장제스)에 대한 13억 불의 원조 제공 법안을 통과시킨다. 하지만 마셜 장군은 장제스가 마오쩌둥의 요구를 들어주지 않는다는 이유로 대부분의 무기 공급을 금지시켰다.[6-46]

일관된 바보짓

> 한 번은 사고다. 두 번은 우연이다. 세 번은 적이 하는 짓이다.
>
> _이안 플레밍Ian Fleming

명백히 동아시아에서 워싱턴의 지속적인 정책은 공산세력에 힘을 실어주는 것이었다. 이에 대해 월터 저드Walter Judd 하원의원은 청문회에서 다음과 같이 발언했다:

> 확률의 법칙에 따르면, 멍청이라도 때때로 미국에 유리한 결정을 내릴 것이다. 공산주의의 이익을 위한 정책이 지속적으로 일어난다는 것은 어떤 그룹이 주도하기 때문이라고밖에 볼 수 없는 것이다.[6-47]

제임스 포레스탈James Forrestal 미 초대 국방장관 역시 매카시 의원과의 대담에서 외교관들이 진짜 바보라면, 때때로 미국에 유리한 실수도 했을 것이라고 말한 바 있다. 일관성 있는 바보짓은 사악한 정책을 밀어붙이기 위한 위장작전이라는 것을 눈치챈 것이다. 역사학자인 이희진 박사 또한 이러한 미국의 의아한 정책에 대해 비슷한 의견을 제시한다:

> 극동에서 미국을 견제할 만한 여력도 별로 없는 소련을 공연히 끌어들여 결과적으로 극동지역에 소련의 영향력을 키워준 꼴이다. 아무 생각 없이 이 같은 발상을 할 만큼 미국 지도자들이 바보는 아니었던 것이다.[6-48]

7장

38선 획정의 비밀

코리아가 나타나 우리를 구했다.

_딘 애치슨(Dean G. Acheson)

1953년 7월 8일 프린스턴 대학 강연

전쟁은 만들어진다. 일어나는 것이 아니다.

_김동원,《계산된 위험》

1945년 8월 15일 일제가 무조건 항복을 선언하자 한반도는 일본군 무장
해제의 명목으로 반으로 나뉘어 미소에 의한 군정이 시작됐다. 이 점은 연
합국에 의한 독일과 오스트리아의 분단 점령 과정과 비슷하다. 하지만 한
국의 분단은 독일과 오스트리아와 여러 면에서 완전히 다르다.

독일의 분단과 장벽

1945년 5월 8일은 독일이 패망을 선언한 연합군의 유럽 전승 기념일 Victory in Europe Day이다. 4개국 연합군(미국, 영국, 프랑스, 소련)은 독일을 분할 통치하게 된다. 독일의 분할 역시 얄타회담(1945. 2. 4.~11.)에서 공식적으로 결정된 것이다. 미국, 영국, 프랑스가 점령한 지역은 서독이 되었고 소련이 점령한 지역은 동독이 되었다. 독일은 이로 인해 한반도와 마찬가지로 분단되어 냉전 시대의 대립 지대로 남게 된다. 하지만 독일의 분단은 처음부터 한반도의 상황과 완전히 달랐다.

독일이 분단된 후 1945년 10월부터 1946년 6월까지 약 160만 명의 동독 주민들이 서독으로 이주했다.[7-1] 1947년 9월부터 동독 측은 소련군의 배치를 증가시켜 국경을 강화한다. 이에 맞서 서독도 20,000명을 국경에 배치한다.

그럼에도 불구하고 국경을 건너는 것은 대체적으로 수월한 편이었다. 양쪽에 농토를 가지고 있는 국경 주변의 농부들은 별문제 없이 자신의 경작지를 오가며 관리할 수 있었다. 이주민들은 장벽을 몰래 넘거나 국경 보초를 매수하기도 했으며, 물자들이 양쪽으로 왕래될 수도 있었다. 국경 강화에도 불구하고 1949~1952년 동안 약 675,000명의 동독 주민들이 서독으로 이주했다.[7-2]

그런데 대체적으로 개방되어 있었던 국경이 1952년 5월 26일 갑자기 엄격하게 통제되기 시작한다. 동독은 스파이, 테러리스트, 밀수범 등을 통제한다는 명목하에 국경 경비를 강화했지만, 실제로는 인구 유출이 심해져 동독의 생존이 위협을 받았기 때문이었다.[7-3] 동독 측은 1967년 한층 더 엄격한 통제를 시작한다. 강화된 국경 수비로 인하여 서독으로 탈출하는 동독인은 연평균 1,000명에서 120명 정도로 줄어들었다.[7-4]

오스트리아의 분단과 코리아의 분단

만약 좌파를 포용하지 않는다면
우리는 통일을 이룩할 수 없을 것이다.
_김구

이 나라에는 소련을 조국으로 생각하는 소수의 반동적 분자들이
있으며, 이들은 이른바 인공의 가치하에 혼란을 조성하고
전국적으로 이 나라를 소비에트 국가로 만들고자 하고 있다. …
필요한 절단 수술을 긴박하게 단행해야 할 때다.
_이승만

　2차 세계대전 후 오스트리아 역시 패전국으로서 미국, 소련, 영국 그리
고 프랑스 4개국에 의해 공동 점령되었다(그림 7-1). 연합국들의 오스트리
아 점령은 1945년 4월 27일 시작되었고 1955년 7월 27일 종료되었다. 모든
외국 군대가 떠난 다음 날 오스트리아 국회는 중립을 선언했다. 우리가 당
연히 물어야 할 점은 우리 남과 북은 왜 오스트리아와 완전히 다른 과정을

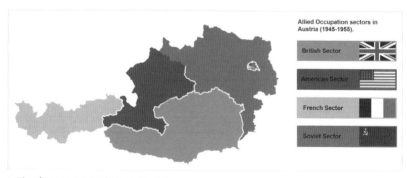

그림 7-1) 오스트리아의 분할 (출처: wikipedia)

겪었을까에 관한 것이다. 우리와 오스트리아는 근본적으로 무엇이 다를까?

우선 박태균 교수가 지적하는 오스트리아와 한국의 유사한 배경이 있다는 점을 알 필요가 있다:

> 한반도는 지리적으로 오스트리아와 비슷한 점이 많다. 오스트리아는 유럽의 강대국들에 둘러싸여 있다. 또한 서유럽과 동유럽의 경계선에 있어서 냉전 시기에는 완충지대 역할을 했다.[7-5]

오스트리아는 1945년 미소 점령하에 사회민주당의 칼 레너Karl Renner를 대통령으로 하는 사회민주당, 기독교사회당, 그리고 공산당이 연합하여 임시 연합정부를 구성하였다. 임시정부는 국민들의 자발적인 의지로 성립되었다. 오스트리아는 미국, 영국, 프랑스, 소련에 의한 신탁통치 기간에 통합된 국민적 힘을 유지했기 때문에 1955년에 이르러 독립을 성취하고 통일국가를 수립할 수 있었다. 오스트리아는 1955년 영세 중립을 전제로 하여 점령군이 철수했고, 이후 냉전의 소용돌이에 휘말리지 않았다. 결국 이러한 오스트리아의 힘의 원천에는 국민들과 정치인들의 통합된 역량이 존재하고 있었던 것이다.[7-6] 박태균 교수의 다음의 요점을 모두가 생각해 보아야 할 것이다:

> 외부의 세력이 아무리 분단을 강제한다고 하더라도 내부에서 그를 호응하는 세력이 없다면 분단은 불가능했을지도 모른다. 하지만 분단이 더 좋겠다고 판단하는 세력들이 있고, 그 세력들이 일정한 힘을 지니고 있다면, 분단의 구조적 조건이 성립되는 것이다.[7-7]

해방 후 수많은 학살과 전쟁의 근본적인 원인을 박태균 교수는 그의 책 《한국전쟁》에서 설득력 있게 제시했다:

갈등과 대립이 토론을 통해서 새로운 비전을 제시하는 쪽으로 해결된다면 문제가 없겠지만, 토론문화가 성숙해 있지 않거나 상대방을 경쟁자 관계가 아니라 제거하거나 사라져야 할 대상으로 파악한다면 긍정적인 역할을 기대할 수 없을 것이다.[7-8]

하지만 필자가 이 책에서 지적하고자 하는 것은 우리에게는 토론문화의 미성숙이나 이념이나 정치적 입장 차이로 인해 상대방을 제거할 대상으로 여기는 문제 이외에 더 큰 난제가 있었다는 것이다.

한국의 독립운동을 인정하지 않은 미국

1945년 8월 15일 38선을 중심으로 한반도를 분할 점령하겠다는 내용이 담긴 일반명령 제1호에는 또 하나의 중요한 사항이 있는데, 그것은 독립운동 세력을 인정하지 않는다는 내용이었다. 박태균 교수는 그 이유를 이렇게 설명한다. 만약에 일본군의 무장해제를 독립운동 세력들이 했다면 미국과 소련은 각각 자기들이 원하는 정치세력을 지원할 수 없었을 것이다. 이남에서 미군정이 독립운동을 인정하지 않는 결과로 우익 정치세력들을 강화하는 다양한 정치 조작이 이루어졌다.[7-9]

준비 부족으로 즉석에서 38선이 정해졌나?

> 진실의 초기 동요는 거짓말이 얼마나 깊게 믿어졌는지에
> 직접적으로 비례한다. 잘 포장된 거짓말이 여러 세대에 걸쳐
> 대중에게 점진적으로 설득되었을 때, 진실은 완전히 터무니없고
> 미치광이처럼 보일 것이다.
>
> _드레스덴 제임스_{Dresden James}

우리가 역사책에서 배운 38선의 배경은 다음과 같다. 자국민 인명손실에 크게 부담을 느낀 루스벨트 대통령은 전쟁을 빨리 끝내고자 스탈린에게 태평양 전쟁에 참전할 것을 독려하게 된다. 소련군이 마침내 한반도에 진출하자 미국은 소련에 38선을 중심으로 하는 코리아 분할 점령을 제안하였다.

원자폭탄이 8월 6일 히로시마에 투하되고 3일 후인 8월 9일 나가사키에 또 하나가 투하된다. 나가사키 원폭 투하 하루 전인 8월 8일 일본과 불가침조약을 맺었던 소련이 대일본 선전포고를 한다. 이에 8월 10일 사전 준비가 없었던 미 국무성은 전후 세계 구상 위원회의 조지 링컨_{George A. Lincoln} 준장에게 한반도로 미군을 진주시키는 방안을 강구하라고 지시한다. [7-10)]

이 당시 소련군은 이미 북한지역으로 진입하기 시작했기 때문에 미국은 어느 선에서 소련과 타협을 해야 할지 고심하게 된다. 링컨 준장은 벽에 걸려 있던 내셔널지오그래픽 지도에서 38선이 한반도의 중심이라는 점을 인식하고 찰스 본스틸_{Charles H. Boneseel} 대령과 딘 러스크_{Dean Rusk} 대령에게 30분 이내에 남북의 분단선을 검토하여 보고하라고 지시한다. 이들은 링컨 준장의 판단에 동의했고, 링컨은 합동전쟁계획 위원회_{Joint War Plans Committee}에서 일본군이 항복하게 될 대상을 결정해 줄 '일반명령 1호'의 초안에서 38도선

을 제시한다.[7-11)]

이것이 그 당시 분단선을 정하라고 지시받은, 이후 케네디 행정부의 국무장관이 된, 딘 러스크 대령의 증언에 기초한 이른바 '군사적 편의'에 의한 남북분단의 과정이다. 이 설명이 남북분단의 기원에 대한 정설로 받아들여지고 있다. 즉 미군이 한국에 대하여 사전지식도 없이 군사적 편의만을 따라 진주했기 때문에 처음부터 일관성이 없는 실수투성이였다는 것이다.[7-12)]

한편 이런 공식 설명과 다른 증언이 의회 기록에 남아있다. 1951년 6월 8일, 미 의회 소위원회의 질의에서 딘 애치슨Dean G. Acheson 당시 국무장관은 38선은 러스크와 본스틸 같은 하급 장교들이 아닌, 전쟁부 장관이 관장했으며, 공동 참모총장에 의해 승인되었다고 답변했다. 즉 이 문제를 결정 한 사람은 조지 마셜George Marshall 장군이었고 당시 헨리 스팀슨Henry Stimson 전쟁부 장관은 서명을 해 줬다는 것이다.[7-13)]

38선은 오래전부터 계획되었다

숨기는 자가 범인이다.

_무명

한반도의 분단 역시 미·소간 대립의 산물이라기보다
오히려 양국의 합의에 의한 것이었다.

_이희진

국제정치학 이용희 교수는 1965년 《아세아학보》에 실린 '38선 획정 신고'라는 논문에서 한국 학계는 분단에 대해 미국정부의 공식적 입장을 무비판적으로 받아들이고 있다고 주장했다. 38선 획정을 '우연성과 돌발성'으로 돌려 강대국들에 의한 한반도 분단의 영구화와 한국전쟁에 대한 책임을 전가하거나 최소화시키려는 정치적 의도가 깔려있다는 것이다.[7-14] 이용희 교수는 38선 획정이 단순히 일본군 무장해제 과정상 편의에 의한 것으로 볼 수 없다고 말한다.

'돌발적 38선 획정' 이론을 1965년 이용희 교수가 비판한 이래 미국에서 해제된 비밀문서들에 의해 그의 논문은 힘을 얻는다. 또한 냉전이 종식되자 러시아와 중국 등에서도 이를 뒷받침하는 비밀서류가 공개되었다.

미국이 한반도에 대한 사전지식이 없이 38선을 긋게 되었다는 주장과는 달리, 미 국무부 극동과가 1944년 4월에 작성한 비망록을 보면 "국무부 관리들과 타부서 관련 요원들은 전후 한반도의 지위 문제에 대하여 끊임없이 숙고하고 있었다."[7-15] 또한 미국은 1944년 3월에 한반도 분할 점령과 분할 군정에 대해서도 꾸준히 준비하고 있었다는 자료가 있다.[7-16] 미국은 남한에 대한 군정을 끝내고 어떠한 행정체제로 전환되어야 할지까지도 논의했다.

미국 국립문서보관소에서 발굴한 링컨 준장(분단선을 정한 것으로 알려진 본스틸과 러스크 대령의 직속상관)의 상관인 존 에드윈 헐John Edwin Hull 중장의 1949년 6월 17일 전화 인터뷰 녹취문에는 "38선은 포츠담에서 마련됐다."라고 말한 기록이 있다. 사실 본스틸과 러스크 대령이 사용했다는 내셔널 지오그래픽 지도는 아시아 전역을 포괄하는 축적 1:17,500,000의 지도로서 40도선과 35도선만 나와 있을 뿐 38도선은 표시조차 되어있지 않다.[7-17]

1980년대부터 신용하 교수는 한반도에 대한 38선을 비롯한 밀실 합의가 포츠담 회담의 미소군사회담에서 이루어졌고, 적어도 미국과 소련 간의 야합 혹은 사실상 밀약이었다고 주장한다. 그러한 가능성을 보여주는

예로 6·25전쟁 발발 직후 1950년 7월 3일《타임Time》지에 실린 미 국무부 관리의 발언이 있다:

> 38선은 (1945년 7월 17~8월 2일) 포츠담에서 무더운 밤의 한 피곤한 회의를 거쳐 확정되었다. 그것은 정치적으로, 지리적으로, 경제적으로, 군사적으로 이치에 닿지 않는 선이다. 그러나 회의에서 러시아 사람들과 미국 사람들은 누가 어느 곳을 점령할 것인가에 대하여 전혀 합의가 이루어질 수 없었다. 마침내 한 장군이 38선을 시사했다. 그리고 그것이 그것(38선 획정)으로 되었다.[7-18]

새로 공개된 자료(미국 국립문서보관소의 Record Group 226)는 1944년 말부터 1945년 초에 걸쳐서 미국이 한국에 관한 정보를 집중적으로 수집했음을 보여준다. 특히 한국인들이 미국에 대해 가지고 있는 태도와 미국이 점령했을 때 예상되는 한국인들의 반응 등에 관해서 매우 세심한 주의를 기울이고 있다.[7-19] 또한 임시정부에 대한 한국인들의 태도, 북과 남의 사람들 사이의 사상적 차이까지 분석되었다. 또한 북한지역을 공산주의의 경향이 강하고 종전 후 혁명의 가능성이 있는 지역으로 구분하여 이해하고 있다.

이뿐 아니라 적어도 1943년부터는 장래 한국을 어떻게 관리할 것인가 하는 문제를 연구한 미국의 문서가 있다. 그 문서에는 놀랍게도 한반도를 분할 점령할 계획이 포함되어 있다:

> 어떤 부대가 한국을 점령하든지 연합 군사정부는 미국과 마찬가지로 중국, 러시아, 영국이 공동 대표가 될 가능성이 많다. (코리아에 대해) 중국이 동의하며 협조적인 러시아, 영국, 미국의 군사협의체가 어느 한 세력에 의한 위

임통치보다 인정받고 유지되기가 쉬울 것이다.[7-20]

미국의 외교사료집(1944년)의 문건에도 한국에서 성립될 군정의 성격과 정당성을 설명되어 있다:

> 한국의 해방이 군사작전의 결과로 오든 일본 항복의 결과로 오든, 장래 한국의 정치적 지위에 관심을 가지고 있는 여러 연합국들의 이권이 얽히게 된다. 따라서 한국에서 성립되어야 할 군정은 연합적인 성격을 가져야 한다. 또한 중국, 미국, 영국 혹은 영연방 국가, 여기에 태평양전쟁에 참전한다는 전제하에서 소련이 참여하는 편이 바람직하다.[7-21]

이러한 자료들에 비추어 보건대 미국이 한국의 사정을 잘 몰랐으며 특별한 정책이 사전에 준비되지 않았다는 주장은 사실이 아님을 알 수 있다. 여기에 대해 브루스 커밍스Bruce Cumings 교수도 미국이 한국의 분단 과정에 상당한 준비를 했었다는 다른 증거를 제시한다:

> (해방 후) 미군에 의한 최초의 조치 중 하나는, 1945년 9월 8일 미군이 인천에 상륙한 지 일주일 안에, 미군정보부의 수뇌부가 인증해 둔 '수백 명의 보수주의자들'로 '정무위원회'를 구성하는 것이었다.[7-22]

정무위원회를 구성한 수백 명의 '인증'된 보수주의자라는 말에서 알 수 있듯이 미국은 한반도의 분단 체제를 오래전부터 계획했을 뿐 아니라 특정하게 추구하는 방향이 있었던 것이다.

신탁통치 계획은 1941년부터

미 국무부 극동부의 윌리엄 랭던William R. Langdon 정치 고문은 1941년 12월 7일 일본의 진주만 공격이 있기 10개월 전부터 한국에 대한 신탁통치의 전 초작업을 시작했다:

> 한국은 근대국가가 되기 위해 적어도 한 세대 동안 여러 대국에 의해 보호 받고, 지도받고, 원조받지 않으면 안 된다.[7-23]

바로 이것이 신탁통치의 기원이라고 제임스 마트레이James I. Matray 교수는 자신의 책《주저하는 십자군The Reluctant Crusad》(1985)에서 제시한다.[7-24]

한편 이에 반해 1942년 2월 25일 중국 국민당 장팅푸 행정원 대변인은 "중국은 한국 독립의 승인을 원한다."라는 담화를 발표했다. 1943년 11월 23일, 카이로 선언을 앞두고 장제스의 비서장 왕충후이王寵惠에 전달된 장 제스와 루스벨트 간의 잠정 합의된 초안에는 다음과 같은 구절이 있다:

> 우리는 일본에 의한 한국 인민의 배신적 노예화에 유의해, 일본 패배 후 가 능한 가장 빠른 시기에 그 나라를 자유스럽고 독립된 나라로 만들 것을 결 의한다.[7-25]

그러나 최종 선언에는 "한국을 적당한 시기에 자유롭고 독립된 나라로 만든다."라고 수정되었다. '적당한 시기'라는 조건부가 붙은 것이다.

당시 소련 주재 미국 대사였던 애버렐 해리먼Averell Harriman은 스탈린이 "만약 한국이 만족할 만한 정부를 만들 수 있다면 신탁통치가 필요한 이유 가 있을지" 모르겠다는 반응이었다고 본국에 전했다.[7-26] 즉 스탈린은 당시 한국이 신탁통치를 받아야 하는지에 대한 뚜렷한 견해가 없었던 것으로 보인다.

38선 획정의 비밀

이완범 교수는 미국은 군사적 편의에 따라 38선을 그었다고 변명했지만, 군사적 목적은 구실일 뿐 실제로는 정치적 목적을 심중에 숨긴 채 선을 그었던 것이라고 말한다. 미국이 한반도를 남과 북으로 분단시킨 진실을 감추기 위해 다른 정보들을 조작해 왔다는 것이야말로 심각한 문제다.

어떤 음모가 있었다면 남겨진 문서만으로는 진실을 밝히는 데 한계가 있다. 만약에 어떤 밀약이 있었다면 증거 서류를 없애버렸을 수도 있을 것이다. 이완범 교수는 38선 획정의 주역이라고 알려져 있는 링컨·본스틸·러스크에 관한 자료도 당시 회의록의 공식기록에는 전혀 나오지 않는다고 말한다. 단지 훗날의 개인적 회고담으로 알려졌기 때문에 쉽게 받아들일 수 없다는 것이다. 모든 38선 획정에 관한 기록들은 고의적으로 폐기됐거나 기록을 남기지 않고 비밀리에 추진되었을 가능성이 높다.[7-27] 그렇다면 38선 획정 과정이 숨겨진 정치적 이유는 무엇이었나?

남북 간 최악의 조건을 남기고 철수한 미국과 소련

한국을 갈라놓은 미소 양국이 자기가 점령한 지역에 각기
상반된 정권과 군대를 만들어 놓고서 그대로 나가는 것은
마치 남의 동리에 와서 싸움을 붙여놓고

슬쩍 나가버리는 것 같은 것이다. 만약에 내전이 발생된다면
그 책임은 미소 양방에 다 같이 있는 것이다.
_김구

1947년, 미 국무성이 남한정부에 미군정의 모든 업무를 넘길 것이라는 내용의 성명이 발표되었을 때 남한에 주재하고 있던 정보담당 미국인이 다음과 같이 말했다:

더 나빠질 것이 없으니 그것이 하나의 위안거리군요.[7-28]

하지만 시간이 가면서 상황은 계속 악화되어 결국 한국전쟁이 일어나게 된다. 그러한 재앙이 일어나도록 미소 군정은 최악의 조건을 만들어 놓았던 것이다. 예를 들어 미소의 분단 점령과 남북 간 차단에 대해 그들은 38선을 유지·운영해 온 동안의 그 어떠한 정보도 남겨놓지 않았다.[7-29] 정병준 교수는 미소의 두 나라 정책으로 민족의 비극이 초래되는 과정을 다음과 같이 묘사한다:

민족 내부의 협력정신은 말할 것도 없고, 협력과 합의, 대화와 타협, 항의서한·성명·문서를 통한 공격과 방어, 합리적인 대화의 통로는 모두 닫혔다. 미소는 모든 연락·연대의 끈을 자른 채 증오와 38선을 남기고 철수했다. … 문제를 처리할 수 있는 시스템의 외부에 있던 한국인들에게 어느 순간 문제가 던져진 것이다. 그러나 처리 시스템은 철거된 상태였다.[7-30]

사실 미소가 남북 간의 불화를 일으키려고 작정했다면 이보다 더 잘하지는 못했을 것이다. 미소의 행동은 겉으로는 서로가 대립적으로 보였지

만 실제는 서로가 조율된 행위를 하고 있었다고 볼 수 있다.

웨더마이어 보고서는 미래를 예측했다

1947년 7월 급변하는 극동아시아의 상황을 평가하기 위해 미 육군계획 작전부장 앨버트 웨더마이어Albert C. Wedemeyer 장군이 중국과 한국에 보내진다. 웨더마이어 장군은 전략분석가였고 1943년 10월부터 종전까지 장제스의 참모장으로서 중국전선의 미군 지휘를 포함한 동남아시아 전역에서 복무한 인물이다. 당시는 소련군은 북한을 점령했고 미군은 남한을 점령하여 남북의 군대를 각각 양성하고 있던 시기였다. 이에 웨더마이어 장군은 다음과 같은 보고를 한다:

> 이북의 소련군이 철수할 가능성이 높다. 북한 인민군은 남한에 대해 군사적으로 잠재적인 위협이 된다. 이것은 북한 정부와 그들의 군대가 소련군의 주둔 없이도 소련의 목표를 수행하기에 충분히 강력하고 잘 훈련되어 있기 때문이다.[7-31]

즉 웨더마이어가 작성한 보고서는 소련은 북한군을 모든 면에서 남한에 비해 우위가 되도록 만들 것이며 소련군이 퇴각하면 미군도 이에 따라 철수할 것의 위험을 예측한 것이다.

그러나 웨더마이어 장군의 보고서는 조지 마셜 국무장관의 통제로 미 의회에 알려지지 못했다. 그리고 웨더마이어 장군이 예측한 대로 전쟁이 일어났다.

불가침의 경계선

한반도에 38선이 그어진 후의 상황은 대부분 어느 정도 왕래가 가능했던 독일과는 매우 다르다. 1945년 9월 23일 존 하지_{John R. Hodge} 미군정 사령관은 38선 이북으로부터의 민간인 및 군인들의 출입을 막기 위해 38선을 따라 도로차단기를 설치하라는 지시를 하며 "경계선 넘어 침투하는 것을 방지하기 위해 적극적 조치"를 취하라고 명령했다.[7-32]

미군은 1945년 9월 25일부터 시작해 10월 중순까지 약 20개의 도로차단기를 설치했다. 또한 제32보병연대가 38선을 따라 동해에서 서해까지 경계선 경비 임무를 담당했다. 소련 역시 미군과 비슷한 18~20개의 도로차단기를 설치했으며, 소총과 기관총으로 무장한 6명이 각각의 지점들을 지켰다.[7-33]

미소는 한반도에 진주하자마자 38선을 불가침의 경계선으로 여겼다. 경계 초소는 많은 인력으로 채워졌고 경계선을 넘는 통행은 엄격히 통제됐다. 소련군은 38선을 점령군 간의 방벽으로 취급했고[7-34] 1945년 9월 초부터 38선 통행을 엄격히 금지한다고 발표했다.[7-35]

나라가 분단되자 극심한 경제적 피해가 일어났다. 봉쇄로 인해 남쪽에서 생산된 곡물이 북쪽으로 전달될 수 없게 됐고, 북쪽에서 생산된 산업 물품과 석탄이 남한에 전해질 수 없게 되었다. 38선을 넘나드는 그 어떠한 교역도 불가능해지자, 한 나라로서의 유기적인 경제가 파괴된 것이고, 사람으로 치면 산소와 양분을 날라야 할 혈액의 흐름이 막혀버린 것으로 모든 것이 극도로 열악해졌다.[7-36]

미소 양군은 여러 가지 이유로 38선 통행에 제약을 가했다. 소련군은 월경자들을 약탈하거나 그들에게 서슴지 않고 총격을 가했다. 1945년 9월 초

부터 엄중한 통제를 실시하고 모든 짐을 실은 교통수단을 차단했다.[7-37]

한국인들에게 38선이 금단의 분할선으로 명백하게 된 것은 1946년 여름 콜레라가 만연하면서부터였다. 미소 군정은 콜레라 만연을 표면적인 이유로 38선 통행을 완전 봉쇄했고 콜레라가 자취를 감춘 뒤로도 38선의 봉쇄는 풀리지 않았다.[7-38]

콜레라는 우편물까지 차단시켰다. 1946년 4월 15일 개성에서 남북 간의 첫 우편물 교환이 시작된 후, 5월 이래 매주 1차례씩 교환되었는데 9월 8일 이후 더 이상 합법적인 우편물 교환은 이루어지지 않았다.[7-39] 미소의 완벽한 합작으로 1946년 중반부터 이후 38선의 통행을 철저히 두절시킨 것이다(그림 7-2).

그림 7-2) 군사분계선을 사이에 두고 총을 들고 서로 마주본다.

이제 우리 민족과 나라를 완전히 갈라놓은 다음 순서는 서로 싸움을 붙이는 것이다. 한국전쟁이라는 처참한 피바다가 펼쳐질 무대가 철저하고 완벽하게 마련되고 있었다.

미소가 떠나기 전 갖추어 놓은 여건과 결과물

1949년 6월 30일 미군이 한국에서 철수했지만 실질적인 작전통제 Operational control를 잃은 것은 아니다. 겉으로 보기에는 한국 군대지만 미군 고문들이 한국 장교들을 임명했을 뿐 아니라 군의 핵심부에 자문관들이 배치되어서, 사실상 미군이 주둔하는 것과 별로 큰 차이가 없었다. 이북도 마찬가지로 소련 고문관들이 북한군을 장악하고 있었다. 미국과 소련은 한반도에 다음의 사항을 조성해 놓았다:

1. 남과 북으로 갈라놓았다.
2. 미군이 떠날 때 원하는 인물(이승만)이 남한의 지도자가 되었고, 소련군 정이 떠날 때 김일성이 북한의 지도자가 되었다.
3. 미군이 떠났지만 고문들이 남아 한국 군대를 완전히 조종할 수 있도록 조직했고, 소련군 역시 고문들이 남아서 북한군을 조종할 수 있었다.
4. 38선상에서 남북 간의 국지전을 붙여 놓았다.

민족을 나눠 서로 싸움을 붙이는 것이 얼마나 쉬운가! 저들은 같은 민족끼리 얼마나 지독하게 싸우도록 만들 수 있는지를 그리고 한번 싸움을 붙여놓으면 얼마나 오랫동안 적대관계가 유지되는지를 보여주었다. 무엇보다 세뇌교육이 얼마나 오래도록 가는지를 보여 준 것이다.

8장

전쟁 과정

월등한 힘을 가진 국가는 더 허약한 측으로 하여금 먼저
공격하게 하는 것이 이롭다는 것을 종종 알게 된다.

_브루스 커밍스Bruce Cumings

한국전쟁에 대해서는 남침설과 북침설의 두 가지 상반된 주장이 있다.
그리고 남한에서는 남침설 북한에서는 북침설 이외의 다른 주장은 대체적
으로 용인되지 않는다. 한국전쟁은 학문적인 분석과 논쟁의 대상이 아니
라 교육과 홍보의 대상에 가깝다. 따라서 한국에서 현대사 연구는 대개 반
공·반북·친미 이데올로기에 압도되는 관변적 성격을 벗어나지 못했다.[8-1)]
또한 한국전쟁의 기원에 대해서는 미국의 시각이 그대로 반영되었다:

건국의 정당성과 미국의 역할에 대해서도 비판의 여지가 존재하지 않았다.
그저 잘못을 일차적으로 공산주의자들에게 돌렸다. 돌이켜 보건대 1980년
이전의 이러한 관변적 분위기는 국내 유관 학계의 엄청난 '직무유기'였다.
… 미국의 시각으로 한국의 해방과 전쟁을 해석하는 것이 통상적인 관례로

되고 말았다.[8-2]

미국의 시각이 그대로 반영된 전통주의 입장은 교과서나 홍보물에서 더 확실히 발견된다.[8-3] 그런데 1982년 3월부터 정부의 금서 기준이 일부 완화되면서 1983년 이후 수정주의적 한국전쟁 서적들이 '홍수처럼' 쏟아져 나왔다.[8-4]

한국전쟁의 기원에 대한 공식적 설명과 수정론

1949년 7월 김구의 암살 직후 주한 미국 대사관 부영사 그레고리 헨더슨Gregory Henderson과 만난 김규식은 남북 간의 전쟁을 피할 길이 없다고 한탄했다. 한국에 부임한 지 불과 1년도 안 되었던 햇병아리 외교관 헨더슨 역시 김규식의 말이 사실임을 알고 있었다. 누가 선제공격을 할 것인지 특정할 수는 없었지만 전쟁이 임박했으며, 현 상태로는 회피할 수 없는 것임을 절감하고 있었던 것이다.

_정병준 교수

우리가 일반적으로 알고 있는 공식적인 한국전쟁의 진행 상황은 간단히 다음과 같다. 1950년 6월 25일 새벽 김일성은 스탈린의 지시로 아무 잘못이 없고 방어할 수 없는 남한을 기습 남침하였다. 이로 인해 유엔이 결의하여 맥아더 장군을 총사령관으로 하는 유엔군이 결성되었다. 북한군의 공세를 막기 위해 낙동강을 최전선으로 구축하여 최후의 결전을 전개하였다. 9월 15일 맥아더 장군은 성공적인 인천상륙작전으로 서울을 수복하였고 그 길로 북진을 계속하여 평양과 압록강 주변까지 함락했다. 하지만 중공군의 개입으로 유엔군은 1·4 후퇴를 하게 되었다. 그리고 휴전협상이 시작되었지만 포로교환 문제로 2년의 기간이 지난 1953년 7월에 휴전협정이 체결되었다.

1950년부터 스톤I. F. Stone 기자가 이러한 공식적인 설명에 도전하는 '남침 유도설'을 시작했고 이를 한국전쟁 해설에 대한 '수정주의'라고 부른다. 수정주의는 70년도 이후 해제된 비밀문서들로 인해 힘을 얻었는데 시카고 대학의 브루스 커밍스Bruce Cumings가 그에 대한 중추적인 역할을 했다. 커밍스의 《한국전쟁의 기원The Origin of the Korean War》 1권은 1981년에 출간되었고 2권은 1990년에 출간되었다. 1권은 한글로 번역되었고 2권은 영어판으로만 볼 수 있다.

커밍스는 38선 국경 지역에서의 접전들이 있었기 때문에 한국전쟁은 1948년과 1949년부터 이미 진행된 것으로 해석한다. 그는 6월 25일 북한군이 남침한 것은 접전의 연장으로 볼 수 있다고 말한다. 그러나 커밍스는 한국전쟁에 대한 확실한 기원이 아닌 불명료한 '모자이크'를 제시한다.[8-5] 그는 한국전쟁을 '유도'와 '침략'이 같이 작용된 사건으로 보고 있으며[8-6] 한국전쟁의 기원을 다음과 같이 설명한다:

> 1950년 6월, 전쟁이 시작된 것은 어느 누구의 잘못이라고 할 수 없다. 왜냐하면 한국전쟁에 대한 나의 책에서의 전반적인 강조점은 내전은 시작하는 것이 아니라 복잡한 역사 속에서 자라나는 것이기 때문이다.[8-7]

또한 커밍스는 누가 한국전쟁을 일으켰는가 하는 '어리석은 질문'은 던지지 말아야 한다고 주장한다. 그런데 전쟁이 '유도'되었다는 것은 한국전쟁의 기원에 부합되지만 누가 전쟁을 일으켰는가에 대한 질문이 어리석다고 단정한다는 것은 동의할 수 없다.

앞서 언급한 대로 커밍스는 스톤 기자의 책 《한국전쟁 비사The Hidden History of the Korean War》 2014년 재인쇄본의 서문에서 그가 말한 "모든 것은 진실이다."라고 썼다. 그렇다면 스톤이 제시하는 미국의 한국전쟁 조작설에 동의하는 것으로 봐야 할 것이다. 여기에서 커밍스의 자기모순이 나타난다. 아마도 어느 정도 주류학계의 입장이 반영된 것이 아닌가 하는 추측을 해본다.

정병준 교수도 누가 한국전쟁을 일으켰는가에 대한 커밍스의 모호한 의견에 다음과 같이 말한다:

> 그러나 이는 어리석은 질문이 아니라, 개전 이후 지금까지 한국전쟁의 시작이자 끝인 주제였으며, 가장 핵심적인 쟁점이다.[8-8]

커밍스는 70년이 지난 지금도 한국전쟁의 의문점은 마찬가지이며 "이 전쟁이 어떻게 끝이 날지 모른다."라는 의미 있는 질문을 남긴다.[8-9]

러시아의 자료는 남침유도설을 부정하는가?

1994년 6월 2일 러시아를 방문한 김영삼 대통령에게 보리스 옐친Boris Yeltsin 러시아 대통령은 검은 서류 상자 하나를 건넸다. 상자 안에는 300여 종의 문서가 들어있었다. 1949년 1월~1953년 8월 사이 소련 외무부와 북한 외무성 간에 오간 전문, 소련 공산당 중앙위원회 회의록 등이 포함되었다. 또한 김일성이 스탈린, 마오쩌둥으로부터 남침 계획을 승인받고, 이들과 남침 시기 등에 대해 긴밀히 협의한 내용 등 한국전쟁에 관련한 극비 자료가 있었다. 이 자료에 의해 많은 전문가들과 언론이 남침유도설은 더 이상 설 자리가 없다고 확신했다.

과연 그럴까? 그러한 해석에 도전하는 전문가 몇 명이 있다. 예를 들어 일본 릿쿄 대학의 마크 카프리오Mark E. Caprio 한국사 교수는 우선 공개된 시기가 "특이하다Intriguing."라고 말한다.[8-10] 1990년대 그 당시는 냉전의 종식으로 소련의 위협이 축소되면서, 이라크, 이란, 북한, 리비아, 시리아 등의 나라들이 다음세대 악의 축의 후보군으로 새롭게 떠오를 때였다. 그런데 이 같은 자료가 공개된 것은 군산복합체 입장에서 상당히 편리한 일이라고 볼 수 있다.

공개된 자료는 한국전쟁에 대한 북한, 소련, 중국과의 관계를 얘기하지만 남한과 미국과의 관계에 대해서는 직접적인 언급이 없다. 이렇게 자료가 제공하는 정보에 한계가 있음에도 불구하고 전쟁 발발 원인에 대해 결론을 짓는 것은 성급하다고 카프리오 교수는 지적한다.[8-10]

필자가 이 책을 집필하면서 가장 많이 참고한 국내 연구서 중 하나는 정병준 교수의 《한국전쟁: 38선 충돌과 전쟁의 형성》이다. 이 책은 한국전쟁은 김일성과 박헌영의 주도하에, 스탈린이 결정한 것으로 판단하며 커밍스류의 남침유도설이라는 오해를 해명했다고 자부한다.[8-11] 과연 그럴까?

커밍스 교수 역시 최근에 인터뷰에서 "1950년 6월 25일 일어난 한국전쟁은 남침이며 미국이 의도적으로 전쟁을 유도하지도 않았다."라고 언급했다. 또한 "나는 수정주의자도 아니고 미국과 남한이 북한을 침공했다고 말한 적도 없다. … 전두환 정권이 내가 하지도 않은 말을 1985년부터 그렇게 (조작)한 것"이라고 주장했다.[8-12]

반면에 이희진 교수는 러시아의 자료가 남침을 증명한다고 해도 그것 때문에 남침유도설이 부정되지는 않는다며 다음과 같이 지적한다:

그렇지만 '북한이 기습적으로 남침했던' 것이 틀림없는 사실이라고 해서 '미국은 순진하게 뒤통수를 맞았다'는 등식이 성립되는 것도 아니다. 그 당시의 남한처럼 군사적, 정치적 능력이 부족했던 세력이야 벌어지는 사태에 속수무책으로 말려들 수 있었겠지만, 미국은 그 정도로 미약한 나라가 아니다. 세계정세의 흐름까지도 주도할 수 있는 나라가 한반도 문제에서만은 순진한 어린아이처럼 아무 생각 없이 행동했다는 것은 아무리 봐도 앞뒤가 맞지 않는다.[8-13]

권영근 교수 또한 한국 사람들의 특이한 믿음에 대해 다음과 같이 설명한다:

> 개인과 마찬가지로 국가는 자신의 이익 추구를 위해 진력을 다한다. 그런데 한국인들은 미국의 경우 절대로 한반도에서 자국의 이익을 추구하지 않는 것으로 생각한다. 미국을 수호천사로 생각한다. 자국의 이익 추구를 위해 6·25 남침 전쟁을 유도했으며, 결과적으로 수백만의 조선인이 희생되었음에도 이처럼 생각한다. 대부분 한국인들이 이처럼 생각하는 것은 이처럼 생각하지 않는 경우 처벌을 받을 수 있었기 때문이었을 것이다. 대부분 한국인들은 길들여져 있는 염소와 같은 존재로 보인다.[8-14]

미국의 봉쇄 정책과 해제된 미 국가안보회의보고서 NSC-68

1946년 3월 5일 처칠은 미국 미주리 주 웨스트민스터 대학교로부터 학위를 받는 자리에서 '평화의 원동력Sinews of Peace'이라는 제목의 연설을 한다.

이 연설에서 처음으로 '철의 장막'이라는 표현이 등장했다. 이것이 '냉전'의 시작을 알리는 신호라고 보인다.

서방국가들은 소련의 위협에 대응하기 위해 1949년 4월 4일 북대서양 조약 기구NATO를 창설했고, 이에 대해 공산권은 1955년 5월 14일 바르샤바 조약 기구Warsaw Pact를 만들어서 본격적인 냉전의 시대가 시작된다.

냉전Cold War은 이전의 전쟁과는 완전히 다른 면이 있다. 2차 세계대전에서 미국과 연합국은 동맹국의 무조건 항복을 요구하는 완전승리의 정책을 유지했다. 하지만 2차 대전 이후 미국의 세계정책은 봉쇄Containment로 변화되었다.

NSC-68이라는 문건은 트루먼 정권 시기인 1950년 4월 14일 미국 국가 안전보장회의의NSC가 작성한 58쪽의 비밀 정책문서다. 이 문서에는 공산 측에 대한 봉쇄정책을 비롯해 미국의 국가안보 정책에 대한 근본적인 재조정 내용이 포함돼 있다. NSC-68이 중점적으로 강조하는 사항은 소련이 전 세계를 무력으로 적화시킬 수 있으니 미국의 군사력을 3~4배 늘려야 한다는 것이다. 그러나 2차 세계대전이 끝난 뒤였기 때문에 의회와 국민을 상대로 그렇게 엄청난 지출을 설득하기란 무리였다. 하지만 소련이 원자폭탄을 소유하게 되자 NSC-68 문건이 제안한 미국 군사력 증강이 정당성을 얻게 된다. 그렇지만 최종적으로 NSC-68이 채택된 가장 큰 요인은 바로 한국전쟁이었다.

한국전쟁이 끝나가던 1953년 7월 8일, 프린스턴 대학에서 열린 한 세미나에서 딘 애치슨 전 국무장관은 이번 (코리아) 분쟁으로 "우리의 논지를 입증했다Proved our thesis."라면서 "코리아가 나타나 우리를 구했다Korea came along and saved us."라고 말했다. 8-15) 애치슨의 이 발언은 아마도 한국전쟁의 원인을 가장 잘 나타내는 것이라고 생각된다.

결론적으로 한국전쟁은 NSC-68 문건에 그 이유가 나와 있다고 볼 수 있다.

한국전쟁으로 인하여 NSC-68이 제시한 군사력 증강안이 지지를 받아 결국 미국의 국방비는 262% 증가하게 된다.[8-16] 1947년 이후 트루먼 정부는 미국사회에 러시아 공포를 일으켜 공산 측과의 긴장을 대중화시키고[8-17] '심리적 공포 캠페인'을 이용하여 NSC-68이 작동되도록 대중을 몰고 갔다.[8-18]

마틴 워커Martin Walker라는 영국 기자는 "유럽에서 백인들 간의 싸움으로 시작된 냉전의 대가를 갈색, 검은색, 노란색 피부를 가진 제3세계 사람들이 치른" 것이라고 했다.[8-19]

미국의 전략

앞에서도 언급했지만, 중국대륙이 공산화가 되었음에도 미국은 공산국가에 대한 봉쇄 전략에서 유독 남한은 제외시켰다.[8-20] 1949년 3월에 작성된 미 국가안전보장회의의 NSC-8/2 서류에서는 한반도를 잃게 되면 소련의 지위가 유리해지는 반면 극동에서의 미국의 지위는 부정적이라고 언급되어 있다. 그러나 워싱턴은 한반도에서의 심한 불균형을 무시했다.[8-21] 미국의 한국에 대한 정책은 다른 지역과 완전히 반대 방향이었다.

트루먼은 이승만 정권에 인플레이션에 대응한다는 명목으로 방위능력을 축소하라고 했다. 심지어는 애치슨 국무장관이 이승만에게 세금을 올리고 국방비를 줄이지 않으면 미국의 지원을 끊겠다고 위협했다.[8-22]

북의 침입을 쉽게 물리치고 끝나는 짧은 전쟁으로는 NSC-68에 담겨있는 지속적인 군비확장이라는 글로벌 목표를 달성하지 못한다.[8-23] 10장에서 언급되겠지만 휴전협정이 지연을 거듭한 것도 바로 이 목적을 달성하기 위해서였다.

위싱턴은 북한의 군사력 증강을 무시하는 한편 남한의 군사력이 강화될 필요성을 부정하고 있었다. 위싱턴이 원하는 것은 북한이 선제공격하고 나서 남한을 방어하는 것이다. 그래야만 공산권이 자유진영을 위협하는 냉전의 세계적 구도를 잡을 수 있는 것이다.[8-24)

1949년 중반까지 북한의 병력은 46,000명으로 남한의 56,000명보다 적었다. 하지만 소련의 원조로 북한군은 4개의 보병사단에서 6개의 보병사단으로, 1개의 기갑연대에서 3개의 기갑연대로 늘어났다. 또한 소련은 2차대전에 사용했던 전투기, 폭격기, 정찰기 등을 북한에 제공했고 병력은 증가되어 132,000명으로 추산되었다.[8-25)

소련에 의해 북한의 공군이 증강되고 있었지만, 미국은 남한의 공군을 증강시키지 않았고 대공무기를 제공하지 않았다. 북한은 탱크 부대가 증강되고 있었지만, 미국은 남한에 탱크를 제공하지 않았다. 북한은 장거리 대포가 있었지만 남한은 없었다. 남한은 심각한 탄약 재고 부족으로 전쟁 시 10일 정도만 사용할 수 있는 정도였다. 대전차포, 대공무기 등의 수비적인 무기도 전혀 공급하지 않았다.[8-26)

미국은 이승만 정권이 북한을 침략할 가능성이 있기 때문에 남한에 무기를 제공하지 않는다고 했다. 사실 이승만은 북한을 침략해서 통일하겠다는 의도를 공식 석상에서 자주 내비쳤다.[8-27)

말뚝에 묶인 미끼

트루먼의 남한에 대한 정책은 "호랑이를 잡기 위해 염소를 묶어놓는 것과 흡사"하다.[8-28) 미국은 호랑이가 공격할 준비가 되어있는 것을 알고 있었다.

전쟁을 원하는 세력의 음흉한 계획은 잘 몰랐을 것으로 추측되는 존 무초John Muccio 주한 미국대사는 남한의 군사력의 부족함을 워싱턴에 알리려고 백방으로 노력을 했다. 무초 대사는 남한의 군대는 사기가 높고 훈련이 잘 되어있지만 방어에 필요한 무기가 절대적으로 필요하다고 하소연했으나 소용이 없었다. 남한이 워싱턴에 보낸 호소는 거절당하거나 부서에서 부서로 넘겨지면서 시간만 낭비되었다.[8-29]

1949년 10월 미 의회는 남한이 $10,230,000의 군사원조를 받도록 결정하였다. 하지만 무초 대사와 주한미군 군사고문단장 윌리엄 로버츠William L. Roberts 준장은 그 금액은 최소한으로 필요한 액수보다 훨씬 적다고 주장했다. 무초 대사는 군사원조가 총 $20,000,000 되기를 요구했다.[8-30] 그러나 2천만 불은커녕 그나마 원조금으로 할당된 액수조차도 집행되지 않았다. 한국전쟁이 일어나기 전까지 이행된 군사원조는 도착조차 하지 않은 200달러(108달러) 이하에 불과했다.[8-31]

애치슨 국무장관은 인플레이션에 집중해서 국방 지출을 줄여야 한다고 남한에 강요했다. 심지어는 국방비를 줄여 인플레이션을 조종할 수 있도록 미군자문단KMAG의 대표와 국방부 대표가 참여하는 위원회를 만들도록 제안한다. 애치슨 국무장관은 남한 정부가 국방비를 줄이도록 압력을 가한 것이다.[8-32]

일본에서 폐기처분하는 전투기조차
남한에는 보내지 않는다

북한은 30대의 전투기를 소련으로부터 이미 공급받았고 더 많은 전투기들을 받을 예정이었다. 남한은 소련 전투기에 대응할 아무런 무기가 없었다. 남한은 캐나다로부터 AT-6 훈련용 비행기를 자비로 구입했지만 북한에 제공된 Yak-3와는 전혀 비교가 될 수 없었다.[8-33]

1950년 3월, 소련은 북한에 70~100대의 전투기와 폭격기를 전달했다. 북한의 증강되는 공군력을 대응하기 위해 이승만 대통령이 일본에서 더 이상 필요 없어 폐품처리를 하려 했던 F-51 전투기를 요구했다.[8-34] 군사고문단장 로버츠 장군도 소련이 북한에 제공한 Yak-3 전투기를 대응하기 위해 F-51 전투기를 남한에 제공할 것을 요구했다.

미국은 오래된 F-51 전투기를 교체하기 위해 F-84와 F-86를 일본으로 보내기 시작했지만, 더 이상 일본에서 필요없는 F-51을 한국으로 보내달라는 무초 대사와 로버츠 장군의 호소를 외면했다.[8-35] 일본에서 한국으로 운송하는 데 비용이 들어간다는 것이 거절 이유였다. 이에 대해 한국정부가 운송 비용을 내겠다고 했지만 기가 막히게도 끝내 수락하지 않았다.[8-36] 더 이상 쓸모없는 전투기를 버릴지언정, 한국에는 주지 않겠다는 이유는 무엇인가?

남한의 국방비 축소를 요구하는 미국

워싱턴은 급격히 증강되는 북한의 군사력에 대응하기 위한 남한의 시도를 차례로 제압했다. 심지어는 인플레이션을 통제해야 한다는 명목으로 국방비를 감소시키라고 요구하기도 했다. 결과적으로 남한의 군사력은 북한에 비해 갈수록 약화되고 있었다.

1950년 4월 3일 한국대사가 미 국무성을 방문했을 때, 새로 임명된 극동아시아 담당 비서관 딘 러스크Dean Rusk를 만난 자리에서 태평양 방위선에 남한을 포함시켜 줄 것을 호소했다. 그러나 러스크는 자신은 그런 주제를 의논하는 위치에 있지 않다고 답변했다.[8-37] 대신 러스크는 한국의 인플레이션을 조정하는 것에 집중했다. 그는 한국이 성공하려면 인플레이션 문제를 잘 해결할 수 있어야 하며 만약에 그렇지 않으면 미국은 원조를 중단하겠다는 암시를 하며 위협했다.[8-38]

결국 이승만 정부는 미국의 모든 요구 사항을 이행했다. 정부는 국방비를 삭감하고, 세금을 올렸다. 그러나 일제 치하 36년에서 해방된 지 얼마 되지 않았고, 새 정부가 출범한 지 2년밖에 안 된 나라의 경제정책이 인플레이션 억제에 집중한다니, 이것은 상식 밖의 일인 것이다.

4월 20일부터 전쟁이 일어나기 전까지 소련이 엄청난 규모로 북한의 군사장비를 증강시키는 동안, 무초 대사의 남한 방위력 증강 요구에 대해 애치슨 국무장관은 아무런 답변이 없었다.[8-39]

맞장구치는 상원의원

한편으로는 한국이라는 염소를 말뚝에 묶어놓고, 다른 쪽에서는 남한이 미국에 중요하지 않다는 의사를 공식화함으로 북한이 오판으로 남침을 할 조건이 조성된 것이다. 이러한 전략에는 정치인들도 이용되었다. 그중 한 명은 톰 코널리Tom Connally 상원의원이다. 그는 《U.S. 뉴스 & 월드 리포트 U.S. News & World Report》와의 인터뷰에서 한국이 방위전략에 필수적인가를 묻는 질문에 일본, 오키나와, 필리핀 같은 나라들과는 달리 "매우 중요하지는 않다."라고 대답한다.[8-40]

그러한 답변을 한 코널리 상원의원은 불과 네 달 전인 1950년 1월에만 하더라도 한국에 대해 완전히 다른 태도를 가지고 있었다. 그는 남한은 민주주의 국가로서 다른 아시아 국가들이 공산주의로 전향되는 것을 막는 좋은 예가 될 것이라고 말했다. 그랬던 그가 불과 세 달 후에 남한을 공산주의에 내줄 수 있다는 입장이 된 것이다.[8-41]

북한 탱크의 위협과 남한의 대응

1950년 5월 10일 신성모 국방장관은 급히 마련된 기자회견에서 북한의 남침이 임박했음을 알렸다. 북한은 82,000명의 병력과 173대의 탱크 그리고 195대의 비행기를 소유하고 있으며 609정의 대포(76㎜와 122㎜), 1,162정의 박격포(82㎜와 120㎜), 32척의 정찰 보트 등을 보유하고 있다고 발표했다.[8-42]

5월 11일 이승만 대통령 역시 기자회견에서 북한이 38선 근처로 병력을 배치하고 있다고 발표하면서 5월과 6월은 위험한 달이라고 말했다.[8-43] 무초 대사는 미 국무부에 보내는 서신에서 남한의 심각하게 부족한 군사능력에 대해 언급한다. 남한 병력을 100,000명으로 증강시키는 것의 근본적인 문제는 장비가 없다는 것이었다. 또한 존재하는 장비 중 부속품이 없어서 15%의 무기와 30~35%의 차량이 사용될 수 없었다.[8-44]

하지만 이에 대해 워싱턴은 답변조차 하지 않았다.[8-45] 그러는 한편 미국은 북한이 소련으로부터 제공 받는 무기들에 대한 정보는 블라디보스토크 항구를 순찰하는 미군 잠수함을 통해 1946년부터 들여다보고 있었다.[8-46]

북한의 T-34 탱크 도입은 한반도 상황에 새로운 면모를 가져왔다. 북한이 침략한다면 미국이 대응할 수 있는 충분한 시간이 있을까? 다시 말해서 T-34 탱크를 앞세운 북한의 진격이 너무 빨라서 미군이 한국에 도착하기 전에 한반도 전체가 점령될 수 있었던 것이다.[8-47] 그러나 미국은 북한의 T-34에 대해 알고 있었기 때문에, 방어무기로 3.5인치 로켓포, 대전차지 뢰, F-51 전투기 등을 남한에 제공했다면 북한의 침략은 38선 근처에서 쉽 게 저지시킬 수가 있었을 것이다.

사전 전쟁 연습: 스워머 작전

미국의 정보는 북한의 공격을 인식하고 있었을 뿐 아니라, 사실은 전쟁 사전연습까지 하고 있었다. 1950년 4월 24일에서 5월 8일까지 미군은 미 국 남동부 노스캐롤라이나 지역에서 '스워머 작전Operation Swarmer'이라는 전 쟁 훈련을 실시했다. 이 작전은 6만 명의 병력과 600대의 비행기가 동원된 육해공군 합동작전으로 T-34 탱크를 주력으로 한 공격에 대비하는 거대 한 규모의 훈련이었다.[8-48] 이 훈련은 한국에서 군정에 참여한 존 하지John R. Hodge 중장이 지휘한 것으로 200대 넘는 수송기와 20,196명의 병력 그리고 11,689톤의 장비가 4일 안에 목표 장소에 투입되는 작전을 비롯하여 최종 적으로 11사단과 82사단의 44,000명의 공수 병력과 46,000톤의 장비가 동 원됐다.

이렇게 미군은 북한군의 T-34 탱크를 앞세운 남침에 대비했던 것이 확 실하다.[8-49] 이 작전은 미군과 장비가 한반도에 투입되기 전 북한군이 부산 을 위협하는 가능성을 대비한 훈련이었다. 또한 남침 하루 전, 미 육군 전 체는 비상이 걸려 있었다.[8-50]

그런데 여기서 드는 의문은 과연 스탈린이 한국전쟁을 일으키는 것이 미국의 전략에 말려 들어가는 것이라는 점을 알고 있었는가이다.[8-51] 왜냐 하면 미국과 마찬가지로 소련의 정보 능력도 세계 최고의 수준이기 때문 이다. 다음 부분은 스탈린이 미국의 의도를 얼마나 정확히 파악하고 있었는지를 보여준다.

스탈린의 정확한 예측

1949년 4월 중순 소련 극동군 총사령관 알렉산드르 바실렙스키_{Aleksandr} Vasilevsky 장군은 스탈린에게 남한이 3~4월에 병력을 계속 38선으로 집중시키고 있어 새로운 도발 행위의 가능성이 있다고 보고한다.[8-52] 스탈린은 1949년 4월 17일 연해주 군사회의 위원으로 조선과 만주의 통치 책임을 맡고 있는 테렌티 스티코프_{Terenti F. Stykov}에게 보내는 서한에서 다음의 사항을 말해주는데 놀라울 정도로 장차 일어날 일들을 정확하게 예측하고 있었다:

> 미군이 남한군에게 행동자유를 주기 위해 (1949년) 5월에 일본으로 철수할 것이며 유엔 한국위원회도 철수할 것이다. 4~5월에 남한은 38선상에 병력 집중 후, 6월에 대북 기습공격 할 것이며, 8월에 공세를 종료할 것이다. 이를 위해 남한군은 4월 10일 해주 8천, 의정부 1만 등의 병력을 집결시키고 있다.[8-53]

미군이 철수했다고는 하지만 500명의 미군 고문단이 남한에 그대로 남아있고 그들의 절대적인 영향력을 감안한다면 한국군에게 행동자유를 주는 것이 아니라, 행동의 자유가 있는 것처럼 보이도록 한 것이라고 볼 수 있다.

미소의 철수 후 격앙된 국경충돌

미소 양군이 38선을 떠나기 시작하던 1948년 10월부터 1949년 1월 15일까지 38선은 비교적 고요했다. 그러나 1949년 초부터 이제껏 억제력으로 작용했던 미군의 영향력이 사라지면서 한국 측은 공세적으로 변했다.[8-54]

1949년 5월에서 12월까지 38선 상에서 수천 명의 병력이 투입된 전투가 벌어졌고, 이 전투에서 수백 명의 사상자가 생겼다. 1949년 5월 4일 개성 근교에서 남한 측의 시작으로 벌어진 전투는 가장 큰 전투 중 하나였다. 4일 동안의 전투에서 400명의 북한군, 22명의 남한군, 100명 넘는 민간인 등이 죽었다.[8-55] 당시 주한미군 군사고문단KMAG의 윌리엄 로버츠William L. Roberts 장군은 "거의 모든 국경 전투는 남한이 시작했다."라고 보고했다.[8-56]

1949년 초 한국의 공세적인 38선 압박은 북한을 당혹게 했다. 특히 해주 의거 사건과 기사문리 사건은 남한 정부 차원에서 대대적인 대북 압박을 시도한 첫 사례였다.[8-57] 주한미군 정보 당국은 한국이 공세적인 이유를 3가지로 제시했다:

1. 주한미군 철수 반대의 목적
2. 유엔 한국위원단과 세계 앞에 북한의 호전적 대응을 노골적으로 유도할 목적
3. 미국으로부터의 장비·보급을 유지·확대시킬 목적에서 비롯되었다고 분석했다.[8-58]

1949년에는 400번이 넘는 국경접전이 있었다. 하와이 주립대학의 올리버 리Oliver Lee 교수는 남한이 북한을 공격하는 패턴이 있다고 말한다. 가장

심한 접전은 38선 북쪽에 위치한 지점을 남한군이 확보하여 방어진지로 구축하려는 과정에서 일어났다. 이 시도는 북한군의 거친 반응을 유발했다.[8-59] 이렇듯 한국전쟁이 벌어지기 전, 남한은 북한을 고의적으로 자극했다.

사실 북한을 자극하는 방법은 지금도 사용되고 있다. '김정은 참수부대'는 평양을 최고로 자극하는 효율적인 방법인 듯하다. 역사는 반복되고 있다.

한편 김일성은 1949년 3월 초 모스크바에 가서 스탈린과 면담한다. 이 당시 김일성은 무력 통일을 구상하고 있었으며 스탈린의 동의를 얻고자 했다. 전쟁에 대한 실질적인 결정권을 지닌 스탈린은 북한의 선제공격은 곤란하며, 남한의 북침 시도를 노려 반공격하라고 지시했다.[8-60] 스탈린은 적이 먼저 공격을 해올 때가 절호의 반격기회이며 그때 지원할 것이라고 얘기했다.[8-61] 북이 지금까지 주장하는 남침에 대한 정당화는 남한 군대가 38선을 넘어 빈번히 공격했기 때문에 북한은 마침내 무력 통일을 결심하게 되었다는 것이다.[8-62]

남한은 1949년 초부터 북한에 대해 대대적인 공세를 퍼부었으며 이러한 도발에 대한 반격 시나리오가 북한이 내세우는 한국전쟁에 대한 가장 근본적인 정당화로 자리 잡은 것이다. 미소의 군대가 철수하면서 38선 충돌은 악화되기 시작했다. 이 시기부터 남북 간 충돌에 있어 가장 두드러진 점들은 다음과 같다:

> 첫째, 정규군이 동원되었다. 때에 따라서는 연대급 병력까지 동원되었고 화력의 측면에서도 소총뿐만 아니라 기관총·박격포·대구경포 등 군이 보유하고 있던 모든 중화기가 사용되었다. 이것은 사실상 전쟁 행위였다.

둘째, 충돌은 우발적으로 발생해 폭발한 뒤 진정되는 것이 아니라, 의도적으로 생산되고 연이어 확대되는 양상을 보였다. 1949년 5월에서 8월까지 진행된 38선 무장 충돌은 실질적인 '국지적 전쟁' 수준까지 고조되었다.

셋째, 충돌은 군사적인 목적뿐 아니라 중앙의 정치 일정에 따른 맥락과 긴밀한 관계가 있었다.

넷째, 충돌로 인한 대규모의 사망자와 부상자가 속출했다.[8-63]

이 같은 1949년도의 38선 무장 충돌들에 대해 미 국무부 동북아시아 본부장이었던 존 메릴John Merrill 교수는 한국군이 먼저 발포함으로써 사건이 발생했고, 일반적으로 "북쪽이 상대적으로 38선 이남 지역에 비해 자제하는 태도를 보였다."라고 말한다.[8-64]

그런데 여기서 언급되지 않은 다른 가능한 변수는 뒤에서 이런 충돌이 악화되도록 조종하는 미군 고문단의 역할이다. 미군 고문단은 한국군에게 막강한 영향력을 발휘했기 때문에 적어도 국경충돌을 자제시키거나 악화되는 것을 막을 수가 있었을 것이다. 무엇보다 미군 고문단의 승낙이나 암묵적인 용인이 없이는 국경충돌은 일어나지 않았을 것으로 생각된다.

의도는 공격형인데 무기는 방어형인 한국군

남한은 대북공격 의사를 공개적으로 표출했다. 북으로서는 그러한 발표로 남침에 대한 명분을 갖추게 되는 것이다. 예를 들어 이승만 대통령은 1949년 2월 7일 국회연설에서 유엔이나 미국이 평화적으로 남북통일을 못하면 '우리가 이북에 넘어갈 것'이며 이는 '우리 집안 내의 일'이라고 천명했다.[8-65] 또한 이승만은 4월 24일 부산 기자회견에서 심지어 38선 철폐가 불원한 시일 내에 이루어질 것이며, 38선에서 압록강·두만강 선으로 밀고나가 공산군을 방비하기 위해 국경을 강화하겠다고 말했다.[8-66]

군지휘관들 역시 1949년 상반기 내내 대북공격 발언들을 했을 뿐만 아니라 38선상의 여러 지점에서 공격을 선도했다. 이러한 행위는 6가지 이유에서 불행이자 재앙에 가까웠다고 정병준 교수는 제시한다:

1. 1949년 한국군은 대북공격을 단행할 수 있는 실질적인 능력을 보유하지 못했다. 병력, 화기, 무기, 군사 지원이 부재했다. 한국군은 공격용 무기 또한 전무했다. 한국군은 탱크, 전투기, 폭격기가 없었고, 미국의 지원이 없이는 차량을 기동할 석유를 구할 수 없었다.

2. 한국군은 전면적 전쟁계획을 수립할 능력을 가지고 있지 않았다. 대통령, 국무총리, 국방부 장관은 물론 한국군 지휘관들은 연대·사단급 이상을 지휘할 능력이 부족해서 전략·전술·작전 능력이 현저히 결여되어 있었다.

3. 한국정부의 위협과 38선상의 선제공격들은 미국이 남한에 제공할 수 있는 공격 무기들을 제한하는 구실을 주었다. 아이러니하게도 한국군은 의도는 공격적인데 무기면에서는 방어형 군대가 된 것이다.

4. 1950년 진정한 '불의의 기습남침'을 해왔지만 한국군은 방어형이 아닌

공격형으로 편성되어 있었고 방어에 관한 한 거의 무방비 상태였다.

5. 북한은 1949년 한국군의 공세에 위기를 느꼈지만, 분명 이를 기회로 이용했다. … 즉 북한은 개전을 위한 명분과 기습공격의 효과를 충분히 얻을 수 있었다.

6. 남북의 한국전쟁에 관한 관점은 기본적으로 전쟁의 출발점을 어디에 두고 있는가에 따라 달라진다. 북한의 한국전쟁관은 1949년의 피해의식에 머물러 있다. 그리고 1950년에 잘 준비된 전면적인 기습공격을 개시했다는 사실을 결코 인정하지 않는다. 대신 1949년 남한의 공세적 태도를 과대포장하며 '정의의 반격전'을 주장할 뿐이다. 한편 남한의 한국전쟁관은 1950년 6월 갑자기 발생한 '불의의 기습남침'에 머물고 있다. 남한에 의한 1949년의 공세적 태도와 공격적 배치는 기억되지 않는다.[8-67)

마치 정교한 오케스트라와 같이, 남북한은 보이지 않는 지휘자에 이끌려 스케줄대로 전쟁을 향해 전진하고 있었던 것이다.

전쟁을 원하는 사람들

CIA 전신 OSS의 부처장이자 이승만의 정치고문이었던 프레스턴 굿펠로우Preston Goodfellow는 중화민국(대만) 외교관 웰링턴 구顾维钧, V. K. Wellington Koo의 발언을 다음과 같이 적었다:

북으로 올라가고자 열망했던 것은 남한인들이었다. 왜냐하면 그들은 자신들이 잘 훈련된 10만 명의 군대를 보유하고 있다고 분명하게 느끼고 있었기 때문이다. 그러나 미국정부는 남한이 하는 어떠한 도발도 저지하고자 아주 열심이었고, 굿펠로우가 바로 그 일을 하기 위해 최근 그곳으로 갔다. 나는 그에게 한국에서 전쟁이 일어날 가능성이나 위험이 얼마나 큰지를 물었다. 미 정부의 입장은 이러했다. 남한 측의 주도로 북을 공격하는 것은 어떻게든 피하라. 그러나 북한이 남한은 공격한다면 남한은 그 결과가 3차 대전이 된다 할지라도 반격하면서 곧장 북으로 진군해야 할 것이고, 그것은 결과적으로 3차 대전이 될 것이다. 그 경우 북한이 공격을 시작했으므로 미국인들은 이를 이해하게 될 것이다.[8-68]

이승만은 1949년 9월 30일 공보 고문 로버트 올리버Robert T. Oliver에게 이런 편지를 보냈다:

나는 지금이 북한에 있는 우리의 충성스러운 국민들과 합세하여 평양에 있는 공산 잔당들을 소탕하기 위해 우리가 공격조치를 취하는 데 가장 좋은 심리적 호기라고 강하게 느끼고 있습니다. 우리는 김일성의 부하들을 산악지대로 몰아낼 것입니다. 거기에서 그들은 굶어 죽을 것입니다. 그러면 두만강과 압록강을 따라 우리의 방위선이 강화될 것이 틀림없습니다.[8-69]

북한은 남침 후 경무대에서 노획한 이승만의 편지를 남한의 북침 증거 자료로 유엔 총회에 제출했으나 유엔 주재 미국대표 워런 오스틴Warren Austin은 이 편지가 조작되었다고 주장했다. 여기에 대해 올리버는 침묵했다. 그러나 올리버는 자신의 회고에서 이 편지가 사실이라고 고백했다. 1949년 5월 31일 기자회견에서 신성모 국방장관 또한 북침 의도를 표출했다:

세계전쟁이라면 모르지만 38선 이북의 공비에 대하는 정도라면 현재의 우리 장비로도 충분하다. 즉 러시아군이나 중공군이 내려온다면 문제지만 북한 공비만은 3일도 걸리지 않아서 정복할 수 있다.[8-70]

또한 신성모 장관은 이렇게 말했다:

우리가 마음대로 할 수 있다면 벌써 시작(침공)을 했을 것이다.

신성모 장관은 (공격을 하면) 며칠 안으로 평양에 입성할 수 있다고 장담했다.[8-71] 1948년 이러한 상황에 대해 독립운동가 오기영 선생은 《새한신보》에 다음의 글을 올렸다:

우리는 무엇 때문에 미소 두 틈에 끼어서 한편을 막기 위하여 한편의 도움을 받아야 하는가. 그것도 한 덩어리로 뭉쳐서가 아니라 반쪽씩 갈라져 가지고 다른 반쪽의 동족끼리 적대하여야 한다니 이런 참극의 주인공 신세는 필경 어육의 화를 입을 것밖에는 아무것도 없을 것이다.[8-72]

1948년 시점에서 주한미군 수석군사관 해럴드 라슨Harold Larson은 미소 양 진영이 부양한 상호 적대적인 토착군대에 관해 이렇게 예언했다:

남북의 군사 역량은 알려지지 않았다. 다만 한쪽은 우익이고 한쪽은 좌익이라고 말하는 것으로 족하며, 만약 소련과 미국이 동시에 철수한다면 코리아에서는 의문의 여지없이 내전에 돌입해 서로의 목을 조이게 될 것이다.[8-73]

맥아더의 정보부장 찰스 윌러비Charles Willoughby 장군에 의해 북한침투를 목적으로 하는 기관이 설립됐다. CIA와 육군방첩군CIC은 유엔 규정을 어기면서 서북청년단을 북한에 침투시켰다. 당시 북한주재 소련대사로 있던 테렌티 스티코프Terenti F. Stykov는 남한이 북한의 모든 지역에 체제전복적인 게릴라단을 침투시켰다고 보고했다. [8-74] 밀라드 샤Millard Shaw 미 경찰 자문관은 국경을 넘는 작전은 테러리즘과 비슷하여 북한의 보복 공격을 자아내는 행위라고 말했다. [8-75] 이러한 남한의 대북한공세를 감안한다면 북한이 정당방위로 남한을 공격했다는 주장은 터무니없는 것이 아니었다.

임창영 유엔대사의 솔직한 발언

남침유도설의 배경을 언급하는 사람들 중 하나는 이승만의 비서 출신으로 초대 외무부 장관과 유엔대사를 지낸 임창영Liem Channing 박사가 있다. 그는 다음과 같은 놀라운 주장을 제시했다:

> 워싱턴은 '누가 먼저 총을 쏘았는가?'에 특별한 중요성을 두었다. 존 히커슨John D. Hickerson 미 국무부 유엔 담당 차관보가 상원 소위원회에서 다음과 같은 증언을 했다. 즉, 1950년 미국의 계획은 전쟁이 일어나는 데에 있어 남한이 북한의 침략을 받아야 유엔의 깃발하에 유엔군이 한국전쟁에 참전할 수 있다는 것이다. 그렇기 때문에 북한이 첫 발사를 하거나 최소한 그러한 근거를 가지도록 하는 것이 꼭 필요했다. 그러나 이와는 반대로 1949년 5월에 남한이 먼저 발사를 했다. 따라서 유엔 헌장에 의하면 남한이 침략자이고 남한의 도발을 막고 북한의 보호를 위해 유엔이 개입했어야 했다.[8-76]

임창영 대사의 글은 남침유도설에 힘을 실어주는 세 가지 중요한 사항이 포함되어 있다. 첫째, 북한이 첫 발사를 하거나 최소한 그러한 논쟁을 일으키는 것이 꼭 필요했다는 점. 둘째, 대부분의 국경충돌은 남측이 일으켰다는 사실을 확인하는 발언으로 남한이 먼저 도발해서 북한을 자극했다는 점. 셋째, 그렇다면 유엔은 북한을 보호했어야 한다는 논리인 것이다. 하지만 임창영 유엔대사의 이런 발언은 거의 알려지지 않았다.

전쟁 초대장

한국전쟁의 기원에 대해 아마도 가장 중요한 이슈는 전쟁의 시작이 '우발적인가' 아니면 '의도적인가'일 것이다. 우발적으로 일어났다는 주장은 미군 '정보의 실패'와 판단의 실수를 원인으로 보고 있다. 반면 의도적인 것이라면 전쟁을 일으킨 세력들은 그 범죄를 감추려고 갖은 노력을 다했을 것이고 현재에도 그 노력은 지속되고 있을 것이다. 그렇기 때문에 한국전쟁에 관한 연구는 연막에 싸여 앞과 뒤도 분간하기 어려울 정도로 혼란스럽게 보이는 것이 아닐까?

그러나 세부 사건과 자료들의 점과 점을 이어가면 전체적으로 큰 그림이 나타나게 되는데 이것은 마치 보이지 않는 지휘자에 의한 정밀하고 치밀한 프로그램과 같다는 것을 알 수 있다. 이희진 교수는 이러한 미국의 수법에 대해 설명한다:

> 미국은 (제1차, 제2차 세계대전은 물론 월남전, 걸프전까지도) 먼저 공격을 받았기 때문에 반격한다는 명분을 내세웠음은 잘 알려진 사실이다. 또 이런 수법은 미국이 다른 나라의 문제에 개입하고자 할 때 즐겨 취하는 수법이다. … 이런 전쟁이 벌어지면 당연히 막대한 군비지출도 용인된다.[8-77]

미국의 교묘하고 수상한 남침 초대장을 별로 의심하지 않고 덥석 받아들인 북한에 대해 참으로 애석하다고밖에는 할 말이 없다.

9장

전쟁계획의 치명적인 결함

운동경기에서, 선수가 자세를 낮춰 준비 자세를 취했다고
경주가 시작되는 것은 아니다. 경주는 '출발'이라는 출발 신호와
함께 시작된다. 스탈린이 한 일이 바로 이것이다.

_아담 우람Adam B. Ulam

이제는 바둑 인공지능 프로그램이 최고의 프로들을 쉽게 이길 수 있다.
인공지능의 장점은 각 수마다 그 상황에서 가장 유리한 선택이 무엇인가
를 파악한다는 데 있다. 거기에 반해 인간의 판단은 이전에 선택한 결정을
정당화하려는 약점이 있다. 그래서 한번 잘못된 결정을 이행하면 그 오류
를 수정하기가 쉽지 않다.

북한 수뇌부는 남침 후 불과 3~4일 후부터 이러한 문제에 직면하게 된
다. 평양은 자신들이 예측했던 것과는 전혀 다르게 전쟁이 전개되고 있다
는 사실을 깨닫기 시작한다. 하지만 그들은 전체적인 전략을 수정하지 않
고 무모한 남진을 지속시킨다.

손튼 교수의 놀라운 책
《강대국 국제정치와 한반도Odd Man Out》

인간은 양떼와 같아서 지도자를 따라서 어디든지 간다.

_이오시프 스탈린Joseph Stalin

한국전쟁에 대해 나에게 가장 흥미로운 자료 중 하나는 조지워싱턴대학의 리처드 손튼Richard C. Thornton 교수의 《강대국 국제정치와 한반도Odd Man Out》라는 책이다.

손튼 교수는 그의 책에서 스탈린이 고의적으로 북을 전쟁에 실패하도록 만들었다고 주장한다. 스탈린은 완충지대인 북한이 미국에 점령당한다면 직접적인 위협을 받게 될 중국이 한국전쟁에 개입할 수밖에 없을 것으로 계산했다는 것이다. 이 점은 역사적으로 임진왜란에 명나라가 조선에 군대를 파견한 상황과 흡사하다.

스탈린은 중국이 참전하여 미국과 적대적이 될 것이며, 따라서 중국은 고립될 수밖에 없기 때문에 결과적으로 소련에 종속될 것이라고 보았다. 이렇게 손튼은 한국전쟁이 미국, 소련 그리고 중국 간에 얽힌 삼각관계의 일이라고 보았다.

북한이 전쟁을 성공적으로 이끌기 위해서는 필수적인 공군지원, 대공무기, 해군지원, 근대무기 그리고 도하장비 등을 갖추어야 했지만, 스탈린은 이러한 북한군의 약점을 전혀 보강하지 않았다.[9-1]

무엇보다도 스탈린의 전쟁계획에는 치명적인 결함이 있었다. 북에 남은 소련의 군사 자문들은 2차 세계대전에 참여했던 경험이 풍부한 베테랑들임에도 불구하고 서울만 장악하면 남한이 곧 붕괴될 것이라는 기대와 미국은 전쟁에 개입하지 않는다는 전제하에 개전하게 한 것이다. 또한 그러한 전쟁계획이 빗나갔을 때를 대비한 아무런 준비가 없었다. 이런 것들이 바로 스탈린이 고의적인 실패를 도모한 증거라고 손튼은 말한다.[9-2]

공개된 통신 문건에 의하면 스탈린은 7월 5일부터 마오쩌둥에게 참전할 것을 종용한다. 당시 북한군은 미군을 상대로 한 접전에서 쉽게 이기고 있었다. 손튼은 이것이 스탈린이 북의 단독 전쟁이 실패할 것을 예상하고 있었다는 징후로 본다. 전쟁계획이 빗나가고 있었는데 스탈린은 김일성에게 미국의 후방 공격을 무시하라고 지시한다. 그리고 인천상륙작전이 벌어지자 어떤 도움도 주지 않았다. 대신 마오쩌둥에게 맥아더가 38선을 넘기 전에 참전하도록 재촉한다.[9-3, 9-4]

개전 후 미국의 저의가 양파의 속 껍질같이 하나씩 나타나기 시작한다. 한국전쟁에서 미국의 방위 산업이 원하는 목표는 충분히 전쟁을 오래 끌어 의회에서 국방비를 증가시키는 것이다.[9-5]

미국은 인천상륙작전 후 중국이 참전하기 전에 전쟁을 끝낼 수 있었다. 하지만 짧은 전쟁은 국방비를 증가시킬 만큼 충분한 위협이 되지 않을 것이다. 한마디로 공산주의가 세계적인 위협으로 발돋움하기 위해서는 한국전쟁에서 중국의 개입이 필요했다.[9-6] 한국전쟁으로 소련은 중국을 고립시키고 미국은 글로벌 계획을 충족시키려는 목표가 있었다.[9-7]

김일성과 박헌영이 모스크바에서 스탈린과 남침에 대해 의논을 할 때마다 미국의 개입을 염려했다. 하지만 스탈린의 말대로 도박을 할 만하다고 결심했다.[9-8] 김일성이 보기에 설혹 미국이 개입하더라도 북한군은 남한군과 초기에 투입되는 미군을 합친 것보다 질적으로 우세하기 때문에 미군이 본격적으로 개입하기 전에 승리로 전쟁을 마칠 수 있다고 생각했다.[9-9]

스탈린의 전쟁계획

　스탈린은 5월이 되자 전쟁경험이 많은 고문들을 빼고 새 고문단들을 북한에 파견하여 전쟁계획을 세우도록 했다. 소련의 작전에 의하면 남침 후 4일 안에 서울을 점령하는 것으로 전쟁은 끝이었다. 즉 서울만 점령하면 남한 전체가 수중에 들어온다는 가정하에 전쟁을 시작하도록 한 것이다. 여기에는 서울 점령과 동시에 남한 전체에서 인민 봉기가 일어나 남한 정부가 전복될 것이라는 가정이 핵심이었다. 박헌영은 남침이 시작되면 20만 명의 남로당원들이 일어나서 남한 정부를 붕괴시킬 것이라고 김일성에게 확신을 주었다. [9-10)]

　김일성 대대의 통역관이었고 해방 후 인민군 작전국장 등을 지내다 1959년 숙청 당시 소련으로 간 유성철 장군에 의하면 김일성이 남침을 결심하게 된 큰 요인 중 하나는 박헌영의 민중봉기에 대한 확신이었다. 이후 김일성이 박헌영을 반역자로 지명한 이유 중 하나는 남한에서 민중봉기가 전혀 일어나지 않았던 사실도 있었다. [9-11)] 이러한 점을 감안해 볼 때 북한의 전쟁계획은 처음부터 너무 무모한 도박이었다고 할 수 있다.

　북한군이 직면한 또 하나의 어려움은 전쟁 첫날에 소련의 고문들이 철수해 버린 것이었다. 이로써 소련 고문들이 서로 유지하고 있었던 부대끼리의 교류가 단절되고 말았다. 파죽지세로 내려온 북한군은 서울을 쉽게 함락했지만 그다음이 문제였다. 평양은 더 이상 남쪽으로 진격하는 것을 주저했다. [9-12)] 7월 1일 스탈린은 김일성에게 계속 남쪽으로 밀고 나갈 것인지를 묻는다. 스탈린은 탄약과 장비를 보내줄 것을 약속하며 계속 남으로 진격하라고 재촉한다. [9-13)]

　북한군 수뇌부는 미군이 개입하면 전쟁이 어려워진다는 것을 언급하면서 김일성에게 소련의 입장을 묻도록 요청한다. [9-14)] 공개된 통신 기록들이 보여주는 것은 북한군 수뇌부는 미군이 참전하는 것을 염려하여 남으로의 진격을 주저하는 데 반해, 스탈린은 진격을 재촉했다는 것이다. 서울에서 며칠을 주저하던 김일성과 북한군 수뇌부는 결국 남쪽으로 계속 진격하기로 결정한다.[9-15)

그런데 만약 북의 수뇌부가 스탈린의 전쟁계획이 잘못되었다는 것을 깨달아서 소련의 작전에 의지하는 대신 상황을 파악하여 스스로가 판단을 내렸다면 어땠을까? 특히 북한군이 더 이상 진격을 하지 않았다면 어떤 결과가 생겼을까? 최소한 한국전쟁이 그토록 오랜 기간 치열하게 전개되지는 않았을 것이다. 그리고 수백만 명의 인명피해도 없었을 것이다. 스탈린 전쟁계획의 실패가 드러났음에도 불구하고 김일성의 스탈린에 대한 깊은 의존은 변하지 않는다. 1950년 7월 8일 김일성은 스탈린에게 25~35명의 소련 고문을 보내달라고 요청했다.[9-16) 하지만 스탈린은 이 요청에 답변조차 없었다.

소련 고문단

소련군이 북한에서 철수하고 난 뒤 잔류한 군사고문단은 1949년 2월 24일 당시 236명, 1950년 3월 1일은 148명이었다. 이들은 연대급 이상의 부대에 배치되었고, 일부는 소련군 교육 프로그램에 따라 북한군 지휘관 양성을 담당했다. 그리고 이들 외에 1949년 2월 19일 당시 북한에는 소련군 전문 인력 4,293명이 잔류했는데, 이들은 항만·항공·통신소·병원·신문·학교 등에서 일했다.[9-17) 이 중 4,020명은 군인이고, 나머지 273명은 군무원이었다.[9-18)

연합군 측 포로가 된 북한군 소령에게 수집한 자료에 의하면, 남침 바로 전에 러시아로부터 수많은 고문들이 들어왔다. 군 작전에 관한 모든 명령은 이 고문단들로부터 나왔다. 다수의 고문들이 전방본부에 배치되었고 이들은 민간복장을 하고 있었다. 그들을 부를 때 계급에 따른 칭호는 금지되었으며 신문 기자로 소개되었다. 이 고문들은 완전한 권한을 가졌다. 알렉산드르 바실리예프Alexandre Ph. Vasiliev 장군과 돌진Dolgin 대령이 북한군의 모든 움직임에 대한 권한을 가지고 있었다. 또한 북한군 포로들에 의하면 바실리예프 중장이 남침의 명령을 내리는 것을 들었다고 증언했다.[9-19]

고문들이 장악하는 시스템은 모든 중요한 정책과 작전이행을 확실하게 러시아인들이 주도하도록 만들었다. 이렇듯 소련 고문단이 북한군의 모든 면모를 장악하고 통제했듯이 미군 고문단 역시 남한의 군대를 완전히 통제했다.

계획의 결함

서울을 점령했는데도, 남한 정부는 붕괴되지 않았고 미국은 곧바로 개입을 시작했다. 미군이 참전하자 인민군이 짧은 시일 안에 승리할 가능성은 희박해졌다. 전쟁은 처음 계획대로 전개되지 않았고 서울 점령 후 며칠이 지체되면서 소중한 시간을 잃고 있었다. 이러한 상황에서 인민군은 한강을 방위선으로 하여 서울을 수호하는 작전을 취하는 것이 더 현명했을 것이다. 하지만 인민군은 스탈린의 재촉을 받아 한강을 건너 무모한 진격을 시작한다.[9-20]

유성철 장군은 인민군의 한강 이남 진격은 장난감의 태엽을 감아서 앞으로 진격하도록 하는 정도였다고 비유한다.[9-21] 인민군의 탱크는 7월 3일이 되어서야 한강을 건넜다. 김일성이 스탈린에게 특히 불만을 느꼈던 것은 소련이 강을 건너는 장비를 처음부터 제공하지 않았던 점이다. 때문에 인민군은 한강과 낙동강을 건너는 데 큰 어려움을 겪었다.[9-22]

　미국이 군대와 장비를 한반도의 항구로 투입하기 전에, 북한군 측은 부산항을 우선 장악했어야 하는 시간적으로 급박한 상황이었음에도 북한군의 속도는 무척 느렸다. 북한군은 서울에서 부산을 잇는 도로를 통해 모든 병력을 빠르게 진군시켜 미군의 한반도 투입을 방지했어야 했던 것이다.[9-23] 만약 북한군이 서울에서 머뭇거리지 않고 그대로 진격했더라면 7월 8일까지 포항을 함락할 수 있었다고 보인다.[9-24] 그러면 부산을 함락할 수 있는 위치를 확보하게 되는 것이었다. 그러나 사실 이러한 실패는 북한군의 실수나 미군의 폭격으로 지연되어서가 아닌 소련의 전쟁 프로그램에 의한 것이다.[9-25]

　스탈린은 고문을 통해 전쟁계획을 직접 지시하고 서울을 점령하고, 무기와 보급품을 제공하고, 지휘관들을 선정하고 군 간부들을 훈련시키는 일뿐 아니라 전쟁 날짜까지 결정했다.[9-26] 전쟁 개시일이 6월 25일로 정해진 것도 히틀러가 러시아를 6월 22일 일요일에 기습한 것을 참고한 것이다.[9-27]

　북한은 단 며칠 만에 끝날 것으로 보고 전쟁을 시작했기 때문에 그 이외의 경우를 대비하지 않았다. 평양은 서울만 점령하면 이승만 정부가 붕괴되리라고 예상했지만 현실은 전혀 그렇지 않았다. 게다가 미 공군의 폭격으로 북한군은 심한 피해를 보기 시작했다.[9-28] 예상과 달리 미군은 곧바로 개입했다. 북한군에게 있어 가장 중요한 전략은 미군의 본격적인 주력군이 부산에 상륙하기 전 부산항을 점령하는 일이었다. 이 목표의 성공 여부는 3주 안에 달려있었다. 앞서 언급한 대로 이렇게 시간적으로 매우 급박한 상황에서 스탈린은 북의 4사단과 6사단을 부산으로 진격하는 주력부대에서 빼버린 것이다. 이것은 미군에게 교두보를 제공한 것이나 다름없는 일이었다. 만약에 4사단과 6사단이 힘을 합쳐 부산으로 진격하는 데 집중했다면 부산을 점령함과 동시에 한반도 전체를 접수했을 것이다.[9-29]

또 하나의 심각한 문제는 물자지원이었다. 북한군이 남하하여 부산 방위선에 도달했을 때는 식량, 연료, 탄약, 무기 등이 거의 고갈 상태에 있었다. 8월 5일이 되자 북한군이 가져온 40대의 탱크만이 전선에 남겨졌을 뿐이었다.[9-30]

스탈린이 보낸 소련의 신임 고문들은 서둘러 전쟁계획을 세워나가면서 북한군 수뇌부와 제대로 상의하지 않았다. 또한 작전에 있어 한반도 지형을 고려하지 않았기 때문에 많은 오류가 있었다.[9-31] 스탈린이 이렇게 전쟁을 서두르게 된 이유는 마오쩌둥과의 경쟁 때문이었다. 그 당시 마오쩌둥은 대만을 침략하려고 준비 중에 있었다.[9-32] 만약 마오쩌둥과 대만 사이에 전쟁이 먼저 일어난다면 마오쩌둥은 한국전쟁에 참전하지 못했을 것이다. 이를 알고 있던 스탈린은 북한의 남침을 서두르고 서울 점령 후 진군을 계속하게 함으로 마오쩌둥을 한반도 전쟁에 끌어들이려 했던 것이다.[9-33]

한국전쟁의 가장 중요하고 특이한 점은 어느 쪽도 완전히 이기지 않도록 함으로 분단이 유지되도록 '세심하게 디자인'되었다는 것이다.[9-34] 이런 관점에서 본다면 한국전쟁의 많은 수수께끼가 풀릴 것이다.

북한군의 실질적인 군사력

한편 북한군의 화력·병력·준비상태가 전쟁에서 압도할 만큼 강력했는지는 의문이다. 미군의 공습과 한미 양군의 반격이 격화되면서, 1950년 7월 말 북한 인민군의 손실은 58,000명에 달했고, 8월 5일경 군 총 병력 수는 69,100명에 불과했다. 인민군의 장비도 3분의 1 이하로 감소했다.[9-35]

인민군 2군단의 작전참모였으며 춘천 전투 패배 후 귀순하여 거제도 포로수용소에 수용된 이학구에 따르면, 안동전선에 배치된 13사단의 80%가 남한에서 모집한 병력일 정도로 인민군의 상황은 심각했다.[9-36] 정예병력은 절반 이상이 전사하거나 부상당했고, 예비병력은 충분히 준비되어 있지 않았다. 개전 후 이남에서 강제적 혹은 비강제적으로 '의용군'들을 모집해 병력 수를 충원했지만, 이들은 훈련도 제대로 받지 못한 오합지졸이었다. 이는 개전 초기 북한의 병력·화력 준비가 한국군보다 우월하고 상당 부분 압도적이긴 했지만, 공격자가 승리를 담보하기 위해 갖추어야 할 수준에는 훨씬 미치지 못했음을 보여주는 것이다.[9-37]

북한군의 보급실태는 믿기 어려울 정도였는데, 서울을 공격한 3사단의 경우 자주포·포병의 포탄이 떨어져 공격을 중단해야 했다. 북한군에게 병참보급의 부족, 미군의 공습, 도하장비의 부족 등이 가장 큰 문제였다. 2사단 자동포(싸마호트) 대대가 작성한 문서들은 이러한 정황을 잘 보여준다:

1950. 7. 24.
하서리에서. 각 자동포마다 탄환 5, 6발씩 남아있을 때 불행하게도 적 비행기 불의의 습격으로 자동포 2대는 소각당하고 1대는 기관포 사격에 의하여 보좌기가 고장

1950. 9. 3.
어유리에서. 자동포를 무사히 도하하여 행군하던 중 1중대 2싸마호트는 도하지점에서 약 1km 행군하고 휘발유 없어 정지하였다. 전리품(미군땅크)에서 휘발유 받아 보충하여 가지고 은엄폐시켰다. 각자동포에는 평균 휘발유 60L씩밖에 없습니다(부족 수는 350L가 부족). 부대장 동지가 사단 지휘처에 가서 휘발유 2도라무를 가져다 보충하였습니다. 아직 다 보충하려면 10도

라무가 부족합니다.

1950. 9. 9.
성산리에서. 각 자동포에 휘발유 없이 진공이 곤란한 점도 있습니다. 군게
장과 기술부 대대장은 사단 후방부에부터서 휘발유 오기만 기다리고 있으
며 금일에 사단 후방부 운수기재에 조금씩 있는 휘발유를 전부 빼서 1도라
무를 만들어서 자동포에 조금씩 보충하였음. 자동포에 포탄도 없어 곤란한
상태에 있으며 금일 아침 포탄 없어 보충하지 못해 전방에 빠진 차에서 보
충하였음. 포탄도 없이 사단 후방부로부터 공급받기 위하여 포탄공급장 동
무는 사단 후방부에 가서 포탄 오기만 기다리고 있습니다.[9-38]

북한군 7만 명이 낙동강 교두보에 도달했을 때 한국군과 미군은 14만
명에 달했다.[9-39] 미비한 북한군 병력과는 대조적으로 미군은 뛰어난 화력
을 바탕으로 신속하고 강력하게 반격했다. 미국은 북한의 예상과는 달리
항공지원과 지상군 급파를 결정했다. 특히 미 공군의 폭격은 북한군의 병
력과 무기, 보급을 파괴해서 북한군의 진격을 어렵게 만들었다.[9-40]

김일성 등 북한 지도부는 일본에 주둔하고 있던 미 육군 4개 사단이 한
반도에 전개되더라도 승리를 자신했고, 미 본토의 대병력이 본격적으로
도착하는 데 소요되는 한 달이라는 기간 안에 완전한 승리를 확신했다. 그
렇지만 이들의 작전계획에는 미 공군의 개입과 그 파괴력은 고려되지 않
았다.

10장

휴전협상의 지연

미국 역사상 어느 때보다 악마는 친근한 얼굴을 가지고 있다.

_버트램 그로스Bertram Gross

한국전쟁에 대한 휴전협상의 장기화는 무엇보다도 많은 사람들을 실망과 분노에 빠지도록 했다. 양측은 휴전협상을 위해 2년간 무려 575번을 만났다. 왜 이렇게 휴전이 어려웠을까? 독자들은 전쟁이란 너무나 참혹하기때문에 전쟁에 참여하는 모두가 빨리 종료되기를 바랄 것이라고 생각할 것이다. 그렇기 때문에 고의적으로 휴전을 방해하며 전쟁이 지속되기를 원하는 세력이 있다고 주장하면 그것은 음모론이며 말도 안 된다고 생각할 것이다. 하지만 전쟁으로 이윤을 추구하는 세력이 있고 전쟁이 지속될수록 부와 권력을 얻을 수 있다면 그들은 당연히 전쟁이 지속되기를 원할것이다. 한국전쟁이 바로 그런 경우다.

그런데 휴전협상을 거부하는 측은 수많은 사상자와 비용에 대한 책임을떠안게 되고 국제적인 비난도 감수해야 한다. 그러한 책임을 피하면서 협상이 이루어지지 않게 하는 방법 중 하나는 협상 상대방이 받아들일 수 없는 요구를 지속적으로 하는 것이다.

1차 대전의 고의적인 지연

시그프리드 서순Siegfried Sassoon 대위는 1차 대전에 참전하여 영국군의 3번째로 높은 훈장을 수여 받았다. 그런데 그는 상관에게 다음의 공개편지를 1917년 7월 6일 보낸다:

> 나는 전쟁을 끝낼 수 있는 권력을 가진 사람들이 의도적으로 전쟁을 연장하고 있다고 믿는다. … 나는 군사적 권위에 대한 의도적인 반항을 하는 것이다. 나는 병사들의 고통을 목격했고 경험했다. 나는 더 이상 악하고 불의한 목적을 위해 사람들의 고통을 연장시키고 정당화하는 행위에 참여할 수 없다.[10-1)

1차 세계대전은 4년간 지속되었고 850만 명의 군인과 1,300만 명의 민간인이 사망했다. 1919년 6월 28일 휴전협정은 모든 전쟁에 대한 책임은 독일에 돌려지고 승전국들의 엄청난 요구들은 정당화되는 내용으로 서명됐다. 독일은 엄청난 경제 제재와 현물배상에 대한 반감을 갖게 되었고, 이것은 이후 나치가 권력을 잡는 주된 요인이 된다.

《숨겨진 역사: 1차 대전 기원의 비밀Hidden History: The Secret Origins of the First World War》과 《고통을 연장시키기Prolonging the Agony》라는 두 권의 책은 게리 도허티Gerry Docherty와 짐 맥그리거Jim Macgregor가 10년의 연구 끝에 1차 대전의 기원에 관한 교과서적 설명이 조작된 거짓말임을 밝힌 책이다.

이 책의 저자들은 1차 세계대전의 기원은 베를린이 아닌 장기적인 대외

정책을 가진 영국의 비밀 엘리트 그룹이라고 말한다. 이 책에 의하면 전쟁 기간 동안 영국은 독일이 석유에너지를 확보할 수 없도록 봉쇄할 수 있었음에도 고의적으로 독일 항구를 열어주었다. 전쟁 기간 동안 거의 모든 화물선들이 중립국인 스칸디나비아에서 독일로 들어갈 수 있었다. [10-2] 1차 대전 당시 전문가들은 그러한 이상한 정책이 전쟁을 지연시킨 원인이라고 비판했다. 전쟁이 종료되기 전까지 100만 톤의 석유가 루마니아의 플로이에슈티Ploiesti 유전에서 독일과 동맹국들에 보내졌다. [10-3] 이로 인해 석유 회사는 엄청난 부를 축적했는데, 1914~1919년 앵글로 페르시아 석유 회사Anglo-Persian의 자산이 18배 증가했다. [10-4] 런던의 금융가들과 연결된 비밀 엘리트 그룹은 한쪽에서는 석유를 팔고 다른 쪽에서는 그 석유를 사용하는 적과 싸우도록 자국의 젊은이들을 전쟁터로 내보내고 있었던 것이다.

미소는 휴전협상을 서두르지 않았다

판문점 협상은 전쟁 발발 약 1년 후인 1951년 7월 10일 시작되었다. 1951년 11월 12일 《뉴욕타임스The New York Times》의 조지 베럿George Barrett 기자가 쓴 기사에는 다음 뜻밖의 사항이 언급된다:

> 공산주의자들이 중요한 양보를 할 때마다 유엔은 계속해서 새로운 요구를 한다. … UN 협상팀은 공산주의자들이 요구를 들어줄 때마다 다시 입장을 바꾼다는 인상을 주었다. [10-5]

또 한 가지 기억할 점은 협상팀은 이름만 유엔이었다는 사실이다. 협상팀에 참여한 사람들은 모두 미국 장성들이었고 그들은 한국전쟁의 UN군사령관 매슈 리지웨이Matthew B. Ridgway 장군에게 지시를 받았고 리지웨이는 워싱턴의 지시를 따랐다. 남측에서는 백선엽 장군이 참관인으로 회담에 참가해서 한마디도 하지 않았다. 영국 대표가 참여하기를 원했지만 거절당했다. 10-6)

거기에 반해 공산 측 대표단은 9명의 북한군 장군들과 5명의 중공군 장군들로 구성되었다. 북측 대표인 남일 중장은 1951년 7월 10일 회담이 시작된 이래 수석대표를 맡아 협상이 끝날 때까지 그 직위를 유지했다. 중요한 협상에는 한국전쟁에 참여한 유엔 16개국의 형식상의 동의가 있어야 했지만, 미국이 거의 단독으로 결정을 했다. 심지어는 협상에 대해 연합국에 알리기 전에 《뉴욕타임스The New York Times》가 보도하기도 했다. 10-7)

미국은 한국전쟁에 대한 정보를 철저하게 검열하고 있었기 때문에 협상에 대한 오보가 종종 있었다. 그렇기 때문에 유엔 측의 기자들은 정확한 정보를 얻기 위해 북한 측에서 취재를 하는 월프레드 버쳇Wilfred Burchett 기자와 앨런 위닝턴Alan Winnington 기자에게 물어봤다. 10-8) 캐나다 외교관으로 협상에 참석한 체스터 로닝Chester Ronning의 발언은 휴전협상의 모순된 상황을 잘 요약한다:

나는 평화협상에 참여하기 위해 온 것으로 알았는데, 그 대신 협상이 이루어지는 것을 막는 데 완전히 중점을 두고 있었다. 10-9)

전쟁은 훨씬 더 일찍 끝날 수도 있었지만, 휴전협정은 길어지기만 했다. 10-10)

받아들일 수 없는 요구

유엔 측(미국)은 자신들이 제공권과 해상권을 장악하고 있으니 북조선 측이 현재의 전선보다 북쪽으로 50㎞를 더 물러나 더 많은 영토를 양보해야 한다고 주장했다. [10-11]

절충해야 할 것을 감안해서 무리해 보이는 제안으로 시작하는 것은 고전적인 협상법이다. 하지만 협상하기 위해서 상대편에게 신뢰가 가는 제안을 해야 하는 것도 당연하다. 자기네가 제공권과 해상권을 장악하고 있으니 상대에게 더 많은 영토를 내놓으라는 요구는 전쟁 상대자에게 항복을 요구하는 것이나 다름없다.

그러한 요구에 북측의 남일 장군은 "당신의 전선은 제공권, 해상권, 지상권의 모아진 군사적 능력의 표출입니다. 당신들의 요구는 '단순하고 비논리적Naive and illogical'이며 '관심 가질 가치가 없습니다Not worthy of attention'."라고 반박했다. [10-12] 유엔 대표인 터너 조이C. Turner Joy 중장은 8월 3일까지 그러한 요구를 14번 반복했다. 그로부터 8일 후 다시 만났을 때 양측은 무려 2시간 11분 동안 침울한 침묵을 지켰다. [10-13]

처음부터 휴전협상이 결렬되어 전쟁이 오랫동안 지속되는 것이 미국 측의 목표였다면 폭격을 지속적으로 받는 북한 측은 무척 어려운 상황에 놓일 수밖에 없었다. 하지만 리지웨이의 터무니없는 요구가 북한에 파견된 서방 기자인 윌프레드 버쳇Wilfred Burchett과 앨런 위닝턴Alan Winnington에 의하여 알려지자, 리지웨이는 미국 측의 요구를 포기했다. [10-14]

노스 코리아 편에서 취재한 두 기자

북한 측에서 취재한 기자들은 윌프레드 버쳇Wilfred Burchett과 앨런 위닝턴Alan Winnington이었다. 버쳇의 역할은 중국과 북한 측이 임하는 휴전협상에 대한 기사를 쓰는 것이었다. 이들은 한국에 약 3주간 머무를 것이라고 통보받았기 때문에 한 벌의 옷, 카메라 그리고 타자기가 들어있는 작은 가방 하나만을 들고 개성으로 향했다. 그들은 결코 북한에서 그때부터 2년 이상을 지체하게 되리라고는 상상하지 못했다.[10-15]

그림 10-2) 베트남전을 취재하는 윌프레드 버쳇 기자(호주, 1911~1983) (출처: themonthly)

버쳇 기자는 1951년 7월 27일 시작된 휴전선을 정하는 협상은 미국이 저지른 "역사상 가장 큰 사기 중의 하나One of the great hoaxes of history"라고 말했다.[10-16] 첫 회담에서 북한 측 대표인 남일은 38선을 휴전선으로 정하자고 제안한다. 그 당시 전선은 유엔군은 38선에서 약 7,498㎢를 들어와 있었고 공산 측은 약 5,879㎢를 들어와 있었다. 즉 원래의 38선으로부터 양측이 장악하고 있는 면적은 약간의 차이가 있었다. 하지만 유엔군 대표인 조이 중장은 북측의 38선 제안을 거절한다. 현재의 전선을 휴전선으로 정하자고 주장하는 것뿐 아니라 공산 측이 평균 32마일 뒤로 선을 그으라고 요구

그림 10-3) 앨런 위닝턴 기자(영국, 1910~1983) (출처: Tinyleninpictur)

한다. 이 뜻은 그때의 전선에서 24,345㎢를 유엔 측이 더 차지하게 되는 것이다. [10-17] 이러한 무리한 요구가 세상에 알려지면 곤란하다는 것을 알고 있는 조이 제독은 기자회견에서 공산 측이 38선을 휴전선으로 정하는 것을 반대했다고 언급했다. [10-18] 그리고 유엔 측의 32마일 뒤로 선을 긋자는 황당한 제안은 전혀 보도되지 않았다.

그렇지만 얼마 후 기자 텐트에 걸려있는 지도에 유엔이 제안했다는 휴전선 표시는 거짓임이 드러났다. 8월 12일 남일 장군이 협상 회의실에 현재의 전선과 유엔이 주장하는 휴전선을 보여주는 지도를 벽에 붙이고 "이 선이 당신들 유엔이 원하는 휴전선인가."라고 물었다. 그러자 조이 유엔 대표는 "맞다."라고 말하면서 그것은 유엔 측이 제공권과 제해권을 장악하고 있는 것을 감안해서 그어진 선이라고 합리화했다. [10-19] 이러한 유엔 측의 억지는 점차 알려지기 시작했다. 8월 2일, 로이터 통신은 다음과 같은 기사를 실었다:

> 공산 측에서 취재활동을 하는 기자들은 유엔이 발표한 것과는 다른 휴전선 협상안을 요구하고 있다고 보도했다. 기자들은 유엔이 전선의 북쪽으로 물러나 휴전선을 그을 것을 요구했다고 보도했다.

유엔 상황보고 장교 윌리엄 누콜스William P. Nuckols 준장은 이러한 두 기자들의 보도를 곧바로 부정했다. [10-20] 그러나 유엔이 일방적으로 제공하는 정보를 기자들이 그대로 보도한 기사는 거짓, 반쪽 진실, 심각한 왜곡 등을 섞은 것이었다. [10-21] 1952년 봄 UP의 로버트 밀러Robert C. Miller 기자는 한국전쟁에 대한 언론보도는 비판을 받아 마땅하다며 다음과 같이 말했다:

> 우리(기자들)는 지난 16개월 동안 한국에 대한 올바른 정보를 받지 못했고,

군대의 검열에 큰 변화가 있지 않은 한 앞으로도 이런 전쟁 보도행태는 나아지지 않을 것이다.

밀러는 한국전쟁에 대한 어떤 기사들은 편집장과 발행사가 완전히 조작한 것이라고 말했다. 그는 그가 쓰는 기사들이 진실이 아닌 것을 알고 있었지만 중앙군부에서 발표했기 때문에 어쩔 수 없이 써야 했다고 토로하기도 했다. [10-22]

한국전쟁에서 언론의 검열은 무척 심했는데, 휴전협상은 특히 가장 극심했다. 취재 기자들은 협상 대표들과 대화하는 것이 금지됐고, 협상회담에 참가하지도 않은 육군 장교가 협상 몇 시간 후에 기자 브리핑을 했다. 기자들은 협상에 관한 서류를 직접 검토할 수 없었고 군 홍보 담당 장교의 발표가 전부였다. [10-23]

유엔군 측의 기자들과는 달리, 공산 측에 파견된 버쳇과 위닝턴은 북한군과 중국군의 모든 서류, 지도, 협상에 대한 보고서 등을 모두 직접 검토할 수 있었다. 유엔 측 기자들이 이 두 기자들로부터 정보를 얻을 수 있는 것은 유엔 브리핑 장교들은 무척 짜증 나게 했다. 결국 리지웨이 장군은 유엔 측의 기자와 공산 측의 기자가 만나는 것을 금지한다고 발표했다. 하지만 기자들은 리지웨이 장군의 금지 규칙을 무시했을 뿐 아니라, 오히려 버쳇과 위닝턴을 무시했던 기자들까지 두 사람을 반갑게 대했다. [10-24]

1951년 10월 공산 측이 38선을 휴전선으로 하자는 요구를 접고 현재의 전선을 받아들이기로 하자 마침내 휴전선에 관한 합의가 이루어지는 듯 보였다.

이제는 포로송환 문제

어쨌거나 1951년 11월 27일 제28차 회의에서 잠정적 군사분계선에 대한 양측 합의가 이루어졌다. 하지만 또 다른 문제인 포로송환은 정전협정 체결의 길을 막았다. 이를 두고 딘 애치슨Dean G. Acheson은 '전혀 예상하지 못했던 장애물A wholly unexpected obstacle'이라고 표현했다. 10-25) 전쟁을 추구하는 세력은 종종 그들의 역할을 감추기 위해 "예상하지 못했다."라는 변명을 한다. 워싱턴이 북한의 남침을 전혀 예상하지 못했다는 주장처럼 말이다.

트루먼은 도덕적이고 인도적인 원칙을 내세워 북과 중국이 주장하는 전쟁포로들의 무조건 송환은 있을 수 없다고 주장했다. 자국으로 강제소환된 포로들은 비참한 탄압을 받을 수 있으므로 미국과 국제연합에 영원한 불명예가 될 것이라는 이유에서였다. 10-26) 트루먼은 1952년 5월 7일 "우리는 인간(포로들)을 죽음이나 노예로 넘기면서까지 정전을 사지는 않겠다."라는 성명을 발표했다. 10-27) 그렇지만 인간을 죽음에 넘기지 않겠다는 명분으로 협정이 지연되는 순간에도 미군은 엄청난 폭격으로 수많은 민간인을 살해하고 있었다.

"송환되겠다는 의사를 밝힌 포로는 기절할 때까지 두들겨 맞거나 살해당했다"

한국전쟁에서 거제도 포로수용소는 이념전쟁의 가장 큰 상징 중 하나로 알려져 있다. 그곳은 수많은 반공포로들이 송환을 거부함으로 공산주의의 잔혹함을 세상에 알리는 효과적인 선전 장소가 되었다. 1952년 1월부터 시작된 포로교환 협상은 1년 반을 끌었다. 거제도 포로수용소의 진실은 한국전쟁에 대한 거의 모든 설명과 마찬가지로 우리가 역사책에서 배웠던 내용과는 완전히 다르다.

제네바 협상의 118항에는 모든 포로는 전쟁 종료 후 모국으로 돌려보내야 한다고 명시돼 있다. 하지만 한국전쟁에서는 이념분쟁이 원인이 된 특수한 상황이기 때문에 제네바 협상의 조항은 해당되지 않는다고 번복되었다.

4월 초, 미국은 116,000명의 포로가 송환될 것으로 잠정 발표했는데 그 숫자는 그다지 많지 않은 수의 포로들이 송환을 거부한다는 의미였다.[10-28] 공산 측은 송환 포로들의 숫자를 받아들였다. 그런데 2주 후 미국 측은 그보다 현저히 적은 숫자인 70,000명의 송환 포로를 제시했다.[10-28] 북한과 중국은 이 숫자를 믿을 수 없었다. 버쳇과 위닝턴의 기록에 의하면 감소된 송환자 숫자는 포로수용소의 폭력적인 강요에 의해 이루어진 것이다.

장제스와 이승만이 보낸 '게슈타포'들이 포로로 가장해서 포로들 사이를 감시했다.[10-29] 이들의 임무는 어떤 포로가 송환되기 원하는가를 파악한 뒤 무슨 방법을 사용해서라도 단념하도록 설득하는 것이었다. 포로들에게 많이 사용된 방법은 식량 조달 중단, 위협, 폭행, 살인 등이었고, 질문을 받았을 때 포로들이 해야 할 답변은 "대만, 대만, 대만"이라는 중얼거림이었다.[10-30]

판문점 정전협정 위원장으로서 터너 조이C. Turner Joy 제독은 자신의 일기에 이런 상황을 기록했다:

> 송환되겠다는 의사를 밝힌 포로는 기절할 때까지 두들겨 맞거나 살해당했다. 대부분의 포로들은 원하는 선택을 말하기를 두려워했고 질문에 '대만'이라는 말을 반복했다.[10-31]

물론 조이 제독의 공식발언은 이와는 완전히 달랐다.

거제도의 중국인 포로수용소는 경찰국가 같은 상태가 유지되고 있었다.[10-32] 포로들을 조사하기 전부터 조사 과정에 이르기까지 위협, 매질 그러다 살해당하는 일들이 빈번했다.[10-33]

5월에는 폭행과 살해 위협을 받던 포로들이 마침내 격분하여 폭동이 일어나 프란시스 도드Francis T. Dodd 수용소 소장을 인질로 납치하는 사건까지 벌어졌다. 폭동의 진상을 조사하기 위해 파견된 찰스 콜슨Charles F. Colson 준장은 공산 측 포로들과 합의를 하게 된다. 합의 내용은 수많은 포로들이 송환 여부의 선택 과정에서 상해나 살해를 당했다는 것을 인정하는 것이었다.[10-34] 그것은 포로의 송환 선택이 자유로운 결정이 아니었다는 뜻을 가진다.[10-35] 도드Dodd) 소장은 결국 78시간 만에 석방되었지만 합의를 한 콜슨 준장과 함께 두 사람은 대령으로 강등됐다.

미군과 남한 정권은 휴전협상을 방해해서 전쟁을 질질 끌게 만들었다.[10-36] 이 방법은 이후에도 여전히 사용되고 있다. '평화를 피하려고 가능한 모든 것을 하고' 있는 것이다.[10-37]

인권 때문에 휴전협상을 거절하지만 대학살은 지속시킨다

앞서 언급했듯이 트루먼 대통령은 인권의 원칙을 강조하면서 포로가 송환되는 것을 거절했다.[10-38] 하지만 포로수용소에서 인권이란 찾아볼 수 없었다.[10-39] 2차 대전 당시 독일의 집단수용소만 끔찍한 것은 아니었다. 거제도 포로수용소는 수용 능력의 5배를 초과했고, 경비원들은 하찮은 이유로 포로들을 사살했다. 포로들은 폐렴, 이질, 결핵 같은 각종 질병으로

1951년 12월까지 6,000여 명이 사망했다. [10-40)

　한국전쟁에서 미군 사상자는 142,091명이었고 사망자는 33,629명이었다. 그런데 사상자의 45%가 휴전협정이 지연되는 동안에 발생했다. 휴전이 지연되는 매달 4,666명의 미군 사상자가 일어나고 있었다. [10-41)

　무엇보다 미국 측은 소위 '인간의 존엄과 가치'를 강조했지만 무차별 폭격으로 수많은 민간인을 학살했다. [10-42) 미군은 1953년 7월 27일에 정전협정이 발효되기 30분 전까지 민간인 지역에 마지막 공중폭격을 퍼부었다. [10-43) 트루먼 정부는 휴전협상 과정에서 자신들의 윤리적 우위성을 앞세웠지만 사실은 윤리적으로 심각하게 결핍된 '민간인 공격'을 자행하고 있었던 것이다.

독일에 있던 소련 포로송환의 비극

　한국의 휴전협정과는 대조적인 2차 대전 종결 후 독일에서 포로송환 문제에 대해 무슨 일이 있었는지를 알 필요가 있다. 최소한 2백만 명의 소련군 포로들이 소련으로 송환되기를 거부했지만, 이들은 유개차Boxcar에 실려 형벌이 기다리는 스탈린의 소련으로 보내졌다. 이들은 공산국가를 탈출해 나왔거나 볼셰비키에 반대하여 독일 편에서 싸우다 연합군의 포로가 된 러시아 사람들이었다. 이들에게는 사형이나 굴라크라는 노동 수용소의 형벌이 기다리고 있었다. 강제송환을 앞두고 많은 포로들은 자살을 선택했다. 이런 비인도적 포로 처리 문제는 은폐되었지만, 소련 포로들을 강제송환한 일을 조사한 줄리어스 엡스타인Julius Epstein 기자의 책《킬 하울 작전Operation Keelhaul》으로 세상에 알려졌다. [10-44)

　어느 기준에 따라 종전 후 유럽에서는 한국전쟁과는 완전히 다른 결정을 했을까? 미국의 이중성이 여기서도 나타난다. 여하튼《킬 하울 작전 Operation Keelhaul》역시 제압받은 책으로 '금지된 책들Forbidden Bookshelf'로 재출간 되었다.

왜 포로송환을 막으려고 했을까?

> 우리가 살고 있는 세계가 우호적인가 적대적인가에 대한
> 판단이 가장 중요한 결정이다.
>
> _알베르트 아인슈타인Albert Einstein

1945년 10월 해군으로 한국에 파견되었던 휴 딘Hugh Deane은 왜 트루먼 정부가 포로들을 상대로 그렇게 야비한 방법을 사용했는가를《한국전쟁, 1945-1953The Korean War 1945-1953》에서 답하고 있다. 그것은 수많은 포로가 자국으로 되돌아갈 것을 거부하게 만들어 공산국가의 악독함을 선전하려는 것이다. 10-45)

하지만 여기에는 더 중요한 이유가 있었다. 워싱턴은 전쟁을 지연시키기 위해 공산 측이 받아들일 수 없는 요구를 한 것이다. 미국이 한편으로는 인도적 원칙을 강조하면서 휴전협상이 진전되지 않게 한다면 교착상태에 빠지게 만들었다는 책임을 면할 수 있다는 계산도 있었을 것이다. 사실 그 당시 미국의 여론은 휴전협상에서 타협하지 않겠다는 트루먼 정부의 입장을 지지했다. 11-46) 그러나 무차별 폭격에 인한 민간인들의 엄청난 희생은 전혀 보도되지 않았을뿐더러 폭격은 인도적 원칙의 고려 대상도 아니었다.

미국의 전쟁 지연에 대한 궁극적인 목표는 아마도 국가안전보장회의 기

밀 문건 NSC-68의 채택이었을 것이다. 포로송환의 갈등으로 교착상태가 지속되면서 국민들이 공산주의의 위협을 실감하게 된다면 미국사회가 높은 국방비를 수용할 것이라는 계산이었으며, 이로써 미국은 영구 전쟁국가로 변모할 수 있는 것이다.

11장

김일성은 어떻게
북조선의 지도자가 되었나?

북한이 전쟁을 계획하고 실행에 옮기는 과정에서 소련이 압도적인 영향을 미쳤다는 것은 분명한 사실이다. 하지만 북한의 지도부가 중추적인 역할을 했고, 특히 북의 최고지도자 김일성은 가장 핵심적인 인물이다. 전쟁의 탄생에 있어 남한의 이승만과 친일파들의 역할이 주로 북을 자극하여 남침을 유도하는 역할을 맡았다면 김일성은 전쟁을 시작한 장본인이다. 따라서 한국전쟁에 대한 김일성의 의지와 확신은 필수 불가결한 요소가 될 것이다.

김일성은 어떠한 과정으로 북한의 지도자가 되었을까? 김일성이 지도자가 된 과정에 대한 가장 중대한 질문 중 하나는 김일성이 북한 지도 집단의 자발적인 협의로 선택되었는가, 아니면 소련이 단독적으로 김일성을 발탁해서 지도자로 부상시켰는가에 관한 여부일 것이다. 이것은 한국전쟁의 기원에 대한 핵심적인 질문 중 하나다.

김일성에 대한 진실이 무엇인가?

어떤 주제든 진실을 밝혀내기 위해서는 연구자들의 지적 자유가 보장되어야 한다. 한국전쟁을 '모든 관점에서' 이해하는 것은 "북한에서는 여전히 금기 사항이고, 이제는(마침내) 민주화된 남한에서도 용서받지 못할 일"이라고 80년대에 커밍스 교수는 말한 적이 있다.[11-1] 여하튼 반공논리에 대한 지적 자유 부분은 한국에서 민주화 이후 훨씬 나아진 것 같다. 그럼에도 김일성에 대한 것은 남과 북에서 객관적으로 논의하기에 가장 예민한 주제 중 하나일 것이다. 그 배경에 대해 커밍스는 설명한다:

> 수십 년 동안 남한 정보기관은 김일성이 한국의 유명한 애국자의 이름을 빼앗아 사칭한 소련의 꼭두각시라는 정보를 퍼뜨렸다. 이렇게 연막작전을 펼친 진짜 이유는 너무나 많은 자국의 지도자들이 일본을 섬겼다는 슬픈 진실 때문이다. … 한편 북한은 열 살짜리 아이가 들어도 믿을 수 없을 만큼 김일성의 업적을 심하게 부풀리고 신화를 만들어 냈다. 진실은 과거 남한 정부들의 필사적인 거짓말과 북한의 끝없는 과장의 드넓은 간극 사이 어딘가 있을 것이다.[11-2]

김일성이 1932~1941년 중국 공산군의 양징위楊靖宇, Yang Jingyu 장군 부대에서 일본군과 싸웠다는 점은 부인할 수 없다.[11-3] 김일성은 그곳에서 2군 6사단장으로 승격되었고 100명을 이끌었다. 일본군이 그의 체포에 얼마의 현상금을 걸었는가를 보면 그가 어느 정도의 역할을 했는지 알 수 있다. 김일성의 현상금은 1936년 20,000엔이었고, 그의 상관인 양징위는 200,000엔이었다. 1939년에는 김일성의 현상금도 200,000엔으로 올랐다.[11-4]

김일성의 전적

북조선 초대 최고 지도자인 김일성金日成, 1912~1994은 1933년 9월 흑룡강성 중소 접경지대의 동녕현성 전투에 참전하기 전까지는 무명 인사에 불과했다. 동녕현성 전투에서 중국 공산당 지도자들은 김일성이 이끄는 조선인 유격대 2개 중대의 지원을 받아 이 도시에 이례적으로 대대적인 공세를 퍼부었다. 김일성 부대는 이 전투에서 중국인 지휘관 스중헝을 구했고, 그 후로 김일성은 중국 상층 지휘관들과 막역한 사이가 되었다고 한다. [11-5)

김일성은 일본에서도 유명해졌다. 일본이 김일성을 잡기 위해 이용한 조선인 매국노들과 김일성 부대 사이의 싸움이 일본 신문에서 크게 다루어졌기 때문이다. [11-6)

김일성이 참여했던 반일유격대는 1931년 9월 일제의 만주 침략에 대항한 중국 공산주의자들로부터 시작되었다. 김일성의 명성이 알려지게 된 계기는 1937년 6월 4일 그가 이끄는 부대가 함경남도 갑산군의 보천보를 습격한 사건이 언론에 보도되었는데 이때부터 일제하의 조선인들에게 알려지게 되었다. 그 당시 김일성의 나이는 25세였다. [11-7)

만주 각지에서 활동하던 조선인과 중국인 유격 부대인 동북인민혁명군은 1936년 중국 공산당에 의해 동북항일연군으로 재편되었다. 그러나 일제의 토벌로 인해 1938년 3만여 명에서 1940년에 이르자 1,400여 명으로 줄어들었고 여러 주요 지도자들을 잃었다. [11-8, 11-9) 일본군의 맹렬한 추격 속에서도 동북항일연군 김일성 부대는 1940년 3월 25일 안도현安圖縣 대마록구大馬鹿溝 서쪽의 고지에서 일본군 마에다前田武市 토벌대를 공격하여 145명 중 120명을 사살하여 이 부대를 사실상 전멸시키는 중요한 승리를 거뒀다 [11-10, 11-11)

소련 하바롭스크 보병 장교 학교

1937년 이오시프 스탈린Joseph V. Stalin, 1878~1953은 극동지역을 안정화시키고자 연해주에 거주하던 20만 명의 조선인들을 중앙아시아로 강제 이주시킨다. 강제 이주를 시킨 이유는 극동에서 항일 투쟁에 나선 조선인들로 인해 부담을 느꼈던 것으로 보인다. 또한 스탈린은 그 당시 모든 코민테른에 소속된 조선인 공산주의자들을 내부안정의 이유로 체포하여 사형시켰다.[11-12]

하지만 얼마 후 스탈린의 조선인들에 대한 태도는 달라진다. 일제의 지독한 토벌로 항일연군이 심각한 상황에 있었던 1940년 초, 소련이 원조를 제공하자 만주에서 활동하던 항일연군 부대들은 소련령 극동으로 퇴각하기 시작했다. 김일성(1로군)은 중대원 12명을 이끌고 1940년 10월 23일 만주에서 소련 국경을 넘었다. 최용건(2로군)과 김책(3로군)도 1940년 11월과 12월 각각 소속 대원들과 함께 소련으로 건너가 김일성과 만나게 된다. 이들 김일성, 김책, 최용건은 미래의 북한 지도부의 핵심이 된다.[11-13]

소련은 이들 동북항일연군의 지휘권을 가지려 했지만 이를 내부 간섭으로 본 항일연군 지도부의 반발로 무산된다. 스탈린은 극동지역의 안정화를 위해 대규모 병력을 주둔시키는 한편 1941년 4월 13일 소련과 일본은 상호 간 불가침성을 강조한 중립조약을 체결하여 이 조약의 조건을 고려해 반일성향이 강한 항일연군이 동북으로 되돌아가지 못하게 막는다. 대신 이들 빨치산 대원 가운데 능력 있는 자들을 선발하여 하바롭스크 보병 학교에서 단기 교육과정을 마치게 하여 모두 소련군 장교로 임관시킨다.[11-14]

이렇게 김일성은 소련 극동에 도착해서 1940년 하바롭스크 보병 장교 학교에 입학한다. 1942년 소련 참모진은 4개 대대로 구성된 88연대를 구성하도록 지시했다. 문서보관소에 소장된 88독립보병여단에 관한 자료의 검토가 가능하게 되어 김일성의 과거 행적들이 알려지게 되었다.

88독립보병여단 4개 대대 중 하나는 조선인으로 구성되었다. 하바롭스크 지역에 배치된 조선인 대대는 장차 조선인민군을 훈련시키는 목적을 처음부터 가지고 있었다.[11-15] 이것을 두고 스탈린이 북조선의 미래 정권에 대해 준비한 것이라고 볼 수도 있을 것이다.

여하튼 북한에서는 김일성의 88여단 행적을 가능하면 은폐하려하고 있다. 소련군의 일개 장교로 타국에서 무기력하게 해방을 맞았다고는 설명할 수 없기 때문이라고 추측된다.[11-16]

김일성과 이승만

1945년 10월 남한과 북한에서는 거의 비슷한 상황이 일어나고 있었다. 미군과 소련군은 망명자의 귀환을 환영하기 위한 각각의 환영식을 후원했다. 남한의 미군이 앞세운 한국의 인물은 이승만이었고 북한의 소련군은 김일성을 내세웠다.

해방 후 남한에서 무척 중요한 역할을 했지만 잘 알려지지 않은 인물은 프레스턴 굿펠로우Millard Preston Goodfellow다. 브루스 커밍스Bruce Cumings에 의하면 이승만은 미국 중앙정보국CIA의 전신인 전략사무국OSS에 의해 남한 대통령의 적임자로 선택되었다고 한다.[11-17] 커밍스는 남한의 이승만과 북한의 김일성이 지도자가 되는 과정이 다르다고 말한다. 와다 하루키和田春樹 교수 역시 연구를 통해 김일성이 북의 지도자로 선정된 과정은 이남과는 다르다고 주장한다. 커밍스는 다음과 같이 적고 있다:

김일성을 평양으로 데려온 것 역시 소비에트의 '굿펠로우'였을까? 그렇지 않다. ··· 만주의 유격대가 한국에 돌아오기 직전, 최고 지도자들이 김일성을 최고의 인물로 부각시키기로 합의한 이유에는 그의 폭넓은 명성, 강직한 성격, 카리스마 등이 포함돼 있었다.[11-17]

즉 워낙에 능력이 탁월했기 때문에 항일전쟁을 같이해 온 동료 그룹에서 김일성을 지도자로 선택했다는 것이다. 하지만 최근에 공개된 자료에서 나타나는 증거를 보면 김일성 역시 미국이 골라낸 남한의 이승만처럼 소련의 지지하에 북한의 지도자로 선정된 것을 알 수 있다.

김일성이 권력을 장악한 과정

북한에는 오랫동안 일본과 투쟁을 벌여왔고 인민에게 폭넓게 존경을 받고 있던 민족주의자 조만식 선생이 있었다(그림 11-1). 2008년 미 연방 정부 기록보관소에서 발견된 1944년 미 정보당국의 인물 평가에 따르면 조만식 선생은 한국 내 모든 그룹으로부터 가장 폭넓게 존경을 받고 있던 인물로 민족주의적이되 공공의식이 있으며 국제적 감각이 있는 인물로도 평가되었다.[11-18]

그림 11-1) 조만식 선생(1883~1950) (출처: godang.kr)

또한 북에는 소련이 북에 도착한 이후 사회주의 노선을 둘러싸고 김일성을 비롯한 소련파, 김두봉과 최창익 등의 연안파(중국파), 그리고 박헌영이 이끄는 국내파(남로당) 등의 여러 파벌이 있었다.

소련 점령군은 김일성이 다른 공산주의 경쟁자들을 이길 수 있도록 도움을 주었을 뿐 아니라 무장 부대를 설립하여 그의 권력을 유지하도록 힘을 실어주었다.[11-19] 거기에 반해 중국공산당 지도부가 있던 연안을 중심으로 항일운동을 하다 귀국한 조선 의용군 김두봉 부대는 소련군에 의해 무장해제당했다.[11-20] 김일성이 경쟁자를 압도할 수 있었던 이유는 소련이 제공하는 군대와 보안대라는 무력이 있었으며[11-21] 소련과 가까웠고 지시를 따랐기 때문이다. 다른 노선들은 1961년까지 모두 사라지고 조건 없이 김일성 주석을 따르는 사람들만 남게 되었다.[11-22]

선택된 지도자

뒤늦은 태평양전쟁 참여로 한반도 반쪽을 점령한 붉은군대 소련이야말로 3년 동안 북한에 주둔하면서 북한정권을 창출해 낸 실질적인 주역인 것이다.

북한 공산당 결성, 신탁통치 찬성, 미소공동위원회 개최, 북한 개혁 추진, 남북 연석회의와 4김(김구·김규식·김일성·김두봉) 회담 그리고 조선민주주의인민공화국 창설에 이르는 모든 과정 뒤에는 소련군정이 있었다. 그러나 소련군정 또한 집행자였을 뿐이다. 소련군정 뒤에는 모스크바 소련 공산당(볼셰비키)이라는 명령자가 있었고, 이 명령의 최고봉에는 '당 중앙(즉 스탈린)'이 있었다. 하지만 북한주둔 소련군정과 소련 공산당에 대한 자료는 극비 문서로 분리돼 깊숙이 파묻혀 있었다.

이와 같이 김일성이 33세에 북한의 지도자로 부상하기 전 소련군 88정찰여단에서 장교로 3년간 복무했고 해방 후 같은 여단의 동지들은 김일성과 함께 북한의 권력을 장악하게 된다. 앞서 언급한바 88정찰여단은 1942

년 6월 스탈린의 직접 지시로 창설되었다. 소련국방부 군사연구소 수석 연구위원으로 일했던 플로트니코프Plotnikov는 중앙 고문서 보관소에서 88정찰여단 파일 원본을 보고 그대로 필사하여 소장하고 있었는데,《중앙일보》모스크바 김국후 특파원은 구소련 기밀문서를 연구하여 88정찰여단을 다음과 같이 요약한다:

> 소련이 1942년부터 극동 지역 한반도에서 일제침략자들을 몰아내고, 동유럽에서처럼 소련 공산당의 위성국가를 세우기 위해 군사·정치 지도자들 양성해 왔음을 밝혀주는 대목이기 때문이다. 따라서 33세의 소련군 대위 김일성이 북한 지도자가 된 것도 결코 우연이 아니었다. 스탈린이 치밀하게 구상한 사전 계획에 따라 창설된 제88정찰여단에서 장차 한반도(북한)의 군사·정치 지도자로 김일성을 훈련시켰음이 이 문건에서 드러난다.[11-23]

당시 조선인 빨치산 가운데는 그와 대등하거나 또는 앞선 인물들이 있었다. 특히 최용건의 경우 88여단 부참모장이고 동북 당조직 특별지부국 서기로, 부서기인 김일성보다 서열이 높았다.[11-24] 김일성의 강점은 그들과는 달리 조선과 접경지대인 만주 동남쪽에서 활동했고 북부 지방으로 진격한 것 등으로 인해 상당한 지명도가 있었다는 점이다.[11-25] 또한 소련군 지도부는 그가 규율준수, 모범성 그리고 부하 통솔력에서 뛰어남을 보였다고 평가하는 등 지휘관으로서의 그의 능력을 인정하였다. 1944년 극동 전선군 사령관 M. A. 푸르카예프Maxim Alekseevich Purkayev도 88여단을 방문하여 김일성이 부대 내에서 "커다란 존경과 권위를 누리고 있음"을 알았다고 적었다.[11-26] 소련 지휘부에서 본 이들 3인(김일성, 최용건, 김책)의 성향을 비교하는 내용은 다음과 같다:

김일성 용맹하고 과단성 있음. 겸손하고 근면함. 동지들에게 호감을 주고 사람들을 자신에게로 끌어들여 과업 수행을 북돋아 줌. 적에 대해서는 단호함. 자존심, 자신감이 강함. 이론적으로 준비돼 있으나 마르크스 · 레닌주의적 수준의 제고에는 비주체적으로 임함.

최용건 정치적으로 견실함. 개인적인 군사적 준비 정도는 높지 않음. 자존심이 강하고 직선적임. 과거 동지들에 대한 지나친 신뢰.

김 책 정치적으로 정통함. 뛰어난 조직가. 겸손하지만 지나치게 의지가 강함. 적과 범법자에 대해서는 단호함.[11-27]

그런데 이 평가에 대해 감안할 점은 기록 작성 시기가 1948년이라는 점이다. 그때는 이미 김일성이 권력을 잡도록 선택됐으므로 정당화를 위한 작업일 수 있다. 김국후 특파원은 북한 헌법도 소련 공산당의 작품이며[11-28] 초대 내각과 인민회의 의장단도 소련의 영향력하에[11-29] 조직된 것이라고 말한다.

소련 내무인민위원회(NKVD, KGB의 전신) 장교 레오니트 바신Leonid Vasin은 김일성이 어떻게 북한의 지도자로 추대되었는지를 구소련을 회고하는 인터뷰에서 설명한다(그림 11-2). 바신은 25군단의 군사 선전부 소속으로 첫 6개월간 매일 김일성과 만나면서 국내 정치기반이 전혀 없던 그를 지도자로 창조해 냈다고 말한다.[11-30] 바신은 김일성이 한국말에 유창하지 못했다고 기억한다. 소련 군부가 작성한 연설문을 김일성이 3일 전에 익히도록 지시가 내려졌다. 김일성은 1945년 10월 14일 조선민주청년동맹 제1차 대회에서 그 원고로 최초로 연설했다.

그림 11-2) 1945년 10월 말 평양의 조선민주청년동맹 공산당 청년 간부들과 소련 군사고문단이 함께 찍은 사진. 앞줄 가운데가 김일성, 그 왼편으로 한 사람 건너 군복차림의 모자 안 쓴 사람이 레오니트 바신(Leonid Vasin)이다. 원내는 1992년 무렵의 바신 (출처: wikipedia)

소련 비밀경찰이 추천하고 스탈린이 수락한 김일성

니콜라이 G. 레베데프Nikolai G. Lebedev 소장은 북한 소련군정기 당시 북조선 정치사령관으로서 김일성이 지도자로 부각되는 과정에 참여한 주요 인물이다. 레베데프 소장은 스탈린이 김일성을 북의 지도자로 선택했는가에 대한 보리스 크리시툴 감독과의 인터뷰에서 다음과 같이 증언한다:

일본과 전쟁 종결 며칠 전에 우리는 스탈린으로부터 소련군 대위인 김일성 씨를 (북한 공산당 총비서로) 추대할 준비를 하라는 암호전보를 받았다. 이 결정을 준비한 사람이 당시의 소련 비밀경찰 지도자 라브렌티 베리야Lavrenty Beria였던 것을 알게 됐다. 그는 스탈린에게 후보자를 찾는 것을 중앙정보부가 하게 해달라고 설득하며, 자기의 부하들에게 소련에 거주하고 있는 조선인을 찾으라고 명령했다. 베리야가 찾은 김일성 대위가 바로 일의 적임자라고 대원수(스탈린)에게 알리고 칭찬을 받았다.[11-31]

레베데프 소장에 의하면 NKVD 국장인 라브렌티 베리야Lavrentiy Beria가 김일성을 추천했고 스탈린이 수락한 것이다. 하지만 베리야가 김일성을 직접 알 수는 없었다. 막후에서 김일성에 대한 정보를 제공하고 추대한 사람은 나움 소르킨Naum Sorkin 극동군 정찰국장이다. 소르킨은 88여단내 조선인들을 가장 잘 아는 위치에 있었다. 베리야는 소르킨의 추천으로 김일성을 여러 번 면담했는데 그가 젊고, 복종시키는 데 편하며, 북한 내의 공산주의자들과 관련이 없는 점을 장점으로 생각했다.[11-32]

김일성이 북한의 지도자가 되는 과정에서 중요한 역할을 한 또 하나의 인물은 그리고리 메클레르Grigory Mekler 중령이다(그림 11-3).[11-33] 메클레르가 김일성을 처음 만난 시기는 1944년 하바롭스크 부근에서 조선인 항일부대를 검열할 때였다.

그림 11-3) 1945년 10월 14일 김일성('붉은 기 훈장'을 받음)이 평양 공설운동장에서 1차 조선 공산당 대회에서 최초로 대중 앞에서 연설을 마치고 고향집을 방문. 좌로부터 소련군 통역이었던 강 미하일(Kang Michail) 소좌, 김일성, 그리고리 메클레르(Grigory Mekler) 중좌. (출처: wikipedia)

그 당시 김일성은 대대장이었다. 그는 소련 25군단이 북한을 점령하고 임시정부가 들어설 때 김일성을 지도자로 추대하는 과정에 참여하도록 지시를 받았다. 메클레르 중령은 1946년 모스크바로 돌아가기 전

까지 김일성의 고문으로서 그의 북한 내 이미지를 만든 장본인이였다. [11-34)

또 다른 증언자로는 소련군 극동군 총사령부 알렉산드르 바실렙스키 Aleksandr Vasilevsky 사령관의 부관이었던 이반 이바노비치 코발렌코 Ivan Ivanovich Kovalenko가 있는데, 그는 김일성이 입국하기 전 극비리에 스탈린을 면담했다고 증언했다:

> 김일성이 입국하기 보름 전인 1945년 9월 초순, 스탈린이 김일성을 비밀리에 모스크바로 불러 크렘린궁과 별장에서 단독으로 그를 만나 그를 북한의 최고지도자 후보로 낙점한 후 그를 믿고 평양에 보낸 것입니다. 김일성의 모스크바행은 극동군 총사령관 바실렙스키 원수가 비밀리에 모스크바의 지령을 받아 시행했기 때문에 극동군 총사령부 내에서도 극히 일부만 알고 있는 절대 비밀이었습니다. [11-35)

코발렌코 부관은 당시 상황을 좀 더 구체적으로 증언한다:

> 1945년 8월 말 모스크바의 소련 공산당은 하바롭스크의 극동군 총사령부에 "북한에 인민위원회를 조직해야 하니 서둘러 지도자감을 찾아 보고하라."라는 지령을 내렸습니다.
> 이 지령은 다시 평양의 제25군 사령부에도 하달됐습니다. 평양 주둔 소련군 제25군 사령부는 "공산당원이 지도자가 돼야 순리이지만 북한 지역에 들어와 보니 조선공산당 지도자 박헌영은 서울에 있고 북한에는 믿을 만한 공산당원이 없다."라고 극동 사령부에 보고했습니다.
> 결국 하바롭스크에 있는 국가공안부KGB 총국은 북한에 주둔한 정보 장교들의 보고와 메클레르 중좌의 제88정찰여단 조사 보고서 등을 종합하여, 김일성이 가장 적합한 인물이라는 보고를 모스크바에 보냈습니다. 결국 이 보

고가 스탈린의 마음을 움직인 것 같습니다.[11-36)

1945년 9월 19일, 김일성과 88연대 소속 66명의 장교들은 소련 수송선 푸가초프 호를 타고 원산항에 도착했다. 바로 이들이 수십 년간 북한의 고위간부들이 된다.[11-37)

김일성의 성격

김일성은 친일파, 친미파 같은 매국노들이 득실거리는 남조선을 미제의 지배로부터 구해야 한다는 신념에 사로잡혀 있었던 것으로 보인다.[11-38) 소련 지도부 입장에서 그보다 12살이 더 많고 상대적으로 신중했던 최용건 같은 인물보다 상대하기 더 효과적이고 신속해 보였을 것이다. 1949년 3월 7일, 김일성은 71세의 스탈린과 면담을 했는데 김일성의 성급한 결단력이 엿보인다:

김일성 무력으로 전 국토를 해방하고자 한다. 남조선 반동들은 평화통일을 반대한다. 자신들이 북침하기에 충분한 힘을 확보할 때까지 분단을 고착화하려 하고 한다. 이제 우리가 공세를 취할 절호의 기회가 왔다. 우리의 군대는 강하고, 남조선에 강력한 빨치산부대의 지원이 있다.

스탈린 불가하다. 북한군이 남한군보다 확실한 우위가 아니며 수적으로 열세이다. 남한에 미군이 주둔하고 있으며 개입할 것이다. 미소 간의 38선 협정이 유효하다. 적들이 만약 침략의도가 있다면 조만간 먼저 공격을 해올 것이다. 그러면 절호의 반격기회가 생길 것이다. 그 때는 모든 사람이 동지의 행동을 이해하고 지원할 것이다.[11-39]

　　김일성의 고문 메클레르 중령은 2004년 회고 인터뷰에서 자신이 모스 크바로 돌아갈 때 김일성이 "마지막으로 무슨 충고를 해주시겠습니까?"라 고 물었다고 한다. 그는 유명한 속담으로 대답을 대신했다고 말한다. "점 프하기 전에 주변을 둘러봐라." 김일성의 급하고 무모한 성격을 염려해서 였을까? 여하튼 두 사람은 작별의 포옹을 했다.[11-40]

김일성의 전쟁에 대한 확신

　　김일성은 1948년 9월 9일 조선민주주의인민공화국이 수립되면서 내각 수상에 선출되었다. 그는 중국에서 공산군이 승리하자 전쟁에 대한 자신 감이 더 높아졌고 미국이 한국전쟁에 개입하지 않으리라고 생각했다. 중 국이 공산화가 되어도 미국이 관여하지 않는데, 중국보다 훨씬 작은 조선 에는 더욱 개입하지 않을 것이라는 논리였다. 남한이 태평양 방어선에서 제외된다는 애치슨 국무장관의 연설은 이에 대한 확신을 더했다. 또한 남 침이 시작되면 20만 명의 남로당원들이 반란을 일으켜 남한 정부를 전복 시킬 것이라는 부수상 박헌영의 주장은 확신을 더해 주었다.

　　1950년 초까지는 전쟁에 대해 김일성과 스탈린 사이에 한가지의 주제 가 반복되고 있었다. 평양의 소련대사를 통해 김일성은 한반도 통일 전쟁 을 요구했고, 스탈린은 미국의 개입을 우려하여 거절하고 있었다.[11-41]

　　1950년 4월 이제 원자폭탄을 가진 스탈린은 '국제환경의 변화'를 이유 로 김일성의 전쟁 요구를 조건적으로 허락한다. 그는 우선 중국과 의논해서 지지를 얻어 내고 만약 전쟁에 미국이 개입하여 북한이 패배할지라도 소련은 손가락 하나도 들지 않겠다고 강조했다.[11-42) 또한 소련의 자문관이 전쟁준비를 감독해야 한다는 조건이 붙었다. 그리고 마오쩌둥에게 모든 도움을 받아야 한다고 했다.[11-43)

김일성은 마오쩌둥을 설득하기 위하여 5월 13~16일 중국을 방문한다. 펑더화이(펑더화이, 彭德懷) 사령관의 회고에 의하면, 처음에 마오 주석은 김일성 수상에게 동의하지 않았다. 마오쩌둥 역시 중국혁명이 채 완성되지 않은 시점에서 한반도에서 전쟁이 일어나면 타이완 수복에 영향을 미칠 것을 우려해 재고해 달라고 말했다.[11-44) 특히 중국 공산당 중앙위원회는 참전을 반대했다.[11-45)

이제 전쟁을 준비하기 위한 소련 자문관들과 이에 합세하는 김일성, 강건 등이 대표하는 북한군부 그룹이 조직되었다.[11-46) 김일성은 스탈린과 만난 자리에서 미국이 개입하지 않으며 전쟁은 3일 안에 끝날 것이라고 자신했다:

전쟁이 나면 남조선 내 유격대 활동이 강화되어 대규모 봉기가 일어나 미국은 개입할 시간이 없을 것이다. 미국이 정신 차릴 때쯤이면 전 조선 인민들이 새로운 정부를 열광적으로 지지하고 있을 것이다.[11-47)

작전계획은 알렉세이 포스트니코프(Alexei V. Postnikov) 북한군 총참모부 고문(소장)이 북한군 수뇌부가 마련한 안을 거부하고 직접 러시아어로 다시 작성, 강건 북한군 총참모장을 통해 김일성에게 전해졌다.[11-47) 이러한 전쟁계획은 불과 수일만을 염두에 둔 것이었고, 작전이 잘못되었을 경우에 대한 대비도 없었다.[11-48) 결국 전쟁이 시작된 지 3일 후 북한군은 재조직되었고 소련은 전략 계획서를 다시 짜야만 했던 것이다.[11-49)

소련 고문단이 세운 전쟁계획을 반대했던 최용건

소련 고문단이 세운 전쟁계획을 북한 수뇌부의 거의 모두가 받아들였다. 하지만 한 명의 예외가 있었다. 북한군 총사령관 최용건은 소련 고문단에 의한 전쟁계획에 반대하는 입장이었다. [11-50] 최용건은 소련 고문단이 세운 전쟁계획은 서울 점령까지만 세워져 있고 그 이후에 아무런 추가 계획이 없다는 이유로 전쟁 개시를 반대했다. 당시 인민군 작전국장 유성철은 최용건이 미국의 개입으로 전면전 가능성을 우려했기 때문에 반대했다고 말했다.

최용건의 반대로 인해 바실리에프 장군은 전쟁계획에서 그를 제쳐 놓는다. 최용건은 전쟁계획을 세우기 위한 소련 고문단이 북한에 도착한 뒤부터 8월 중순까지 작전계획을 세우는 데 참여하지 않는다. 또한 전쟁 초기에는 최용건이 지휘계통에서 빠져있었다. 또한 김일성은 최용건의 부하들을 다른 부서로 이전시킨다. 김일성은 자신의 지시를 거역하는 사람을 내버려 두지 않는 경향이 있다. 여기서 스탈린이 최용건의 축출을 막았다. [11-51]

상황을 현명하게 판단했던 최용건이 제쳐졌다는 점은 아쉽다. 만약에 최용건의 주장을 김일성이 수용했다면 어떻게 되었을까? 만약에 김일성 대신 최용건이 북한의 지도자가 되었다면 어떻게 되었을까?

최용건은 김일성보다 12살이 더 많았다. 최용건의 아버지 최니학은 1942년 조선총독부 습격을 모의했다가 검거되어 1943년 사형당했다. 최용건은 1942년 7월 러시아 하바롭스크 근처 비야츠크에서 88국제여단 부참모장으로 선출되었다.

소련으로서는 최용건 같은 성격은 북한의 지도자로 쓰기에는 부적절하다고 느꼈을 것이다. 왜냐하면 전쟁을 벌이는 데에 있어 성격이 급하고 무모하고 소련의 말을 잘 따르는 사람이 필요했을 것이다. 최용건과는 달리 젊은 김일성은 그러한 면모들을 가지고 있었다.

집단순응사고Groupthink

> 모두가 같은 생각을 하는 곳에서는
> 아무도 생각을 별로 하지 않는다.
> _월터 리프먼Walter Lippmann

> 좋은 판단은 관련된 문제에 대한 모든 양상을 고려함으로써
> 만들어진다. 판단을 잘하는 사람들은 필수적인 단계를
> 조심스럽고 완전하게 실행한다. 판단을 잘못하는 사람들은
> 알려진 위험이나 다른 방도를 무시하는 결함이 있다.
> _데니엘 윌러 & 얼빙 재니스Daniel D. Wheeler & Irving Janis

전쟁을 결정하는 것은 엄청난 인명피해와 파괴를 예상하고 하는 일이다. 따라서 모든 정보를 검토하고 여러 가능성에 대해 충분한 의논이 있어야 하는 것은 당연하다. 전쟁을 결정하는 과정에서 모든 의견이 자유롭게 제시되어야 적절한 판단을 할 수 있을 것이다. 그러나 두려움이나 압력에 의해 구성원들의 의견이 제대로 반영되지 않는다면 심각한 실패를 초래할 수 있다.

평양의 6·25 남침 결정과 전략적 계획에는 엄청난 무모함이 보인다. 특히 일본에는 미국의 육군, 해군, 공군 기지가 있다는 점을 알고 있음에도

만일의 사태를 대비한 준비가 전혀 없었다.[11-52] 김일성은 조선인민군을 과대평가해서 남한을 단 몇 주 안에 점령할 것으로 낙관했고 미군이 그렇게 빠르게 참전하지 않으리라고 예상했다.[11-53] 또한 북한군 참모들은 소련 자문관들의 작전 지시에 그대로 복종했기 때문에 실제 전투에 임하면서 북한군끼리의 전략적 정보의 전달에 문제가 있었다.[11-54] 한 북한군 장교는 서울을 점령했을 때 사단들과 군단들의 통신 연결이 끊겼기 때문에 각 부대가 개별적인 이동과 계획을 가질 수밖에 없었다고 말했다.[11-55]

얼빙 제니스Irving Janis 예일대 교수는 역사적 대실패들을 설명하기 위해 집단순응사고Groupthink라는 개념을 제시했다. 집단순응사고는 작은 그룹의 사람들이 무의식적으로 착각을 공유하여 객관적으로 생각하거나 현실을 점검하는 것을 억제하는 것이다. 다음은 제니스 교수의 6가지 집단순응사고의 요인들이다:

1. 질 수 없다는 착각: 자기 자신을 지나치게 낙관적으로 보고 상대자들은 아주 약한 것으로 간주한다.
2. 만장일치의 착각: 그룹의 모든 사람들이 하나로 결합된 의견은 옳다는 확신을 가지고 비판적 사고나 현실점검은 외면한다.
3. 억제된 의심: 모두가 마음속으로 의심을 했지만 다들 아무 말도 안 한다.
4. 자천의 호위대: 경호원이 보호하듯이 집단의 일원들이 우세한 의견을 보호하려 한다.
5. 호감이 가는 지도자로 인하여 얌전해짐: 호감을 받는 지도자의 관점을 비판하는 것이 쉽지 않다.
6. 귀한 멤버한테 적대행동을 취하는 것을 금지: 구성원 중 중요 인물의 의견에 특혜가 주어진다.[11-56]

남침을 결정하는 북한의 핵심 멤버들도 위와 비슷한 문제가 있었으리라 생각된다. 더군다나 군대식의 수직적 의사전달 구조와 김일성의 확신에 찬 급한 성격으로 인해 적절하고 신중한 판단을 도출해 내는 것은 어려웠으리라 생각된다. 소련의 전쟁계획을 반대했던 최용건이 그룹에서 축출되었던 것이 좋은 예다.

전쟁을 결정하기 전 모든 아이디어와 옵션이 누가 제출했는가에 상관없이 신중하고, 평등적이고, 철저히 검토되었으면 어땠을까? 한국전쟁은 일어나지 않았을지도 모른다.

12장

미국은 왜 이승만을 택했는가?

공산주의는 콜레라와 다름없다.
콜레라와는 타협이 불가능하다.

_이승만

앞서 언급한 대로 이승만이 남한의 지도자로 부상되는 과정에서 미군정의 지원이 있었던 것은 부인할 수 없다. 그렇다면 그들은 왜 이승만을 선택했는가?

이승만의 위임통치청원서

이승만이 가지고 있던 한국 독립운동의 방향은 다른 독립운동가들과 달리 미국에 기대거나 미국이 바라는 쪽과 일치하는 경향이 있었다. 예를 들자면 이승만은 1919년 한국에 대한 국제연맹의 위임통치를 바란다는 청원서를 작성하여 미국 대통령과 파리강화회의에 보냈고 언론에 기고도 했다. 이승만의 위임통치청원서의 핵심은 국제연맹을 통한 위임통치이다. 이것은 '자력독립불가론'에 기초한 점으로 비판을 받았다.[12-1]

이승만은 주체적인 독립을 부정하는 방안인 위임통치청원을 스스로 작성, 제출함으로써 독립운동의 대표자라는 자신의 역할과 임무를 망각했고, 한국인의 독립 의지를 부정했다. 이런 이승만의 판단과 청원행위는 독립에 대한 한국인들의 여론을 무시한, 오직 자신의 우월의식에서 표출된 독단적이면서도 사대적인 태도에서 비롯된 것이었다.[12-2] 신채호는 위임통치청원은 미국의 식민지가 될 것을 요구한 것으로 보고 이승만의 행적을 이완용, 송병준의 매국행위와 비교했다.

이승만의 이러한 행동은 독립운동전선에 치명적인 영향을 끼쳤다. 독립이란 지상과제 앞에서 무장투쟁과 외교활동은 모두 중요한 의미를 가진다. 두 전략은 상호보완적으로 작용해야 한다. 3·1운동 직후 임시정부가 수립되어, 결집된 민족의 역량이 독립운동으로 집중되고 있었다. 하지만 이승만의 위임통치청원은 독립을 위해 헌신하던 독립운동가들 사이에 갈등과 분열을 가져왔다. 이승만의 위임통치청원은 이승만 개인에 대한 성토뿐만 아니라 상해 임시정부를 둘러싼 노선 갈등과 분열의 중요한 요인으로 작용한 것이다.

이승만은 누구인가?

> 이승만은 이완용보다 더 큰 역적이다!
> 이완용이는 있는 나라를 팔아먹었지만
> 이승만 이놈은 아직 우리나라를 찾기도 전에 팔아먹은 놈이다!
> _신채호

1948년 10월 28일에 작성된 이승만에 대한 CIA 성격조사가 있다. 외국 지도자를 대상으로 성격조사 기록을 한 것은 이승만이 처음이라고 한다.[12-3] CIA의 이승만 성격조사 중 가장 인상적인 부분은 다음이다:

이승만은 사적인 권력욕을 채우기 위해 평생 독립운동을 했다. … 이승만은 또 그가 가는 길에 방해가 된다고 생각되는 사람이나 단체가 나타나면 누구든 가리지 않고 밀어버리려고 했으며, 그런 시도를 하는 데 조금도 주저함이 없었다. … 그는 공산주의자들과 타협하지 않는다는 한 가지만 빼고 자신의 출세 목적을 추구하는 데 수단과 방법을 가리지 않았다. … 그의 지성은 얕고 그의 행동은 종종 비이성적이고 심지어 유치했다. 그러나 이승만은 결론적으로 자신이 놀랍게 약삭빠른 정치인임을 입증했다.[12-4]

그런데 왜 미군정은 이승만을 지지했는가? 아마도 미국이 바라는 바를 이승만이 제공했기 때문이 아닌가 생각된다. 그것은 남북한을 싸움 붙이는 데 잘 이용될 수 있는 자질이었다.

이승만은 미국에 30여 년간 체류하는 동안 저명한 망명 정치가가 되었고 한인들의 기부금으로 생활하였다. 임정 지도자들은 그의 고집과 1919년의 권력 남용을 비난하여 1925년에 그를 임정에서 몰아냈다. 또한 1943년 재미한인연합회는 이승만에 대해 '어렵게 얻은 한인들의 돈을 남용한 것', '개인선전' 및 '타협할 줄 모르는 고집' 등을 비판하였다.[12-5]

이승만과 굿펠로우

이승만이 남한의 지도자가 된 과정에 있어 미국 정보기관의 역할은 중추적이었다. 2차 대전 종결 후 남한에서 미군정이 시작되면서 핵심적인 역할을 한 사람이 바로 프레스턴 굿펠로우M. Preston Goodfellow라는 인물이다. 굿펠로우는 이승만의 입국과 권력을 장악하는 데 절대적인 역할을 하게 된다.

미 국무부의 한편에서는 여러 관찰을 통해 이승만을 '위험한 말썽꾸러기Dangerous mischief-maker'라고 보았고, 이승만에게 여권을 주는 것조차도 거절할 정도였다. 미군정은 그러한 사실에 대해 훤히 알고 있었지만 이승만을 한국으로 데려오기 위한 계략을 꾸몄다.[12-6] 특히 OSS의 부국장을 지낸 굿펠로우가 국무부에 영향력을 발휘했다. 미 육군 극동부의 강한 반대에도 불구하고 이승만이 맥아더의 비행기로 한국에 들어올 수 있었던 것은 굿펠로우의 역할이 있었기 때문이다.

굿펠로우의 역할

CIA의 임무는 나가서 전쟁을 일으키는 것이라는 것을 잊지 말자.

_제시 벤추라Jesse Ventura 전 미네소타 주지사

이승만의 지원자 프레스턴 굿펠로우는 점령 당국의 고문이라는 수상한 직함을 가지고 서울에 도착한다. 굿펠로우의 문서 속에서 발견된 이승만으로부터의 편지는 "금융인 10인이 우리 노선을 위하여 1천만 원을 기부한 것"에 대해 언급하였으며 나아가 이렇게 말했다:

10인은 돈이 군정에서 왔음을 아는 바 없다고 서명한 진술서를 작성하였다. 그들은 다만 군정으로부터 담보를 받고 2천만 원을 대부받는 승인을 얻었다는 것만을 알고 있다는 것이었다.[12-7]

이승만은 굿펠로우에게 보낸 다른 편지에서 다음과 같이 말했다:

> 10인이 나에게 준 1천만 원은 독립운동을 위해 완전히 내 마음대로 쓰게 되었으며 그에 대한 서명을 받아서 가지고 있다.

굿펠로우는 귀국 후 이승만의 작은 로비단체의 발기인이 되었고, 이 집단이 설립되는 요소 중의 하나는 이승만이 남한의 수반이 됐을 때 각종 이권을 얻을 수 있다는 희망 때문이었다.[12-7] 이것은 그가 표면에 나설 수 없어 배후에서 이승만을 위해 자금조달을 해주는 남한의 지주 출신 기업들을 모으는 중심이 되었던 것을 가리킨다.[12-8] 하지만 이승만이 정권을 장악했을 경우 얻을 수 있는 이권은 작은 팁 정도의 부수적인 이득이라고 생각된다. 그가 남한에 온 가장 큰 이유는 이승만을 조종해서 한국전쟁을 일으키려는 계획 때문이었을 것이다.

굿펠로우는 1945~1950년 미국의 한국에 대한 정책에서 거의 모든 중요한 변화가 일어날 때마다 등장한다. 이승만의 귀환, 1945~1946년 남한의 단독정부 수립, 1949년 38선 충돌, 1950년의 전쟁 등등.[12-9] 1947년 굿펠로우는 자신이 애치슨 국무장관의 친구로서 애치슨과 걸으면서 한국에 대한 많은 얘기를 할 기회가 있었다고 말했다.[12-10]

굿펠로우는 1892년에 태어나 그 사이의 경력은 별로 알려진 바가 없이 1940년도부터 미국정부의 비밀 정보를 담당하는 일을 했다. OSS(CIA의 전신) 설립을 준비하던 윌리엄 도노반William Donovan이 굿펠로우를 불러 그가 무척 중요하게 생각하는 '특수활동' 부서를 결성하도록 했다. 비밀 작전과 게릴라 전쟁을 절대적으로 중요시하는 도노반은 'SA/G'이라는 부서를 굿펠로우에게 맡겼다. 그런데 SA/G는 'Special Activities/Goodfellow'의 약자로 굿펠로우의 특별활동이라는 의미로 본다면 그가 상당한 지위를 가지고 있었다는 것을 알 수 있다. 굿펠로우는 비정규적인 방법의 전쟁을 실험하는 것을 오랫동안 추진해 왔다. 굿펠로우는 방해 공작, 전복 활동, 게릴라 활동을 펼칠 요원들을 훈련하는 훈련소를 지을 장소를 직접 워싱턴 지역에 선정했다. 또한 굿펠로우는 OSS 안에서 육군의 정보를 관리하는 중요한 역할을 맡고 있었다. [12-11]

도노반과 굿펠로우는 미국 요원들을 영국에 데려가 이른바 '비열한 계략Dirty trick' 훈련을 받도록 주선했다. [12-12] 구체적 내용은 없지만, 그 영국 기관은 심리전을 연구하는 타비스톡 연구소The Tavistock Institute였을 것으로 추측된다. 굿펠로우는 OSS의 부국장으로 승진되어 2차 대전에서 중요한 정보를 취급하는 역할을 맡게 되는데 그의 담당은 바로 극동 아시아였다.

굿펠로우는 워싱턴에서 미국 북서부의 아이다호 주를 매달 왕복했다. 그가 서쪽에 사는 이유는 다음 전쟁은 동쪽보다 미국의 서쪽 가까이에서 일어날 것으로 예상하기 때문이라고 했다. 이 말은 다음 전쟁이 아시아 쪽에서 일어난다는 것으로 해석할 수 있다. 1949년 초에 굿펠로우는 도노반의 세계통상 주식회사World Commerce Corporation 소속으로 이승만의 주요 자문 역할을 하면서 사업과 비밀 활동을 같이 했다. [12-13] 1949년 가을부터 1950년 중반까지 굿펠로우는 한미 간의 사업거래에서 핵심 인사가 된다.

'세계통상 주식회사'는 1947년에 시작된, 도노반의 사업과 스파이 작업을 함께하는 조직이었는데 넬슨 록펠러Nelson Rockefeller와 CFR 회장 존 매클로이John J. McCloy와 관련이 있었고 이 회사의 거의 모든 임원과 회원들은 정보부에 연관된 사람들이었다. [12-14] 전쟁 후 굿펠로우는 아이다호 주의 언론사를 소유했고 사망하기까지 CIA와 연결된 것으로 알려진 델라웨어의 '해외재건회사Overseas Reconstruction Corporation'의 사장으로 있었다.

이러한 막강한 배경을 가진 굿펠로우가 남한에 파견되어 이승만에게 권력을 잡도록 도움을 줬다는 사실은 다가오는 한국전쟁의 중대성을 인식했다는 것으로 해석할 수 있다.

이승만과 김일성의 공통점

> 최고지도자의 차원에서 남북 양측의 적개심과
> 무력통일론은 이미 보편적이었다.
> _정병준

한반도에서 전쟁을 일으키기 위해서는 남한에서는 이승만이 가장 적절한 지도자였고 북한에서는 김일성이 가장 적절했을 것이다. 두 사람은 비슷한 점이 있었다. 라이벌을 허용하지 않았고, 급하고 충동적이며 독재적이었다. 또한 그들은 전쟁을 일으키는 것에 대해 동네 싸움 정도로 간단히 생각했다.

그렇게 전쟁을 편리하게 생각하는 사람들이 국가 지도자로 발탁된 것은 우리 민족에게는 큰 비극이었다. 그러나 그것은 결코 우연이 아닐 것이다. 이승만과 김일성이 각각 남북한의 지도자로 부상하게 된 것은 치밀한 계획하에 보이지 않는 손에 의한 선택의 가능성이 크다.

이 두 사람의 또 다른 공통점은 정보부의 지원을 받았다는 것이다. 이승만은 CIA의 전신인 OSS의 부국장이었던 프레스턴 굿펠로우Preston Goodfellow의 도움을 받았다. 김일성이 북조선의 지도자로 선택되는 과정에는 KGB의 전신인 NKVD 총수 라브렌티 베리야Lavrentiy Beria, 극동군 정찰국장 나움 소르킨Naum Sorkin, NKVD 장교 레오니트 바신Leonid Vasin 등의 정보담당 요원이 관련되어 있었다.

1948년 대한민국 정부가 수립될 당시 이승만의 나이는 73세였다. 이에 비해 조선민주주의인민공화국의 김일성은 36세였다. 교활한 반공주의자 이승만과 성미 급한 공산주의자 김일성은 자신들의 뜻대로 전쟁의 기회를 만들었다고 생각했을 테지만 이들은 기껏해야 장기판에서 유용한 말 노릇을 해준 것이다. 이 점에 대해 와다 하루키和田春樹 교수는 한반도의 상황을 설명한다:

> 1948년 한반도의 전역을 자신의 영토라고 선언하는 두 개의 국가가 출현한 이상, 유일한 정통성을 주장하며 서로 상대를 괴뢰정권이라고 간주하는 이들 국가는 평화적인 수단이 아닌 군사적인 수단으로 상대를 타도하여 영토의 완전지배를 성취하는 길밖에는 없었다.[12-15]

하지만 한국전쟁을 계획한 세력은 한쪽이 승리하여 통일하는 것을 전혀 바라지 않았다. 그 대신 전쟁이 최대한 오래 지속되어 한반도뿐 아니라 세계적으로 자유진영과 공산진영의 대립을 악화시킴으로 이윤을 챙기려고 했고, 그들의 속셈을 이승만과 김일성은 전혀 모르고 있었다.

13장

한국전쟁의 큰 그림

어떤 일이 없었다는 보고는 항상 흥미롭다. 세상에는
우리가 아는 것이 있다. 우리는 그것을 안다는 것을 안다.
또 우리가 모르는 것도 있다. 우리는 그것을 모른다는 것을 안다.
그런데 문제는 우리가 무엇을 모르는지 모르는 것이다.
그것이 바로 우리가 진짜 모르는 것이다.

_도널드 럼즈펠드Donald Rumsfeld 전 미국 국방장관

대중의 조직화된 습관과 의견을 의식적이고 지능적으로
조작하는 것은 민주주의 사회에서 중요한 요소이다.
이 보이지 않는 사회 메커니즘을 조작하는 사람들은 나라의
보이지 않는 진정한 지배력을 가지고 있는 정부의 구성이다.
우리는 들어보지도 못한 사람들에 의해 지배되고,
마음이 조형되고, 취향이 형성되고, 아이디어가 제안된다.

_에드워드 버네이스Edward L. Bernays

스페인의 초현실주의 화가 살바도르 달리Salvador Dali의 1977년 작품 〈달리 비전의 링컨Lincoln in Dalivision〉이라는 석판화가 있다. 이 작품은 가까이에서는 지중해를 바라보는 나체의 여인이 보이지만(그림 13-1), 20m 멀리에서는 링컨의 얼굴이 보인다(그림 13-2). 이 책이 제시하고자 하는 것은 달리의 작품처럼 가까이에서 직접 겪었을 때에는 볼 수 없었던 한국전쟁의 사건들이 전체적인 시각에서

그림 13-1) 가까이서는 나체의 여성이 보인다. (출처: artencounter.com)

그림 13-2) 멀리서는 링컨의 얼굴이 보인다. (출처: flickr ⓒ intenteffect)

큰 그림으로 보아야 인식될 수 있다는 점이다.

한국전쟁을 1950년 6월 25일에서 1953년 7월까지만의 사건으로 보고 이 기간에만 집중한다면 우리는 큰 그림을 볼 수가 없다. 한국전쟁은 한국전쟁의 시기와 장소를 초월하여 더 큰 세계의 관점으로 보아야만 인식될 수 있는, 숨겨진 엄청난 그림이 있다.

편 가르기 싸움

편 가르기 싸움의 소용돌이로 대학살이 초래되는 참극을 종종 뉴스에서 볼 수 있다. 예를 들어 나이지리아에서 기독교인과 무슬림 간의 갈등으로 수많은 사상자가 발생하는 사건이 보도된다. 편 가르기 싸움은 두 종류가 있다. 하나는 감정적인 대립으로 우발적으로 일어나는 충돌이고, 다른 하나는 편 가르기를 통해 이득을 보려는 어떤 세력이 뒤에서 조종하는 싸움이다. 후자는 소위 '분할-정복Divide-and-conquer 방식에 의해서 고의적으로 충돌을 조작하는 결과이다. [13-1]

민족 간 혹은 국가 간 폭력 사태들은 글로벌 엘리트의 전략적 선택으로 조종된다. [13-2] 엘리트들은 인종적 대립과 종교의 극단화를 유발시켜서 그들의 권력을 강화시킨다. 엘리트 집단은 대중에게 거짓을 진실로 받아들이도록 설득하는 모든 방법을 쓴다. 만약 대중이 엘리트의 의도를 파악해서 진실을 알게 된다면 불필요한 살상의 비극은 없을 것이다.

르완다의 집단학살과 편 가르기

1994년 르완다에서 후투족Hutu과 투치족Tutsi의 갈등으로 불과 100여 일동안 무려 80~100만 명이 학살된 비극이 있었다. 원래 후투족과 투치족은 평화스럽게 공존해 왔다. 적어도 1959년 이전에는 이 두 부족 사이에 정치적 폭력이 일어난 적이 없었다. [13-3] 무엇보다도 19세기 중반까지 종족 간 다툼에는 정치적 의미가 극히 드물었다. [13-4]

역사적으로 볼 때 대게 후투족은 기원전부터 중앙아프리카에 정착하여 농업을 위주로 대가족을 이루며 살아온 사람들이며, 투치족은 유목민으로 약 400년 전부터 이주하여 후투족에 동화되어 살고 있었다. 투치와 후투는 언어, 종교 그리고 풍습이 같다. 따라서 오늘날 종족 간의 뿌리 깊은 분쟁의 이유가 될 차이점은 거의 없다고 할 수 있다. 사실 르완다의 현대사에서 종족이라는 단어는 새로운 개념이다. [13-5] 그런데 19세기 중반 르와부기리Rwabugiri 투치 왕이 가축 소유와 연관된 차별적인 정책을 시작한다. 소가 많은 부유한 가족들을 투치라고 부르고 가난한 가족들은 후투로 구분했다. [13-6] 즉 투치와 후투는 인종이나 민족의 차이가 아닌 소의 소유에 따른 부의 차이에 의한 구분으로 생겨난 개념이다.

벨기에의 식민지 정책으로 후투와 투치의 구분은 더욱 악화되었다. 1933~1934년 두 인종을 구별하는 신분증 제도가 도입되었다. 이러한 구분으로 이전에는 비교적 활발했던 사회적 유동성이 거의 막혀버렸다.

집단학살이 일어나기 2년 전인 1992년, 후투 온건파가 주도권을 잡으면서 투치 집단과 협상을 하여 긴장상태가 완화된다. 하지만 후투 대통령의 부인 아가테 하비야리마나Agathe Habyarimana가 주도하는 극단주의자들이 이러한 평화협상에 반대하며 폭력을 사용한다. 영부인과 3형제는 암살단을 조직하는데 이 조직이 집단학살을 선도하는 역할을 한다. 1993년 1월 권력분담의 협상이 체결되고 국제인권위임단체가 떠난 뒤, 후투 극단주의자들이 르완다 북서쪽에서 6일 동안 300명의 투치를 학살한다. 그러자 망명한 투치파 군대가 수도를 정복하여 보복학살을 자행했다. 이로 인해 후투와 투치의 갈등은 더욱 극단화되었다. [13-7]

1994년 4월 6일 르완다 하비야리마나 대통령이 탄 비행기가 카갈리 공항 착륙 전에 저격되어 추락한다. 하비야리마나 대통령이 암살된 그다음 날부터 암살의 책임을 물어 투치에 대한 대대적인 학살이 시작된다. 우선 학살에 동조하지 않는 후투 온건파 지도자들이 모두 살해된다. 그리고 모든 사람들의 신분증을 검사하기 위해 전국에 초소와 바리케이트가 세워진다. 벨기에 식민정부가 1933년 도입한 신분증으로 인해 투치의 신원을 알아보고 학살하기 쉬웠던 것이다.

인류역사상 가장 큰 편 가르기 싸움: 공산주의-자본주의 대립

인류역사상 세계적으로 가장 피해를 준 편 가르기 싸움은 의심의 여지 없이 공산주의와 자본주의의 대립일 것이다. 어떻게 공산주의 대 자본주의라는 편 가르기가 극단화되어 이념이 시작된 곳에서 멀고 먼 극동의 나라에서 전쟁이 일어날 수 있었을까? 어떻게 같은 민족끼리 편 가르기 싸움에 휘말려 서로 죽고 죽이는 대학살이 일어났을까? 한국전쟁을 일으키기 위한 여건을 조성하기 위해 남과 북의 편 가르기 정책들이 이루어졌다.

미소 군정은 남북에서 각각 군대 창설에 집착했다

한국전쟁의 휴전협정이 이루어진 지 9년 후, 1962년 5월 상원에서 소련의 한국전쟁 개입에 관한 미국 국회 공청회가 있었는데 다음의 결론을 내렸다:

공산 측의 침략은 1950년에 일어났지만, 38선의 북쪽에서는 러시아 군대가 점령한 후 준비를 오랫동안 했다. 러시아 점령군이 들어왔을 때 그들의 첫 집착 중 하나로 북한군의 창조가 있었다. 그들은 국가를 점령하는 동안 지역군을 모집하고 조직하고 장비를 갖춰주었다. 북한군이 강도에 도달한 후 러시아군은 물러났다. 그러나 그들이 고른 재러시아 한국인들의 꼭두각시 정권을 만들었다. 이 꼭두각시 정권은 물자와 훈련 요원에 대한 러시아의 도움을 받아 군사적 성장을 계속했다.[13-8]

위의 내용은 무척 경이롭다. 왜냐하면 소련군이 북한에서 했던 행위는 미군이 남한에서도 정확하게 했던 것이다. 북한에서는 소련군이, 남한에서는 미군이 열심히 군대를 창설해 주고 훈련과 무기도 쥐여준 이유는 무엇이었을까? 이런 일은 같은 분단국이었던 오스트리아에서는 볼 수 없었다.

38선으로 갈라진 후 악화되는 충돌

월남민의 행렬이 계속되자 38선은 더욱 봉쇄되고 남북 간의 관계는 갈수록 경색돼 간다. 54만 명에 달하는 월남민은 철저한 반공주의의 지지기반이 된다.[13-9] 남북한 대립이 악화된 가장 큰 요인 중 하나는 완벽한 합의가 없었던 38선의 좌표 판정 때문이었다. 그로 인해 미소 양군이 철군하고 나서 발생한 38선 충돌의 대부분은 38선에 인접한 해당 지역의 정확한 좌표에 대한 오해에서 비롯되었다.[13-10] 38선은 점차 국경선으로 고착화되고 사소한 월경이나 침범조차 용납하지 않았던 주체는 바로 미국과 소련의 군대였다. 충돌의 기본적 골격과 원인은 이들이 제공한 것이다.[13-11]

지도자들 간의 증오

남북한의 총지도자인 이승만과 김일성뿐 아니라 군부의 지휘관들 또한 상대에 대한 증오를 가지고 있었다. 정병준 교수는 서로의 증오심에 관해 다음과 같이 말한다:

> 38선을 지키는 일선 군사 지휘관의 경우, 무력통일에 대한 미련과 상대방에 대한 뿌리 깊은 적대의식, 증오심, 호승심 등이 복잡하게 얽혀 있었다. 한 가지 분명한 것은 이들이 상대방에 대해 상상할 수 있는 가장 잔인한 방식의 복수를 꿈꿀 정도로 상호 적대적이었다는 사실이다.[13-12)

남한의 군부가 친일파로 선정됨으로써 또 하나의 중대한 결과가 나타난다. 예를 들어 한국전쟁 전에 있었던 접전 중 가장 치열했던 옹진에서의 17연대 지휘관이었던 김백일은 간도특설대 출신이다. 그 맞은편 북한의 38선 경비 제3여단장 최현은 동북항일연군 단장이었다.[13-13) 결국 만주에서 민족 간에 총부리를 맞대고 싸웠던 관계는 해방 후 남북한의 군부 지도자가 되면서 서로가 증오하는 관계가 유지되었다.

증오심에 가득 찬 군지휘관들이 남북의 38선으로 배치된 것은 남과 북의 국민들에게 불행이었다. 하지만 이것은 한국전쟁을 고의적으로 일으키는 데 있어 또 하나의 교묘한 배경이었다고 생각된다. 즉 미군정이 남한 군대의 장교들로 친일파 출신을 선호했던 이유들 중 하나가 설명되는 것이다.

미군에 의한 군사영어학교 출신 장교들

어떻게 독립군을 격파하는 친일파 주동 인물들이 남한군대를 장악하게 되었을까? 그 시작은 군사영어학교 초대 교장인 존 마셜John T. Marshall 대령과 그의 후임인 러셀 베로스Russell D. Barros 소령이 수립한 편제계획에서부터였다. 마셜 대령은 일본군 대령 출신인 이응준의 자문을 받아 우익 성향의 사설군사단체에서 리더십을 발휘한 110명을 장교로 선발했다. 110명의 장교 가운데 2명을 제외하고는 모두 일본군 장교 출신이었다. 12명은 동경의 일본육사학교를 졸업하였고, 10명은 만주군관학교를 졸업하였으며, 장교단의 핵심인 72명은 전쟁 말, 소집되기 전에 장교후보생 교육을 마친 학병 출신이었다. 이들 중 78명은 한국군 장군이 되었으며, 백선엽과 정일권을 포함한 13명은 참모총장이 되었다. [13-14]

중국 국민당 군대 출신과 광복군 출신들이 있었음에도 불구하고 압도적으로 일본군 출신을 선호했던 것이다. 이 점이 남한에 엄청난 결과를 초래했을 뿐 아니라 남북한의 관계를 악화시키는 촉발제가 되었다.

미군정이 한국에서 실패했을까?

많은 전문가들은 미군정의 정책은 실패였다고 평가한다. 예를 들어 《(새롭게 밝혀낸) 한국전쟁의 기원과 진실》(1989)이라는 책에서 존 메릴 교수는 다음과 같이 설명한다:

어떻게 보더라도 미국의 한국 점령은 실패라고 볼 수밖에 없다. 미국은 30여 년간의 잔인한 식민 통치로부터 막 벗어난 한반도에서 비극적인 분단을 고착화시켰으며, 인민위원회 등을 통하여 나타난 주민의 자유스러운 정치 참여를 막았으며, 경찰과 관료들을 장악하고 있던 우익 세력 등의 입지를 강화시켜 주었다. 또한 미국의 정책은 좌우익 간의 대립을 심화시켜 결국 5년 후 한국전쟁으로 치닫게 했던 것이다.[13-15]

하버드 동아시아 연구소의 그레고리 헨더슨Gregory Henderson 역시 존 하지John R. Hodge 미군정이 저지른 최대의 실패는 일제강점기 기득권자였던 친일 매국세력을 국정의 동반자로 삼고, 조선인 중심의 중도파 정치세력을 무너뜨린 것이라고 지적했다.[13-16] 브루스 커밍스Bruce Cumings도 미국이 한국을 점령하자마자 일제하의 관청에 근무했던 친일매국 관리들을 그대로 재고용한 것이 한국사회의 현지 실정을 전혀 고려하지 않았고 미군정의 실패를 예고한 사태라고 평가한다.[13-17]

커밍스는 "북한은 60년 전에도 그리고 60년이 지난 후에도 여전히 미국의 골칫거리"며 그는 "미국의 한국 점령은 명백한 실패이자 미국 국민의 생명과 재산을 고갈시키는 해결 불가능하고 결코 끝나지 않은 악몽으로 곧 바뀌어 버렸다."라고 결론 내린다.[13-18]

한국전쟁이라는 대성공

과연 남한에서 미군정은 실패한 것일까? 1952년 밴 플리트Van Fleet 장군은 한국전쟁에 대해 다음과 같이 요약한다:

6·25전쟁은 미국 입장에서 축복이다. 한반도가 아니라면 또 다른 지역에서 6·25전쟁과 같은 전쟁이 있어야 했다.[13-19]

스톤I. F. Stone은 바로 이 밴 플리트 장군의 단순한 고백이 한국전쟁의 숨겨진 역사에 대한 핵심적인 면이라고 지적한다.[13-20] 한국전쟁이 역사에서 지니는 본질적인 중요성은 그 전쟁이 장기적이고 대규모였으며 영구적인 국방비 지출을 위한 지렛대였다는 것이다.[13-21] 만약 한국전쟁이 미국의 군산복합체와 글로벌 엘리트들의 아젠다를 위해 치밀하게 조작되고 유도된 전쟁이었다면 미군의 한국 점령과 한국전쟁은 실패가 아닌 엄청난 성공이며 따라서 북한은 미국이 원했던 일을 해준 것이다.

한국전쟁을 일으키려는 의도를 가진 워싱턴의 전략가들은 남북한을 너무 쉽게 조정할 수 있어서 놀라지 않았을까? 남북한의 정치 군사 지도자들은 아마도 자신들의 자립적인 의지로 움직인다고 생각했겠지만 워싱턴이 보기에는 마치 잘 훈련된 아이들로 보이지 않았을까? 전쟁을 일으키려는 세력에게 한국전쟁은 마치 어린아이로부터 사탕을 빼앗는 것보다 더 쉬운 일이었는지 모른다.

가장 적격한 인물들

한국전쟁이 가능했던 이유 중 하나는 이승만도 김일성도 무력으로 통일할 수 있을 것이라는 가능성을 믿었기 때문이다. 하지만 미국의 세력은 이승만과 김일성을 전쟁을 일으키는 데 이용한 것이다. 앞에서 언급했지만 와다 하루키和田春樹 교수가 말한 대로 서로를 평화적인 수단이 아닌 군사적인 수단으로 상대를 타도하여 영토의 완전지배를 성취하는 길밖에는 없는 것으로 생각했다.

하지만 전쟁을 유도한 저들은 한쪽이 승리하여 통일하는 것을 전혀 바라지 않았다. 대신 전쟁이 최대한 오래 지속되어 한반도뿐 아니라 세계적으로 자본주의진영과 공산진영 간의 대립으로 양분되어 그 사이에서 이득을 챙기기를 원했던 것이다. 그러나 이승만과 김일성은 미국 세력의 청사진을 알아채지 못했다.

이 두 독재자는 미국으로서는 가장 적격한 인물들이었을 것이다. 그렇기 때문에 이승만과 김일성이 낙점된 것은 우연한 것이 아니라 치밀한 계산에 의한 것으로 생각된다.

닭싸움

> 남과 북은 싸울 이유가 전혀 없었다. 싸울 이유가 없는데
> 싸우는 것은 투견이다. 서로 만난 적도 없는 개들은 투견사들의
> 돈벌이용으로 서로 물고 뜯고 심지어 죽이기까지 한다.
> 구경꾼들은 이를 즐기고 개평을 얻는 사람도 있다.
> 미·소는 한국을 분단시키고 투견사 노릇까지 하였다.
>
> _김삼웅

닭싸움Cockfight은 수놈의 공격적 기질을 이용하여 싸움을 붙이는 게임이다. 뾰족한 칼을 다리에 감아 치명적 공격력을 갖게 한다. 닭을 싸움 붙이면 둘 중 하나가 치명적으로 다치거나 죽을 때까지 싸운다(그림 13-3).

그림 13-3) 닭을 싸움 붙이는 장면
(출처:researchgate.net)

한국전쟁은 닭싸움과 별로 다를 것이 없었다. 미소는 한반도를 점령한 후 38선을 설치하여 봉쇄한 후에, 제각

각 군대를 양성하고, 국경충돌을 일으켜 싸움을 붙였다. 마치 훈련된 싸움닭을 싸움 붙이듯이, 강대국들은 이북과 이남의 상호 간첩 활동과 국지적 공격을 격려하고 조장했다. 전쟁이 전면적으로 일어나기 전 남측의 도발들과 임박한 전쟁은 트루먼 시절 딘 애치슨Dean G. Acheson의 고문으로 38선을 보고 간 존 포스터 덜레스John Foster Dulles가 누구보다 잘 파악하고 있었을 것이다.

한국사회를 장악한 이분법

우리가 진영이라는 틀, 여의도 정치라는 더 작은 틀, 그리고
세상을 보지 못하는 아집에 갇혀있는 동안 태평양 너머에선
우리의 운명을 놓고 '조크'도 하고, 가상 전쟁 시나리오도
가동하고 있습니다. 그래서 책을 읽다 보면 우리가 알지 못하는
사이에 우리의 운명이 좌우될 수도 있다는 불안이 엄습합니다.

_이계홍 칼럼니스트

극단주의자들이 못마땅하고 위험한 것은
그들이 극단적이어서가 아니라 관용이 없기 때문이다.
악은 그들의 목표에 대해서 이야기하는 것이 아니라,
그들의 반대측에 대해 이야기하는 것이다.

_로버트 케네디Robert F. Kennedy

한국전쟁을 일으키고 남북한의 대립을 유지하기 위해서는 심리적인 여건이 조성되어야 한다. 그러기 위해서는 선과 악을 규정짓는 이분법이 유

용하게 사용되었다.

이분법적 충동은 어렸을 때부터 배움을 통해 강화된다. 이분법적 충동에 우리 모두가 쉽게 현혹당할 수 있으며 이분법적 충동을 제어하지 않으면 세상을 두 개의 정반대로 구분하는 지도자들한테 조종을 당하게 되어 과거의 실수를 반복할 수 있다. 언어학자이자 미국 정치가인 S. I. 하야카와 Samuel Ichiye Hayakawa 는 이렇게 경고한다:

> 싸움을 하면 우리는 두 개의 가치를 바탕으로 한 방침을 갖게 된다. 두 개의 방침으로 나뉘게 되면 서로 싸우는 것을 원한다. 그리고 이 두 가지의 방침에 영향을 받아 모든 것은 두 가지로 나누어져 버린다.[13-22]

이분법적 충동으로 나타나는 현상을 우리는 자주 목격할 수 있다. 특히 의견이 다르면 '빨갱이' '좌빨' 혹은 '적폐' '친일'로 몰아가는 상황은 더 이상 대화나 진지한 토론을 불가능 하게 만든다.[13-23]

치안유지법과 빨갱이

> 가장 모르는 사람들이 가장 복종을 잘한다.
>
> _조지 파콰르(George Farquhar)

> 교육을 컨트롤하는 사람들이 국가의 여러 세대를 컨트롤한다.
>
> _개리 엘렌(Gary Allen)

한국사회의 가장 큰 강박관념을 대표하는 단어는 단연코 "빨갱이"일 것이다. "빨갱이"라는 딱지 하나로 사람의 목숨이 달려있었다는 역사적 사실은 잔혹한 면을 보여주는 것이다. "빨갱이"라는 개념은 한국에서만 특이하게 진화되어 70년간을 한국인의 정서를 장악하고 있다. 김득중은 《'빨갱이'의 탄생》에서 빨갱이의 의미를 다음과 같이 설명한다:

> 빨갱이란 단지 공산주의 이념의 소지자를 지칭하는 낱말이 아니었다. 빨갱이란 용어는 도덕적으로 파탄 난 비인간적 존재, 짐승만도 못한 존재, 국민과 민족을 배신한 존재를 천하게 지칭하는 용어가 되었다. 그렇기 때문에 공산주의자는 어떤 비난을 하더라도 감수해야만 하는 존재, 누구라도 죽일수 있는 존재, 죽음을 당하지만 항변하지 못하는 존재가 되었다.[13-24]

그런데 대부분의 사람들은 빨갱이가 시작된 시기가 일제강점기라는 점을 모르고 있다. 강성현 성공회대 교수가 근원에 대해 설명한다:

> 빨갱이는 일제강점기 시기의 '아카アカ'라는 용어에서 유래했다. … 사람의 속성을 '빨강赤'이라는 색깔로 지시한다. 이 색깔은 '주의자主義者', 더 좁게는 공산주의자를 속되게 가리키지만, 그것에 한정되지 않고 의미가 완전히 열린 채 부정적 낙인으로 기능한다.[13-25]

"빨갱이"가 일제의 치안유지법에 의하여 적으로 만들어지고 통제하는 법체제의 기원이 된다. 1925년 일제는 무정부주의, 공산주의, 사회주의, 조선 독립을 추구하는 민족주의 사상을 '위험사상'으로 처벌하는 치안유지법을 만들었다.[13-26]

해방 후에 친일파들은 총독부의 방식을 그대로 모방해 친일청산 및 단독정부 지지자들을 빨갱이로 몰아세웠다. 그리고 보수파들은 친일청산을 빨갱이와 연결시켜 대중에게 공포심을 주어 권력을 장악했다.

14장

돈으로 살 수 있는 최고의 적

  냉전 최악의 상징 중 하나인 월남전이 벌어지던 때 충격적인 정보가 발표되고 있었다. 1972년 8월 15일 미국 플로리다 마이애미 비치에서 개최된 공화당 소위원회 플랫폼에서 안토니 서튼Antony C. Sutton 스탠퍼드대 경제학 교수가 믿기 어려운 중대한 정보를 공개했다. [14-1] 서튼 교수는 베트남 전쟁에서 소련이 월맹군에게 제공한 물자와 무기들은 미국의 지속적인 도움이 있었기에 가능했다는 사실을 폭로하고 이를 증명했다.

  서튼 교수는 자신의 10년에 걸친 소련의 기술 발달에 관한 연구를 《서구 테크놀로지와 소련의 경제 발전Western Technology and Soviet Economic Development》이라는 세 권으로 이루어진 책에 서술했다. 그는 저술에서 소련의 원천적 테크놀로지란 없다고 결론짓는다. 소련의 산업과 군사 능력은 1917년 볼셰비키 혁명부터 50년간 미국의 지원으로 이루어졌다는 것이다. [14-2, 14-3, 14-4]

그림 14-1) 안토니 서튼(Antony C. Sutton, 1925~2002) 교수 (출처: antonysutton.com)

베트남전에 소련이 제공한 물자의 의아함

월남전은 미국을 비롯하여 한국, 필리핀, 호주, 태국 등의 여러 나라들이 참가한 기나긴 전쟁이었다. 린든 존슨Lyndon B. Johnson 대통령이 1964년 통킹만 결의안으로 월남전을 확대시킨 이래 베트콩군에게 사이공이 함락된 1975년 4월 30일까지 미군 58,220명, 남베트남군 254,256명이 전사했다. 한국 군인 역시 5,099명이 전사했다. 또한 미군이 살포한 고엽제 때문에 생겨난 장기적인 인명 손실과 지금도 유전되는 끔찍한 후유증은 말로는 이루 다 표현할 수 없을 것이다.

소련은 베트남 전쟁을 위해 약 100척의 수송선을 이용해서 무기와 물자를 북베트남에 제공했다. 서튼 교수는 그 수송선 중 84척의 엔진이 소련에서 만들어지지 않았으며, 또한 다른 수송선들은 소련 이외의 유럽 국가들에서 생산된 것으로 모든 조선 기술은 직접 혹은 간접으로 미국과 나토 국가들로부터 제공된 것임을 밝혀냈다. 또한 소련의 모든 차량, 트럭 그리고 엔진의 제조 기술은 서구(대부분은 미국)로부터 제공되었다. 소련군에는 30만대의 군용 트럭이 있는데 모두가 미국이 건설한 자동차 공장에서 생산된 것들이다.

월남전에서 월맹군들은 '호찌민 루트'라는 라오스와 캄보디아 사이의 길로 병력과 군수품을 이동시켰다. 월맹군들은 소련제 트럭을 몰았는데, 이를 공중에서 지켜본 미군기 조종사들은 그 트럭들이 미국산 트럭과 비슷하다고 진술했다.

월맹군 트럭은 소련에서 가장 큰 자동차 공장이 있는 고르키Gorky (현재는 '니즈니 노브 고로드'로 도시 이름이 바뀜)에서 생산된 것인데, 이 공장은 1929

년에 소련 국가 경제 최고 위원회의 파트너인 미국의 포드 자동차 회사가 세워준 것이다. 1968년 미국은 고르키 공장에서 베트남전에 공급되는 자동차를 생산하는 데 필요한 추가 장비들을 소련에 제공했다.

같은 해에 피아트 딜_{Fiat Deal}이라는 이름하에 볼고그라드_{Volgograd}에 고르키 공장의 3배가 되는 자동차 공장을 지었다. 당시 국무장관이었던 딘 러스크 _{Dean Rusk}와 국가안전보장 고문 월트 로스토_{Walt W. Rostow}는 의회와 미국민들에게 피아트 공장 설립은 평화적인 무역거래로서 군사 장비를 만들지 않는다고 설득했다. 그러나 존슨 정부는 베트남전에 참전하여 46,000명의 자국 군대가 전쟁터에서 죽고 있는 와중에 소련의 자동차 생산을 2배로 증가시켜 주었다.

소련은 1971년 카마_{Kama}에 94㎢ 규모의 세계에서 가장 큰 트럭 공장을 지었는데, 필요한 장비와 테크놀로지를 미국으로부터 제공 받았다. 이 공장은 10톤 대형 트럭을 연 10만대 생산할 수 있는 규모로서 미국의 모든 자동차 회사들의 생산력보다 컸다.

소련에는 또한 당대 세계 최대의 철강공장이 지어졌는데 그 공장은 미국 인디애나 주 게리에 있는 US 철강 공장을 그대로 복사한 것이다. 사실 소련은 철강에 관한 모든 기술을 미국과 독일 같은 나토_{NATO} 회원국으로부터 넘겨받았다. 다시 말해 소련의 군산업체는 바로 미국의 군산복합체와 워싱턴의 관료들이 만들어 준 것이다. [14-5]

평화무역

서튼 박사는 학계에 있다 보면 미국이 월남을 직접 보조하지 못하게 항의를 할 수 있지만, 북베트남을 뒤에서 지원하고 있는 소련과의 이른바 헨리 키신저Henry A. Kissinger가 추진하는 '평화무역'은 절대 반대할 수 없다는 이상한 상황을 마주하게 된다고 말한다. 결과적으로 미군 병사 10만 명은 한국전과 베트남전에서 워싱턴이 세금으로 보내준 미국의 기술장비를 가진 적과 싸우다 만리타국에서 죽게 된 것이다.

서튼 교수는 미국정부가 문서 1장, 전화 1통이면 소련이 베트콩에 제공하는 물자를 중단시킬 수 있었다고 말한다. 그러나 이런 옵션은 전혀 사용되지 않았다는 것이 서튼 교수 발표의 핵심 주장이다.

서튼 교수뿐 아니라 여러 사람들이 미국정부가 공산국가에 돈과 무기를 제공하고 있다고 주장해 왔다. 하지만 서튼 교수가 이들과 다른 것은 그가 철저히 자료에 입각하여 자신의 주장을 입증하고 있다는 점이다. 서튼은 러시아 볼셰비키 혁명에서부터 소련이 붕괴된 1991년까지 소련의 군산복합체에 개입된 사람, 단체, 회사의 이름들을 미 국무부, 독일 외무부 기록보관소, 국립 기록보관소, 국회도서관 그리고 학문적 저널 등에서 얻은 구체적인 서류를 바탕으로 제시했다. 서튼 교수는 그런 반역죄를 저지른 사람들이 숨지 않도록 이름이 알려져야 한다고 주장했다.

서튼 교수는 1966년 미국이 소련정부에 판매한 여러 가지 중, 가장 비극적인 결과를 초래한 일은 글리세롤 공장을 건설하는 데 필요한 모든 품목을 미국이 제공한 것이라고 말한다. 글리세롤은 폭발물을 제조하는 데 사용된다. 특히 글리세롤은 베트남에서 위장폭탄에 사용되었는데 미군 사상자의 50%가 위장폭탄으로 인한 피해를 입은 것이다. [14-6)

소비에트 경제 시스템의 근본적인 문제

소비에트연방의 대규모 산업체의 약 3분의 2가
미국의 도움과 기술지원으로 세워졌다.
_이오시프 스탈린Joseph Stalin
루스벨트의 고문 애버렐 해리먼과의 대담 중

왜 소련의 경제는 볼셰비키 혁명부터 시작하여 미국과 서방국가들의 도움을 받아야만 했을까? 서튼 교수는 소련 경제의 근본적인 문제를 지적했는데, 그것은 한마디로 혁신을 가져오기 어려운 시스템 때문이라는 것이다. 경제와 생산이 공산당의 주도하에 중앙 집중식으로 계획되어 진행되기 때문에 내부적으로 인민의 자발적 참여가 제한될 수밖에 없으며 따라서 외부의 도움 없이는 전체적으로 기술 발전이 어려울 수밖에 없다. 소련은 베트남전에 필요한 군수물자를 지원하기 위해서 엄청난 기반시설의 구축이 필요했는데, 그것은 외부로부터 지원을 받아야 하는 상황이었다.

이는 공산주의가 성장해서 강해지는데에 서구 자본주의자들의 자본과 테크놀로지의 도움이 필수적이었다는 뜻이다.

억압되는 서튼 교수의 저술

서튼 교수의 발표 내용을 기반으로 시어도어 루스벨트 대통령의 손녀인 에디스 루스벨트Edith K. Roosevelt가 원고를 작성하여 언론사에 넘겼지만 배포되지 않았다. 또한 존 슈미츠John G. Schmitz 하원의원이 에디스의 기사를 UPI와 AP사에 보내지도록 직접 통신사에 넘겼지만 역시 전달되지 않았다.

서튼 교수는 1973년 대중을 대상으로《국가의 자살: 미국의 소련 군사 원조National Suicide: Military Aid to the Soviet Union》라는 제목의 책을 출간한다. 그런데 출판사와 서튼 교수에게 책을 거두라는 압력이 가해졌다. 결국 서튼 교수는 1975년 스탠퍼드대 교수를 그만두고 독립적인 연구를 계속하면서 회원 독자들을 위한 정기 뉴스레터와 책 집필에 몰두했다.

서튼의 긴 저술 목록 중《돈으로 살 수 있는 최고의 적Best enemy money can buy》(1986)은 소련의 산업화와 군 산업 기술 개발은 미국, 영국 그리고 독일의 기술이 이전되어 발전되었다는 사실을 증명한 책이다. 또한《에너지: 창조된 위기Energy: the created crisis》는 에너지 위기란 다국적 기업이 주기적으로 만들어 내는 위조된 위기이며 건강한 자유시장 경제가 어떻게 이 가짜 에너지 위기를 제거할 수 있는지를 보여준다. [14-7]

서튼 교수의 저서들은 에너지 문제 및 오늘날 과학기술의 기원과 공산주의와 자본주의라는 두 체제 간의 충돌이 조작되어 왔다는 현대사의 큰 그림을 이해하는 데 매우 중요한 정보를 담고 있다. 그의 저술들은 한국전쟁에 대한 의문을 풀어주는 여러 결정적인 실마리들도 언급돼 있지만 한국에서 출판된 관련 연구서들 중 서튼 교수가 제공한 자료에 대해 언급한 것은 보지 못했다.

여하튼 서튼 교수는 가장 중요한 역할을 한 역사학자 중 하나라고 생각된다. 특히 한국전쟁의 기원을 제대로 이해하려면 서튼 교수의 책들은 필수적이다.

3가지 정보 계층: 전통주의, 수정주의, 완전 버전

> 우리가 던져야 할 질문은 도전받았는가가 아니라
> 변화되었는가이다.
>
> _레너드 레이븐힐Leonard Ravenhill

서튼 교수에 의하면 정보는 3가지 종류가 있다고 제시한나. 하나는 "기득권 세력의 버전"으로 정부나 기득권 세력이 제공하여 거의 모든 사람들이 믿는 종류를 말한다. 일반적으로 전통주의라고 불린다. 둘째는 "수정주의 버전"으로 새로 허락된 정보를 바탕으로 기득권 세력의 버전에 도전하는 종류이다. 셋째는 "완전 버전"인데 완전한 정보를 기반으로 하지만 거의 모든 사람들이 믿지 않는다. 한국전쟁에 대해 완전 버전을 이해하려면 서튼 교수가 제공하는 정보가 필수적이다.

한마디로 한국전쟁에 대한 전통주의와 수정주의의 대립은 구시대의 잔재라고 생각된다.

15장

볼셰비키 혁명과 월스트리트

세계가 공산주의와 자본주의로 나뉘어 서로 대립하게 된 것은 20세기를 형성한 가장 중요한 특징이라고 할 것이다. 한반도의 분단과 전쟁은 이른바 자유진영과 공산진영 대립의 결정적인 기폭제였다. 독자들은 일반적으로 공산주의가 누구에 의해 어떻게 시작되었지 잘 알고 있다고 생각할 것이다. 그리고 러시아에서 마르크스 정신을 이어받은 공산주의자들에 의해 볼셰비키 혁명이 일어났고 그 후 여러 나라로 전파되었다고 알고 있을 것이다.

6·25전쟁이 발발한 지 70년이 지났는데도 우리의 지식이나 이해에는 별다른 변화가 없다. 이 장에서는 러시아 혁명이 어떻게 일어났으며 혁명 체제가 어느 세력에 의해 부양되었는지를 설명해 보겠다.

월스트리트와 공산주의 관계

20세기 초기에 월스트리트와 공산주의 관계는 비밀이 아니었다. 1911

년《세인트루이스 포스트 디스패치 St. Louis Post-Dispatch》에 실린 로버트 마이너 Robert Minor의 만화평론(그림 15-1)이 그러한 관계를 잘 보여준다. 마이너는 재능있는 예술가이자 볼셰비키 공산주의 운동가로서 1915년 차르 러시아에서 체제 전복 혐의로 체포된 적도 있었다. 러시아에서 풀려나 미국에 돌아온 그는 저명한 월스트리트 은행가들에게 후원을 받으며 활동했다. 그림에서 보듯이, 조명을 받는 카를 마르크스 Karl Marx가 사회주의를 팔에 끼고 월스트리트의 금융 지역에서

그림 15-1) 로버트 마이너의 만평(1911) (출처: rapeutation.com)

상당한 인기를 누리며 환영을 받는 인물임을 나타낸다. [15-1] 그의 주변에는 J. P. 모건 John Pierpont Morgan과 그의 사업 파트너인 조지 W. 퍼킨스 George Walbridge Perkins, 존 D. 록펠러 John Davison Rockefeller 그리고 내셔널 시티 은행의 존 D. 라이언 John D. Ryan이 서 있다. 그림의 정면에는 시어도어 루스벨트 Theodore Roosevelt Jr.가 그의 유명한 이를 드러낸 채 미소를 짓고 있다.

볼셰비키 혁명에 대해 아마도 가장 중요하지만 잘 알려지지 않은 요소는 미국 금융업체의 개입일 것이다. 볼셰비키 혁명이 일어난 지 몇 주 후인 1917년 12월부터 미국과 소련의 무역이 시작되었다. 무역을 통해 러시아 전체를 장악하려는 볼셰비키에 절실하게 필요한 물자가 제공되었다. 워싱턴의 도움은 혁명세력이 러시아를 성공적으로 장악할 수 있는 계기를 마련해 주었다.

미국 월스트리트가 공산주의 혁명에 개입하여 도움을 주는 것 자체가 당시로서도 두 가지 면에서 이적행위라고 할 수 있다. 첫째, 자본주의에 의하여 가장 성공적으로 발전한 금융업체가 자본주의를 적으로 여기는 공산주의 혁명에 개입되었다는 것이다. 둘째, 1차 대전 당시 미국과 한편인 연합국 러시아를 전복시키려는 공산주의자들을 돕는 것은 당연한 이적행위다. 그럼에도 불구하고 뉴욕의 자본가들이 러시아 공산주의 혁명의 중추적인 역할을 한 것이다.

이에 대해 앞에서도 언급된 스탠퍼드 대학의 안토니 서튼Antony C. Sutton 교수는 국무부의 공식 자료를 바탕으로 볼셰비키 혁명에 대한 월스트리트Wall Street의 핵심적인 역할을 밝혀냈다.

너무 잘 나가는 트로츠키의 행보

블라디미르 레닌Vladimir Lenin과 레온 트로츠키Leon Trotsky는 볼셰비키 혁명을 이끈 가장 핵심 인물들이라고 할 수 있다. 볼셰비키 혁명 바로 전의 트로츠키의 행보는 기록이 잘 남아있는데, 보이지 않는 손이 항상 작용하고 있었다는 점을 알 수 있다. 트로츠키는 런던에서 마르크스주의 혁명가 레닌을 만난다. [15-2] 러시아에서 탈출한 후 프랑스에서 활동하다 추방당한 트로츠키는 1917년 1월 13일 가족과 함께 스페인 여객선을 타고 대서양 너머 뉴욕에 도착한다.

독일어와 러시아어밖에 하지 못하는 트로츠키가 어떻게 자본주의 국가인 미국에서 생존할 수 있었을까? 그의 자서전에 의하면 트로츠키의 유일한 직업은 사회주의 혁명가라고 했다. 미국에서 그의 공식적인 수입은《새로운 세계Novy Mir, New World》라는 러시아어로 발간되는 사회주의 저널에서의 소액의 고료 정도였다. 그런데 그와 가족은 그 당시 사치품인 냉장고와 전화가 설치된 뉴욕의 고급 맨션에 살았으며 강연을 마치면 대기하던 리무진을 타고 가족과 함께 고급 티룸을 드나들었다.[15-3] 뿐만 아니라 1917년 캐나다 핼리팩스Halifax 당국이 트로츠키를 체포했을 때 당시 돈으로는 상당한 액수인 1만 달러를 가지고 있었다.[15-4]

1차 세계대전 중에 당시 연합국 측인 러시아와 우방인 미국, 영국, 그리고 영국연방에 속한 캐나다에 트로츠키는 위험한 인물이었다. 그가 러시아로 들어가 공산주의 혁명을 일으킨다면 당연히 연합국으로서는 큰 손실을 보게 될 것이며 독일에는 큰 힘이 실리게 된다. 트로츠키는 이러한 정세를 공공연히 미국사회에 알렸다. 뉴욕에서 그는 대중 연설을 통해 자신은 러시아로 돌아갈 것이며 임시정부를 무너트리고 러시아와 독일과의 전쟁을 중단시킬 것이라고 말했다. 트로츠키의 강연 내용은 미군정보국도 알고 있었다.[15-5]

트로츠키와 동료 혁명가 일행은 미국을 떠나 러시아를 향해 여객선 크리스티아니아피요르드S.S. Kristianiafjord를 타고 러시아를 향하다, 1917년 4월 3일 캐나다의 핼리팩스에서 독일의 첩자 혐의로 억류된다. 이때 트로츠키가 지니고 있던 1만 달러는 독일로부터 받은 것으로 드러났다.[15-6]

서튼 교수는 트로츠키가 그때 독일 첩자로 체포되었어야 했다고 말한다. 그런데 트로츠키가 캐나다에 하룻밤 억류되자 영국과 미국의 각계로부터 기이한 영향력이 작용한다. 처음 듣는 이름의 뉴욕 변호사, 캐나다의 체신부 장관, 런던의 고위 외교관 등이 트로츠키의 상황에 대해 문의하고 그를 즉각 석방할 것을 요구했다.

가장 놀라운 것은 우드로 윌슨Woodrow Wilson 대통령이 직접 지시를 내려서 미국 시민도 아닌 트로츠키에게 미국 여권을 발급해 준 것이다. 그는 윌슨의 배려로 미국 여권을 가지고 캐나다를 거쳐 러시아 입국까지 아무 문제

없이 통과한다. 결국 트로츠키가 볼셰비키 혁명에 참여할 수 있도록 윌슨 대통령이 직접적인 도움을 준 것이다. 역사는 윌슨 대통령이 트로츠키에 게 미국 여권을 줘서 러시아로 입국한 것을 절대로 잊지 말아야 한다고, 윌슨 대통령의 전기를 쓴 제닝스 와이스Jennings C. Wise는 말한다. [15-7]

이렇게 각계각층의 사람들이 연합국에 위협을 주는 트로츠키에게 도움을 준다는 사실에 의구심을 갖게 된 캐나다 육군 정보기관 출신이자 매클린 출판사의 설립자인 존 매클린John B. MacLean 중령은 1918년 '왜 트로츠키를 풀어줬나? 캐나다는 어떻게 1차 대전을 단축시킬 기회를 놓치게 되었나?' 라는 기사를 게재했다. [15-8] 트로츠키에 대해 조사한 매클린 중령에 의하면 트로츠키는 러시아인이 아니라 원래 독일인이며 본명은 '브라운스타인 Braunstein'이다. 실제로 트로츠키는 러시아어보다 독일어를 더 잘했다. [15-9]

매클린 중령은 트로츠키가 "지하세계에 강한 영향력"을 가졌고, 그의 세력이 "너무 큰 나머지 그가 모든 배려를 받도록 명령이 내려왔다."라고 주장했다.

미국의 두 재벌과 볼셰비키

비록 교과서에는 언급이 없지만, 볼셰비키 혁명은 미국 월가에서 파견된 여러 사람들이 절대적인 역할을 했다. 제1차 세계대전 당시 미국에는 두 재벌가가 경제를 장악하고 있었다. 그것은 록펠러Rockefeller의 스탠다드 오일Standard Oil과 J. P. 모건J. P. Morgan의 은행이었다. 이들은 런던의 로스차일드 석유회사와 은행 그리고 독일의 바르부르크Warburg 금융재벌과 밀접한 관계를 가지고 있었고 록펠러와 모건의 두 재벌의 이사들도 서로 맞물려 있었다. [15-10]

서튼 교수는 특히 윌리엄 보이스 톰슨_{William Boyce Thompson}이 레닌과 트로츠키에 제공한 재정, 외교 그리고 홍보상의 도움이 없었다면 볼셰비키 혁명은 시들어 없어졌을 것이고 러시아는 헌법체제의 사회주의로 진화되었을 것이라고 주장한다. [15-11] 그렇다면 톰슨은 누구이며 러시아 혁명에 어떤 역할을 했는가?

1917년 여름, 러시아 혁명의 중심지인 페트로그라드에 적십자 역사상 가장 이상한 사명을 가진 그룹이 도착했다. 월스트리트 금융가 15명과 연방 준비 이사회의 윌리엄 보이스 톰슨이 이끄는 변호사가 그룹에 속해 있었다. [15-12] 같이 합류했던 의사와 간호사로 이루어진 작은 의료팀은 그들이 정치 활동에 이용되는 얼굴마담에 불과하다는 것을 깨닫고 한 달 후 돌아갔다.

러시아에 보내진 '적십자 지원단'의 명단에는 주로 은행가, 월스트리트와 관계있는 법률가들이 주를 이뤘다. 언급한 대로 적십자라는 이름은 위장에 불과하고, 이 방문단의 목적은 볼셰비키를 도울 창구를 찾는 것이었다. 1918년 2월 2일 자《워싱턴 포스트_{The Washington Post}》지에는 이때 톰슨이 송금을 받아 볼셰비키에 백만 불을 주었다는 기사가 게재되었다. [15-13]

은행가 J. P. 모건은 톰슨에게 백만 불을 내셔널 시티 은행_{National City Bank} 페트로그라드 지사를 통해 보냈다. 페트로그라드의 내셔널 시티 은행은 혁명 후 볼셰비키가 국유화하지 않은 유일한 은행이다. [15-14] 뉴욕에서 보낸 백만 달러는 볼셰비키에 전달되었다. 당시 톰슨은 뉴욕의 연방준비은행의 이사였으며, 광산개발 사업을 했다. 톰슨은 미국에 돌아와 소련을 지지해야 한다는 강연을 하고 다녔다. [15-15]

볼셰비키 혁명에는 두 개의 뉴욕 금융 조직이 직접 참여했다. 하나는 브로드웨이 120번지의 뉴욕연방은행_{Federal Reserve Bank of New York}이고 다른 하나는 1915년에 J. P. 모건과 록펠러의 재정으로 설립된 투자신탁회사인

AIC_{American International Corporation}이었다. 하지만 이 두 기관은 서로 겹치는 관계였다. 예를 들어 AIC 회장인 찰스 스톤_{C. A. Stone}은 뉴욕연방은행의 이사였다. [15-16]

1918년, 혁명 후의 러시아는 엄청난 내부와 외부의 문제가 있었다. 볼셰비키는 러시아의 전체를 통제하지 못하고 페트로그라드와 모스크바 일부 정도의 작은 부분만 차지하고 있었다. 남부 러시아와 크리미아 지역은 강한 반공주의 군부가 장악하고 있었다. 나머지를 압도하기 위해서는 외부로부터 무기, 식량, 재정, 무역 등과 외교적으로 인정을 받는 것이 절실하게 필요했다.

월가의 금융가들과 법률가들 그리고 혁명 기간 동안 러시아에 들어가 시베리아 횡단열차를 통제해 준 미군에 이르기까지 서방 세력의 도움이 없었다면 볼셰비키의 쿠데타는 생존할 수 없었을 것이다. [15-17]

샤오강 농부들의 혁명

누가 포로였으며 왜 탈출할 수 없었나?

_얼빙 제니스_{Irving Janis}

수십만 년 인간의 몸에 쌓여온 자연의 체질이 몇 사람에 의해 정립된 이념이나 사상 하나로 바뀔 수는 없는 것이다. 인간은 자유를 필요로 하며 소유에 대한 욕망이 있고 영적인 것을 추구하려는 종교적인 본능이 있다. 만약 이런 본능이 억압당한다면 그 순간부터 인간은 불행을 느끼고 의식적 무의식적으로 그것을 해결하려고 할 것이다. 그러한 예를 보여주는 특별한 한 이야기가 있다.

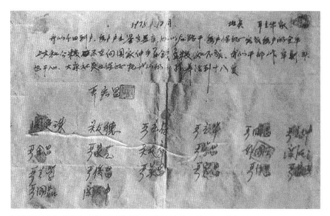

그림 15-2) 샤오강 농부들이 서명한 계약서 (출처: zaobao.com)

중국 안후이安徽성에 있는 샤오강小崗은 상하이로부터 차로 5시간쯤 걸리는 시골 마을이다. 그곳에는 주목할 만한 농부들이 살고 있었다. 1978년 11월의 어느 밤에 18명의 농부들은 서류에 서명을 했다(그림 15-2). 그중 한 구절은 이렇게 쓰여 있다:

우리가 하려는 것이 알려져서 팀장이 감옥에 들어갈 경우 그의 아이가 18살이 될 때까지 나머지 사람들이 양육을 책임진다.

그들은 공산주의 교리에 직접 도전하며 공동농토를 나누어 각 가족에게 이양하여 농부들이 개인적으로 일할 수 있게 서로 비밀 약속을 했다. 그러므로 그들은 원하는 것을 심고, 원하는 시간에 일을 할 수 있게 되었다. 세계의 거의 모든 농부들이 할 수 있는 이러한 기본적인 권리가 엄격한 공산주의 교리 밑에 사는 사람들에겐 없었던 것이다.

중국에서는 1958년 마오쩌둥의 대약진 정책으로 개인소유의 토지제도가 폐지됐다. 대약진 운동은 공산혁명 후 근대적인 사회주의 사회를 만든다는 목적으로 마오의 주도로 1961년 말까지 시도된 농업과 공업의 대중산 운동이었다.

샤오강 농부들은 당의 정책을 거슬러 공동소유에서 개인소유로 농토를 바꾸는 것이 얼마나 위험한 일인지를 잘 알고 있었다. 체포, 긴 감옥살이, 중노동, 사형 등등. 1978년 최악의 가뭄이 덮친 샤오강 마을의 농민들은 이래 죽으나 저래 죽으나 하는 심정으로 땅과 농기구를 나눠 각자 농사를 지은 뒤 의무할당량을 인민공사에 내고 남은 수확을 각자가 갖는 개별영농의 길을 선택했다. [15-18)

공산주의 교리에 도전하는 그들의 용감하지만 무모한 계획은 절망적인 시간에 탄생했다. 얄궂게도 중국에서 재해를 낳은 경제정책은 경제발전을 앞당기기 위한 두 개의 목표로부터 비롯된 것이다. 그것은 바로 농업과 철강생산의 증대였다.

1958년 모든 개인소유의 땅은 압수되었고 약 5,000가구로 구성된 25,000개의 집단농장이 시작됐다. 철강생산 증대를 위하여 수십만 개의 용광로가 만들어졌고 6,000만 명이 참가하는 집단 농장 사람들이 필요한 노동력을 제공했다. [15-19) 즉 농사를 짓는 데 필요한 노동력이 철강생산으로 전환된 것이다. 마오쩌둥만큼이나 전문지식이 없는 농부들이 만든 철강생산품은 쓸모없는 것이었다. 대약진이 포기된 1961년까지 2~4천여만 명이 아사했다. [15-20) 대약진은 인간이 만든 가장 큰 재해 중 하나가 되었다.

마오는 '생산성 이론'에 근거해 이 운동을 시작했지만, 농촌의 현실을 무시한 무리한 집단 농장화나 농촌에서의 철강생산 등을 진행시킨 결과 사상 최악의 아사 사태가 일어나고 운동은 큰 실패로 끝이 난다. 이 때문에 마오의 권위는 추락하고 이후 권력 회복을 목적으로 홍위병을 앞세운 문화 대혁명을 일으키게 된다.

그 당시 샤오강 마을은 특히 피해를 입었다. 120명 중 67명이 기근으로 사망했다. 이런 비극으로 인하여 샤오강 농부들은 공산주의 논리를 의심하기 시작했고 집단소유에서 개인소유로 농토를 전환시키는 것에 대해 생각했다. 하지만 1966년의 문화혁명으로 마오쩌둥의 권위와 교리에 도전하는 자들이 숙청됐기 때문에 더 좋은 때를 기다려야만 했다. 마오쩌둥은 1976년에 죽었고, 2년 후 그들은 오래도록 벼르던 계획을 실천했다. 개인소유 실행이 누설되지 않도록 노력했지만, 그 일은 다음 봄에 세상에 알려지게 되있다. 나행히 그 일을 알게 된 관직원은 농부들을 동정적으로 생각하고 개인적으로 농사를 짓도록 모른 척 놔두었다.

그 결과는 개인소유 농사의 대성공이었다. 그들의 가난과 굶주림은 땅과 가뭄 탓이 아니었다. 인민공사를 위해 적당히 일하고 적당히 할당량을 채우던 농민들은 개별영농을 시작한 이후 너나없이 이른 새벽부터 밤늦도록 부지런히 일했다. 이듬해 수확량은 놀랍게도 그전 5년간 소출을 합친 것과 맞먹었다.[15-18] 그로 인하여 농부들이 항상 원했던 것이 이루어졌다. 그것은 가족이 배고프지 않은 것이다.

샤오강 농부들의 대담한 행위가 가져온 중요한 의의는 등소평으로 하여금 전국적으로 농경개혁을 실시하도록 계기를 준 것이다. 등소평 또한 대약진 당시에 괴로움을 느꼈다. 등소평은 마오쩌둥에게 직접 도전함으로써 3번이나 숙청당했다. 마오 이후 그는 샤오강 농부들로 인해 어렵지 않게 개혁을 이끌 수 있었다. 등소평의 농경개혁은 중국역사에서 보기 드문 것이었다.

마을의 토지를 한 덩어리로 묶고 각 농가가 능력에 따라 일하고 필요에 따라 분배받는다는 인민공사의 집단농장 체제는 1984년이 되자 거의 사라졌다. 그리고 1987년에는 샤오강촌 방식이 전국 농가의 98%까지 확산됐다.

많은 사람들이 도시로 이주했음에도 농산물 생산성이 올라가 1985년부터 중국은 곡물 부족국에서 곡물 수출국으로 바뀌었다. [15-21]

등소평이 1997년에 사망했을 때 《뉴욕타임스The New York Times》의 패트릭 타일러Patrick Tyler는 그에 관한 장문의 부고를 썼다. [15-22] 그는 중국 대사를 지낸 스태플턴 로이J. Stapleton Roy의 말을 인용해서 등소평의 15년이 지난 150년 중 가장 좋았던 기간이라고 서술했다. 중국의 지난 15년이 가장 좋았던 이유가 바로 등소평 때문이라는 것이다. 그 말이 맞겠지만, 등소평 개혁의 첫 삽은 샤오강 농부들이 뜬 것이다.

샤오강 농부들은 경제학, 농경학, 사회학, 심리학에 학위가 있는 것이 아니었지만 그들은 인간의 기본적인 필요성에 대해서 알았다. 개인의 운명을 개인의 손에 쥐게 하는 것이 얼마나 큰 효율성을 가져올 수 있는지 알고 있었다. 등소평은 이를 인정함으로 샤오강 농민의 방법이 개인뿐 아니라 전 사회에도 큰 효율성을 가져온다는 것을 증명했다.

이것이 마르크스와 다른 공산주의 체제에 매혹되었던 사람들이 깨닫지 못했던 것이다. 무엇보다도 공산주의의 교리 밑에서 나라를 끌어갔던 정치인이나 관료들이 샤오강 농부들이 했던 것 같은 간단한 시도를 소규모라도 감히 할 수 없었다는 것이 공산주의 체제가 가지고 있는 가장 큰 약점이다. 그들은 함정에 빠졌지만 나올 수가 없었던 신세였던 것이다.

우리는 겸손한 자세로 샤오강 농부들로부터 중요한 한 가지를 배워야 한다. 학위나 높은 관직을 가지고 있는 사람들이 별로 배운 것이 없는 보통 사람들보다 더 마음이 막혀 있을 수 있다는 것이다. 배운 지식이 오히려 유연성을 잃게끔 하는 요인이 될 수 있다. 자신의 고정관념만을 더욱 견고하게 해줄 뿐인 정보나 사상을 통해서는 어떤 지혜 습득이나 발전도 가능하지 않을 수 있다는 것을 기억해야 한다.

소위 지식인 중에는 자신이 몸담고 있는 교리에 도전하는 의견이나 방법을 거부하는 사람들이 있는데, 그런 사람일수록 놀라울 정도로 무지한 상태에 머물러 있는 것을 종종 발견하게 된다. 의사, 변호사, 교수 등 교육 수준이 높은 사람들이라 할지라도 바쁘게 살다 보면 피상적인 현상만을 전달해 주는 언론에 의해 가치 있는 정보는 차단되고 상식을 잊어버리게 된다.

그렇다면 평범한 농부들이 쉽게 파악할 수 있을 정도로 공산주의는 근본적인 문제가 있음에도 불구하고 어떻게 처음에 러시아를 장악할 수 있었을까? 앞에서 얘기했듯이 그것은 러시아 인민의 근본적인 힘이 아닌 다른 인위적인 엄청난 규모의 세력이 작동했기 때문이다. 그러나 샤오강 농부들의 자발적인 혁명처럼 사람의 본능이나 상식에 반하는 터무니 없는 것은 영원히 지속될 수가 없을 것이다.

16장

양쪽을 조종하다

친공산주의 세력과 반공산주의 세력을 월스트리트가 지원한다

앞에서 소개된바 AIC는 J. P. 모건과 록펠러가 돈을 댄 투자신탁회사다. AIC는 개런티 트러스트Guaranty Trust Company라는 자회사가 있었다. 놀라운 것은 이 개런티 트러스트사가 반공단체인 유나이티드 아메리칸스United Americans를 창설했다는 것이다. 이 뉴욕의 반소련 단체는 미국정부와 금융가들이 공산주의 혁명을 돕기 위해 2천만 불을 소련에 송금하고 있다고 비난했다. 여기서 알 수 있는 것은 친볼셰비키 세력과 반볼셰비키 세력을 결국 모건과 록펠러의 금융회사가 장악하고 있었다는 사실이다. [16-1] 이렇게 양쪽을 장악하여 조종하는 방법은 저들이 언제나 사용하는 전형적인 공식이다.

유나이티드 아메리칸스는 공산주의와 싸운다는 기치 아래 1920년에 설립되었다. 이 단체의 핵심적인 창립 멤버들은 개런티 트러스트, AIC 그리고 제이콥 쉬프Jacob Schiff의 쿤렙 & Co.의 임원들이었다. 반공단체인 유나이티드 아메리칸스를 창립한 주요 인물들이 양다리를 걸치고 있었다는 사실은 50년 후 자료가 공개되면서 알려졌다.

유나이티드 아메리칸스는 1920년 3월 《뉴욕타임스The New York Times》에 빨갱이들Reds이 2년 안에 미국을 침략할 것이라는 기사를 실었다. 빨갱이들은 러시아의 귀족을 죽이고 강도질을 한 2천만 불의 자금으로 침략할 것이라고 했다. 이들은 이른바 침략군 빨갱이들의 숫자를 극도로 과장한 5백만 명이라고 하더니 좀 더 자세한 숫자인 3,465,000명이라고 지정하면서 공산주의자들이 미국 사회를 파괴시킬 것이라고 소리를 높였다. [16-2] 유나이티드 아메리칸스는 사람들에게 근거 없이 공포를 주었다. 소련의 침략에 대한 과장된 공포를 조성하는 바로 그 사람들이 한편에서는 소련을 보호하고 돈을 빌려주며 위협적인 존재로 키우고 있었던 것이다!

소련은 어떻게 원자폭탄을 가지게 되었나

앞서 언급했지만 미 국가안전보장회의 기밀서류 NSC-68은 공산세력 확대에 대한 봉쇄Containment를 강조하는 정책이다. 소련이 원자폭탄의 능력을 가지게 됨으로 냉전이 악화됐고 NSC-68을 정당화하는 큰 명분이 되었다.

소련이 1949년 8월 29일 원자폭탄 실험에 성공했다고 트루먼이 발표했을 때 많은 사람들은 어떻게 그렇게 단시간 안에 소련이 원자탄 제조 기술을 가지게 되었나에 대해 의아하게 생각했다.

조지 레이시 조단George Racey Jordan 소령은 1942년 5월부터 1944년 6월까지 무기대여법Lend-Lease으로 소련에 보내지는 물품의 발송을 책임진 장교였다. 그는 물품의 발송리스트를 보며 미국이 소련에 전달하는 문서와 자료 그리고 인력의 이동에 자신의 눈을 의심할 수밖에 없었다. 그리고 그는 자신이 담당한 일들과 관찰한 것들을 기록으로 남긴다. 그 기록은 이후 《조단 소령의 일기From Major Jordan's Diaries》라는 책으로 1965년에 발행된다.

조단 소령은 뉴워크Newwark 공항과 몬태나 주의 그레이트 폴스Great Falls에 있는 공군 기지에서 연락 장교로서 경험한 자신의 이야기를 역사에 남도록 하려고 책을 펴낸 것이다. 그는 다음과 같은 품목이 미국에서 소련으로 보내졌다고 기록했다:

1. 원자폭탄의 청사진, 비밀과학 서류와 원자폭탄의 재료인 우라늄
2. 장비, 차량, 비행기, 배, 무기 등의 군사비밀
3. 공장의 과정, 방법, 공장의 청사진 등의 산업비밀
4. 특허, 논문 등의 과학비밀
5. 미국 화폐를 찍는 데 필요한 금속판, 잉크, 니스, 종이 샘플 등이 5대의 C-47 수송기로 두 번 수송됨
6. 소련에 중장비 공장을 지을 수 있는 엄청난 양의 장비와 자재들[16-3]

조단 소령은 1944년에 적절한 통로를 통해 워싱턴Washington에 이런 상황을 보고했지만 아무런 일도 일어나지 않았다. 그리고 1945년 8월 일본에 원자폭탄이 처음으로 떨어졌을 때 그는 비로소 우라늄이라는 단어의 완전한 의미를 알게 되었다고 말한다.

1949년 트루먼 대통령이 소련에 원자폭탄이 있다고 발표했을 때, 조단 소령은 자신이 본 것을 스타일스 브리지스Styles Bridges 상원의원과 FBI에 보고했다. 1949년 12월과 1950년 3월 그는 의회 청문회에 나와 증언했다.[16-4] 또한 조단 소령은 유엔이 창설되기 3년 전인 1942년에 미국은 유엔에서 일할 인물들을 이미 선정해 놓고 있었다는 정보도 제공했다.

그뿐 아니라 조단 소령은 저명한 라디오 방송인 풀턴 루이스Fulton Lewis

Jr.와 인터뷰도 했다. 그러나 조단 소령과 풀턴 루이스는 여러 주류 언론사들의 악의적인 인신공격에 시달려야만 했다. 이런 공격은 거의 3년간 지속되었다. 1952년 6월 말, 뉴욕의 《데일리 프레스Daily Press》는 "의회위원회가 요르단 소령이 제시하는 혐의의 근거를 찾지 못했다."라고 보도했다. 그렇지만 청문회의 기록을 보면 그것은 사실이 아니었다. 조단 소령이 제공한 정보를 수사한 전 FBI 요원 도널드 아펠Donald T. Appell과 리처드 닉슨Richard M. Nixon 상원의원의 대화 기록은 조단 소령의 증언을 뒷받침한다:

> **닉슨** 이른바 우라늄의 배송에 대하여… 우라늄의 배송이 진행되었다는데. 그게 맞습니까?

> **아펠** 두 번의 배송을 통해 우라늄 산화물, 우라늄 질산염, 중수 등을 비롯해 수송기까지 그레이트 폴스에서 보냈다는 사실이 문서화되어 있습니다.[16-5]

이들의 대화 기록을 보면 누가 이러한 범죄적 행위를 주도했는지를 알 수 있다. 소련으로 핵무기에 대한 장비와 기술 그리고 인력을 보낸 핵심적인 역할을 한 인물은 바로 프랭클린 루스벨트Franklin D. Roosevelt의 상무장관이자 가장 가까운 조언자였던 해리 홉킨스Harry Hopkins였다. 루스벨트는 대통령으로서 무기대여법Lend-Lease을 통해 소련에 어떠한 원조를 해줄 수 있나에 대한 권한이 있었는데 이를 홉킨스에게 맡겨 버린 것이다.

원자폭탄의 실험이 성공한지 얼마 안 되어서 대통령이 가장 신임하던 최측근 인물에 의해 설계도와 산업 비밀이 스탈린의 책상위로 넘어갔다는 사실은 매우 충격적인 일이다.

대리 대통령: 해리 홉킨스

후에 더 자세히 다루겠지만 프랭클린 루스벨트 대통령의 사위였던 커티스 돌Curtis B. Dall에 의하면 루스벨트는 실제 권한이 별로 없었으며 월스트리트를 배후로 한 코칭스태프의 지시를 따를 뿐이었다는 것이다. 그 금융가의 이익을 대변하는 코칭스태프 중 가장 수수께끼의 인물은 바로 해리 홉킨스Harry Hopkins였다. 그는 언론에서 거의 언급되지 않았고, 별다른 공식 직함도 없이 루스벨트의 밀착 조언자로서 뉴딜 정책을 감독했고 2차 대전 이후의 세계 형성에 엄청나게 중요한 역할을 한 인물이다.

홉킨스는 루스벨트 대통령과 특이하게 여겨질 정도로 루즈벨트 대통령을 밀접하게 보좌했으며 오랫동안 백악관에서 거주하였다. 루스벨트는 1945년 4월 얄타회담을 마친 두 달 후 사망했는데, 약 8개월 후 홉킨스도 혈철증으로 사망(56세)했다. 1941년 7월 모스크바를 처음으로 방문했을 때 루스벨트는 스탈린에게 특별한 부탁을 한다. 그것은 홉킨스를 루스벨트

그림 16-1) 1938년 9월 프랭클린 D. 루스벨트와 홉킨스 (출처: wikipedia)

자신과 직접 얘기하는 것같이 대해달라는 부탁이었다. [16-6)]

2차 대전에 관한 미국의 정책은 대통령인 루스벨트가 아닌 사실상 홉킨스가 전체적으로 운영했다. 전쟁의 어떤 국면에도 홉킨스가 개입되어 있었고 결정권을 가지지 않은 것이 없었다. [16-7)] 홉킨스는 루스벨트의 개인 고문으로 알려졌지만, 그 밖에 여러 가지 공식적인 직위와 비공식적인 직무 권한을 가지고 있었다. 그는 미국이 제2차 대전 중 영국, 소련, 중국 등의 연합국 측 나라들에 전쟁 물자를 제공할 수 있는 무기대여법Lend-Lease 의장, 탄약 배정 위원회 의장, 전시 생산 위원회 의장, 소비에트 의정서 위원장, 태평양 전시 내각 의원 등의 공식 직책 등을 가지고 있었다. 또

그림 16-2) 해리 홉킨스와 스탈린 (출처: cornell.edu)

한 그가 회원으로 있는 단체는 홉킨스의 보좌관이 그 위원장이 되었다. [8-8)]

여러 참모총장들이 전략을 세우는 데 있어 홉킨스의 영향력에 대해 언급했다. 외교에 대해서는 홉킨스가 국무장관을 우회하는 '루스벨트의 개인 외무부' 역할을 했으며 심지어 '대리 대통령'이라고도 불리었다. 《타임Time》지는 그를 '미스터리 맨'이라고 했다. [16-9, 16-10)] 또한 그는 원자폭탄 개발을 착수시킨 주역이었다. [16-11)] 레이히William D. Leahy 제독은 홉킨스의 활동 범위가 주로 군사 문제였지만 그 밖의 모든 종류의 민간 문제, 정치, 전쟁물자 생산 그리고 외교 문제를 망라했다고 말했다. [16-12)]

2차 대전 당시 모스크바 주재 미국 대사관의 군 공관장이었던 존 딘John R. Deane 장군은 홉킨스가 '러시아 우선 정책Russia First'을 고수했다고 주장했

다.[16-13] 전후 세계은행 설립의 주요 멤버였으며 특히 얄타회담에서 루스벨트의 대 중국 고문역이었던 로클린 커리Lauchlin Currie는 홉킨스가 소련 정보원에 협력했다고 증언했다. 이 내용은 1952년 시작된 미 의회 상원 안보소위원회인 매캐런 위원회의 조사 보고서에 기록되어 있다.[16-14]

베노나 프로젝트에 언급된 "에이전트 19"의 정체

1920년대 후반부터 미국에는 외국인뿐 아니라 미국인 공산주의자로 구성된 소련의 첩보 요원들이 미국의 무기산업 기술과 여러 정부기관들과의 접촉 내용을 모스크바에 전송하고 있었다. 물론 어느 나라나 스파이들은 있다. 특히 외교관은 다 아는 비밀로 어느 나라나 다 스파이 일을 하고 있다고 말할 수 있다. 그런데 미국에서 이들의 활동과 정체는 이해할 수 없을 정도로 보호를 받거나 외면받았다.

엘저 히스Alger Hiss는 하버드대를 나와 미 국무부 고위관료로 루스벨트의 극진한 신임을 받는 얄타회담의 자문변호사였으며, 딘 애치슨Dean G. Acheson과 존 포스터 덜레스John Foster Dulles 등의 주선으로 카네기 재단의 이사장이 된다. 그런데 그가 1930년대에 소련의 스파이로 활동했다는 사실이 1948년에 드러나게 된다. 하지만 공소시효가 지나 그는 처벌받지 않았다. 히스는 다만 위증죄로 5년 형을 선고받고 3년 후 출감한다.

사실상 소련 스파이였던 히스의 노출은 빙산의 일각이었다. 히스의 간첩 활동은 미국 공산당 당원이자 워싱턴의 소련 스파이로 활동(1938~1945)했던 엘리자베스 벤틀리Elizabeth T. Bentley가 1945년에 자백한 것을 계기로 드러났다. 하지만 이보다 앞서 10년 전부터 《타임Time》편집장이자 그 자신이 1930년대 스파이로 일했던 휘태커 체임버스Whittaker Chambers는 미국 내 공산주의 간첩망을 경고하고 있었다. 그는 직접 루스벨트 대통령을 만나 이러한 사실을 말하려 했지만 번번이 좌절된다.

1943년 2월부터 미 정보부는 숨어 있는 소련 스파이들의 정체를 찾기 위한 '베노나 프로젝트Venona project'를 운영하게 된다. 이 작전은 군사정보부의 카터 클라크Carter W. Clarke 대령에 의해 착수되었는데, 소련의 암호교신을 해독하는 특급기밀 사안이었다. 정보부는 이 프로젝트를 통해 정부 안에 소련 스파이들이 깊숙이 침투하고 있었음을 확실한 증거로 파악한다.

그런데 베노나 문서를 통해 알 수 있는 점은 조지프 매카시Joseph McCarthy) 상원의원이 제기한 대부분의 간첩 혐의자들이 실제로 소련의 간첩들이었다는 사실이다. 그러나 미 의회는 1954년 매카시 상원의원에 대한 청문회 생중계를 거쳐 그에 대한 비난 결의안을 의결한다. 특히 미국 민주당에서는 후에 대통령이 되는 존 F. 케네디John F. Kennedy를 제외한 의원 전원이 이 결의안에 찬성한다. 이후 매카시 상원의원은 근거 없는 주장을 한 정신병자 취급을 받다시피 하다 48세의 젊은 나이로 사망했다.

베노나 서류에서 드러난 내용 중 가장 중요한 소련 스파이는 '에이전트 19'라는 인물이었다. 에이전트 19가 넘긴 내용 중에는 1943년 5월 29일 루스벨트와 처칠이 논의한 내용이 포함되어 있는데, 놀랍게도 논의 당사자들과 해리 홉킨스 말고는 그 논의 내용을 알 수 있는 사람이 없었다. [16-15) 베노나 문서에서 가장 자주 언급된 인물은 1935년부터 미국 내 KGB 비밀 책임자로 활동했던 이삭 아크메로프Iskhak Akhmerov였다. 그는 1945년 소련으로 돌아가 KGB 부국장이 되었으며 붉은 깃발 훈장을 받았다. 그는 1960년 초 모스크바 강연에서 "2차 대전 당시 미국에서 가장 중요한 소련 간첩은 해리 홉킨스였다."라고 말했는데 이는 베노나 서류가 보여준 것과 일치한다. [16-16)

애치슨의 수상한 행적

트루먼 정부의 국무장관 딘 애치슨은 1950년 남한을 태평양 방위선에서 제외하는 애치슨 라인을 선언했다. 그는 예일과 하버드를 나와 재무부를 거쳐 국무부 차관으로서 미국의 2차 대전 전후의 중요한 외교를 수행했으며 국무장관으로서 대외적으로 대소 강경 정책을 취했다.

그런데 1933년 미국이 소련을 인정하기 전 스탈린은 미국에서 볼셰비키의 이권을 지켜줄 변호사로 애치슨을 고용했다. 16-17) 소련 스파이로 드러난 앨저 히스Alger Hiss의 형제인 도널드 히스Donald Hiss는 애치슨 법률사무소의 파트너였다. 애치슨은 국무부에서 앨저 히스뿐 아니라 이후 간첩 활동 및 안보 위험인물로 식별된 존 스튜어트 서비스John Stewart Service, 존 카터 빈센트John Carter Vincent 그리고 로클린 커리Lauchlin Currie 등을 주요 자리에 승진하도록 도와주었다.

또한 애치슨은 FBI가 존 스튜어트 서비스를 스파이 협조 혐의로 체포했음에도 계속해서 그를 두둔했다. 애치슨 패거리들이 중국 공산화를 도왔다고 미국인들은 격분했다. 1953년 트루먼 정부를 마지막으로 그는 공직에서 은퇴했으나 그의 워싱턴 와이즈 맨 패거리들을 통해 케네디와 존슨 정부의 비선 실세로 영향력을 행사했다. 16-18)

홉킨스와 애치슨 같은 사람들이 소련의 스파이였다고 받아들이는 것은 한쪽만을 보기 때문이다. 큰 그림을 본다면 그들은 양쪽을 조종하는 역할을 했던 것이다.

공산주의는 더 큰 음모의 한 부분

W. 클레언 스쿠젠W. Cleon Skousen은 FBI에서 16년을 근무했고, 솔트레이크 시티에서 경찰국장을 역임했다. 그는 FBI에서 공산주의자들을 수사했기 때문에 그들의 내막을 잘 알고 있었다. 그는 1970년《벌거벗은 자본가The Naked Capitalist》라는 베스트셀러가 된 책을 썼다. [16-19]

《벌거벗은 자본가The Naked Capitalist》의 첫 장에는 벨라 도드Bella Dodd 박사의 인터뷰 내용이 소개된다. 도드 박사는 오랜 기간 미국에서 공산당원으로 활동하며 언제부터인가 엄청난 사실을 깨닫게 됐다. 미국 공산당은 2차 대전 직후 몇 가지 중요한 문제에 관해 모스크바로부터 지시 답변을 받는 데 어려움을 겪는다. 도드 박사는 이 과정에서 숨어 있는 수퍼 리더를 알게 되었다고 말한다.

그림 16-3) 벨라 도드(Bella Dodd) 박사(1904~1969) (출처: issuu.com)

미국 공산당은 비상사태가 발생하여 소련과 연락이 닿지 않을 때마다 뉴욕의 월도프Waldorf 타워의 지정된 세 사람 중 한 명과 연락하도록 지령을 받는다. 도드 박사는 이들로부터 지시를 받을 때마다 모스크바는 항상 이를 승인했다고 말했다. 도드 박사를 당황하게 한 것은 이 세 사람은 러시아인이 아니라는 사실이었다. 그들 중 어느 누구도 공산주의자가 아니었다. 세 사람 모두 매우 부유한 미국 자본가였다!

벨라 도드 박사는 그녀가 쓴《어둠의 학교School of Darkness》를 통해 1910년 이후의 미국 지식인 사회의 사상적 변화들을 자신의 이력을 통해 기록하면서 다음과 같은 결론을 내리고 있다:

공산주의란 단지 더 큰 음모의 한 부분이다.[16-20)

재단의 위력

양쪽을 컨트롤하기 위해서는 엄청난 규모의 재정적인 지원이 있어야 한다. 이러한 역할을 담당하는 곳이 재단이다. 실제로 1950년대 들어 중국이 공산화되고 한국전쟁이 일어난 후 미 의회는 루스벨트와 트루먼 정부의 극동아시아 정책에 의문을 제기하고 조사를 착수했는데 여기서 핵심은 재단이다(매캐런 위원회The McCarran Committee). 록펠러 재단과 카네기 재단이 공산주의와 소련을 지지하는 태평양 문제 연구소IPR의 재정을 지원해 왔고, IPR은 미 국무부의 극동 아시아 정책에 영향력을 행사했다. IPR의《아메라시아Amerasia》라는 잡지사를 수색했을 때, 그들은 정부에서 훔친 1,800가지가 넘는 서류들을 가지고 있었다.

그러나 의회 위원회의 이들 재단에 대한 조사는 한계가 있었다. 매캐런 위원회의 후속 조사위원회라고 할 수 있는 1953년 리스 위원회The Reece Committee는 '미 의회 역사상 가장 위험한 위원회'로 불렸다. 리스 위원회의 자문인 르네 웜저Rene Wormser는 자신의 경험을 바탕으로《재단: 그들의 권력과 영향력Foundations: Their Power and Influence》이라는 책을 썼다.[16-19) 공화당 소속 캐롤 리스B. Carroll Reece 하원의원은 30년간 의원으로 일을 하면서 재단을 조사하는 일이 가장 어려웠다고 말했다. 방해는 수사를 착수하자마자 나타났다. 《뉴욕타임스The New York Times》등을 비롯한 수많은 언론들이 의회 조사위원회를 지속적으로 공격했다.

매캐런 위원회The McCarran Committee는 최소한 1930년대 중반부터 IPR이 공산주의자들의 기관이나 마찬가지라고 판단했다.[16-20) 리스 위원회는 중국이 공산화된 것에 IPR의 역할이 그 무엇보다 가장 컸으며 IPR은 미국의 극동아시아 정책이 공산주의의 목표를 지향하도록 해준 차량 구실을 했다고 평가하고 있다.

이들 재단 이사들은 서로 겹치거나 친밀한 사업관계를 유지하며 결혼, 학연 등으로 연결돼 있다. 재단을 위해 일하는 인물이 정부 요직으로 갈아타는 이른바 회전문 인사가 비일비재하며 이들은 결국 재단 소유주의 하수인으로 권력과 영향력을 행사한 것이다. 정부는 국민이 견제하고, 교회는 신도들이 견제하며, 기업은 주주들이 견제하지만 재단들은 거의 아무런 견제가 없다. 재단이 법적으로 시작된 것은 프랑켄슈타인 같은 괴물이 창조된 것에 비유될 만하다.

미국의 쿠바 공산혁명 지원

1959년 피델 카스트로Fidel Castro가 쿠바 권력을 장악한 후 존 포스터 딜레스John Foster Dulles의 동생인 앨런 딜레스Allen W. Dulles CIA 국장은 카스트로는 공산주의 성향이 없는 인물이라고 상원 비밀위원회에 보고했다.[16-21] 그리고 미국이 쿠바에 개입하는 것에 반대한다고 말했다.

당시 하바나의 미 대사관의 얼 스미스Earl E. T. Smith 대사는 카스트로의 권력 장악 상황을 직접 목격한 장본인으로 이는 미국정부의 도움이 있었기 때문에 가능했다고 증언했다.[16-22] 그는 카스트로가 쿠바에서 공산주의 혁명을 성공시켜 권력을 잡은 과정을 다룬《네 번째 층: 카스트로의 공산주의 혁명 과정The Fourth Floor: An Account of the Castro Communist Revolution》이라는 책을 썼다. 스미스 대사는 상원에서 미 국무부의 고위간부가 카스트로가 권력을 잡도록 도왔다고 증언했다.

워싱턴이 쿠바의 바티스타_{Batista} 정부를 헌신짝같이 차버리고 카스트로를 지원해 준 과정은 1940년대 후반에 장제스를 버리고 마오쩌둥이 중국을 장악하도록 한 수법과 흡사하다. 워싱턴은 바티스타 정권은 독재를 했고 부패하며, 이에 반해 카스트로는 자유의 전사이고 공산주의자가 아니라고 설명했다. 그뿐 아니라 CIA는 1957년 가을 카스트로의 게릴라 단체에 활동 자금을 건넸다.[16-23] 반복해서 사용하는 공식이 다시 한 번 쿠바에서 나타난 것이다.

케네디의 완벽한 실패: 피그스만 침공작전

> 국가기밀이 악취를 풍기며 나타날 때
> 그때가 바로 파시즘이 오는 때다.
> _짐 개리슨_{Jim Garrison} 검사

미국에는 항상 두 종류의 세력이 존재한다. 문제를 일으키는 세력과 문제에 대응하는 세력. 공산주의가 창궐하는 세력과 공산주의와 싸우는 세력이 공존해야 세계를 편을 갈라서 싸움을 붙일 수 있는 것이다. 이 두 개의 세력에 각기 진심으로 가담하는 대부분의 사람들은 큰 그림을 모르기 때문에 자기편을 위하여 열정적으로 싸우게 된다.

워싱턴은 한편에서 카스트로와 공산당이 쿠바를 장악하도록 했지만, 다른 면으로는 쿠바의 위협을 강조했다. 이같이 미국에는 공산주의나 테러의 위협을 강조하는 세력이 있지만, 그 공산주의나 테러조직을 뒤에서 창조하고 지원하는 세력이 같이 존재하는 것이다. 양쪽 세력을 컨트롤하는 자들은 워싱턴의 비선 엘리트 조직과 월스트리트 금융업자들의 하수인들

이다.

냉전 시절 미국과 소련 두 강대국은 쿠바를 두고 표면상 작은 전투를 벌였다. 아이젠하워 정부 시절부터 CIA는 미국으로 망명해 온 쿠바인들을 훈련시켜 게릴라 전쟁의 도구로 양성해 놓았다. 훈련 장소는 미국과의 관련을 숨기기 위해 과테말라의 밀림으로 선정했다.

아이젠하워 정부의 후임 케네디 정부는 1961년 4월 17일 1,400명의 반카스트로 망명자로 이루어진 여단을 쿠바의 피그스만에 상륙시켜 카스트로의 사회주의 정부의 전복을 시도했다. 그러나 이들은 소련군에게 훈련받은 20,000명의 카스트로의 군대에 포위당하고 결과는 실패였다. 이로써 40대 중반의 젊은 케네디 대통령에 의한 외교정책의 첫 중대 결정은 큰 실패를 맞게 된다. [16-24]

그런데 피그스만 침공작전의 일원으로 쿠바군에 생포되어(그림 16-4) 수년간을 지옥 같은 감옥에서 보낸 프랭크 디바로나Frank de Varona는 자신이 깨

그림 16-4) 피그스만에서 생포된 포로들 (출처: La Nacion)

달은 진실을 알렸다. 피그스만 침공의 실패는 작전상 오류가 아니라, CIA가 중간에 작전을 바꿔 고의적으로 실패를 유도했다는 것이다. 16-25)

1961년 4월 피그스만 침공 실패로 미국은 국제적인 망신을 당했다. 반대로 카스트로는 정권의 기반을 더욱 공고히 다지게 되었다. 그리고 미국은 포로들을 돌려받기 위해 5,300만 달러 상당의 의약품과 식품을 쿠바에 지급해야 했다. 피그스만 작전의 대실패로 케네디가 발견한 것은 CIA가 이 신참의 젊은 대통령을 바보로 만들었다는 것과 그 자신 역시 조종당하는 꼭두각시에 불과하다는 것이었다. 케네디는 CIA 국장 앨런 덜레스와 그의 '친구들'에게 속은 것을 깨닫고 극도의 분노를 느꼈다. 그는 측근에게 이렇게 말했다고 한다. "나는 CIA를 수천 개의 조각으로 찢어발겨 공중에 날려 버리겠다." 16-26)

케네디 암살을 수사한 짐 개리슨Jim Garrison 검사는 케네디를 죽인 범인은 리 오스왈도Lee Oswaldo가 아닌 CIA와 연결된 정부 내의 사적인 조직이라고 결론을 내린 바 있다. 16-27)

쿠바 침공을 고의적으로 실패하도록 뒤에서 조종한 사람들이 바로 카스트로가 권력을 장악하도록 지원한 사람들이다. 16-25) 이것은 공산주의 쿠바를 유지시켜 좌와 우의 대립을 조장하는 전형적인 공식인 것이다.

17장

딥스테이트

> 워싱턴의 진정한 통치자는 보이지 않는
> 무대 뒤에서 힘을 행사한다.
> _펠릭스 프랭크퍼터Felix Frankfurter 미국 대법관

로버트 루이스 스티븐슨Robert Louis Stevenson의 유명한 소설 《지킬 박사와 하이드 씨Strange Case of Dr Jekyll and Mr Hyde》의 주인공은 선Jekyll과 악Hyde의 이중인격을 가진 과학자다. 소설에서는 악한 쪽이 결국에는 주인공을 장악하는 비극으로 막을 내린다.

개인뿐 아니라 국가도 인격이 있고 정부의 내부에서도 선과 악이 대결한다. 전쟁의 역사를 연구하다 보면 미국은 어느 나라보다 심한 이중인격을 가지고 있다는 결론을 내릴 수밖에 없다. 미국을 하나의 선이나 악으로만 파악하거나 선출직 정치 지도자의 성향에만 초점을 맞춘다면 한국전쟁의 기원을 이해하는 길을 더욱 요원해질 것이다.

미국은 스티븐슨의 소설과 마찬가지로 지난 백 년 넘게 악한 쪽이 전체를 서서히 장악해 온 것이다. 불행히도 이 비극은 세계화로 확장되었다.

특히 한국은 미국의 악한 쪽의 행위로 누구보다도 오랫동안 피해를 보고 있다. 한국전쟁을 상식적이고 정상적인 논리 안에서 관찰하게 되면 납득하기 어려운 사건들을 지속적으로 발견할 수 있다. 이러한 이상한 일들을 이해하려면 이면에 숨어있는 얼굴을 알아야 한다. 그래야만 큰 그림을 볼 수 있고 한국전쟁의 원인을 이해할 수 있는 것이다.

군산복합체에 대한 아이젠하워 대통령의 경고

딥스테이트의 존재에 대해 아마도 가장 인상적인 언급을 한 사람은 드와이트 아이젠하워Dwight Eisenhower 대통령일 것이다. 아이젠하워 대통령은 '딥스테이트'라는 이름을 사용하지 않고 '군산복합체'라는 단어를 처음으로 사용했다. 그는 1961년 퇴임연설에서 미국이 군산복합체의 손에 넘어가는 것을 경고했다. 아이젠하워는 2차 대전 때 유럽에서 연합군 최고사령관이었고, 육군 참모총장을 지낸 군부세력의 대표자였기 때문에 누구보다 전쟁산업이 초래하는 위험을 잘 알고 있었다. 아이젠하워의 15분 남짓한 연설의 핵심적인 부분은 다음이다:

> 방대한 군사체제와 대규모 무기산업 간 결합은 이제껏 미국인들이 경험하지 못했던 새로운 현상입니다. 경제, 정치, 심지어 정신 영역에까지 침투한 그것의 전면적인 영향력은 모든 도시, 모든 주 정부, 모든 연방 정부의 정무적 기구들에서 나타나고 있습니다. … 우리는 '군산복합체The military-industrial complex'가 그들의 의도와 상관없이 갖게 될 부당한 영향력을 경계해야 합니다. 잘못된 힘이 재앙의 모습으로 등장할 가능성은 이미 존재하고 있고 앞으로도 지속될 것입니다. 우리는 군산복합체의 권력이 우리의 자유

그림 17-1) 1961년 1월 17일 백악관에서의 마지막 연설 (출처: npr.org)

나 민주적 절차를 위협하도록 방치해서는 안 됩니다. 우리는 이를 당연하게 여겨서는 안 됩니다. 깨어 있고 지식을 갖춘 시민들이 평화적 방법과 목표로 이 군산복합체를 통제할 때에 비로소 국가 안보와 자유가 함께 번영할 것입니다.

군산복합체가 '재앙의 모습'으로 등장할 가능성이 이미 존재하고 있고 앞으로도 지속될 것이라는 아이젠하워의 경고와 한국전쟁은 어떠한 연관성이 있을까? 구체적으로 말하자면 해방 후 분단과 6·25전쟁 그리고 70년 넘게 남북한의 대립이 지속되고 있는 우리의 상황에 얼마만큼의 군산복합체의 영향이 작용하고 있는 것일까? 한국전쟁으로 가장 이득을 볼 수 있는 집단은 바로 군산복합체일 것이다.

비선실세

트럼프 대통령은 재직시절 '딥스테이트Deep state'라는 단어를 종종 사용하곤 했다. 딥스테이트는 지배자 조직체Establishment를 뜻하는 말이다. 선출되지 않은 고위관료와 이들을 후원하는 금융재벌로, 정권이 바뀌어도 여전히 정부와 외교를 지배하는 세력을 말한다.

이 세력은 '정부 안의 정부' 혹은 '그림자 정부Shadow government'로 지칭되기도 하며 '카발Cabal' 등으로 불린다. 이들은 외견상 상반되는 보수와 진보 양 진영에 넓게 포진해 있다. 그들은 정부 안에 깊숙이 뿌리 박혀 강력한 실력을 행사하지만, 공식적인 직함이나 실체는 드러내지 않기 때문에 선출된 정무직과는 달리 실패한 정책에 대한 법적인 책임에서 면제된다. 그들은 일종의 이익집단으로서 자신의 집단에 충성을 약속하고 그에 대한 이익의 보답을 받아 왔기 때문에 그들의 아젠다를 위해 국익에 위배되는 이중 스파이도 될 수 있는 것이다.

이 말은 그들은 국익이나 민족적 가치를 위해 일하지 않는다는 것을 의미한다. 자국민에게 손해를 끼치면서 정부의 권한과 자주성을 제거시키는 세계화에 앞장선 정치인들이나 글로벌 금융 엘리트가 대표적인 예라고 할 수 있다. 권리와 특권을 누리되 법적 책임에서 자유로운 딥스테이트를 한국어로 부른다면 아마도 '비선실세'가 다소간 비슷한 의미가 아닌가 생각된다.

미국의 26대 대통령 시어도어 루스벨트Theodore Roosevelt Jr.의 손녀인 에디스 루스벨트Edith K. Roosevelt는 숨어있는 세력에 대해 다음과 같이 설명한다:

미국에서 '조직체Establishment'라는 단어는 백악관에 어떤 인물이 앉아 있든 상관없이 대부분의 권력을 휘두르는 미국 북동부 출신의 국제 금융, 비즈니스 및 정부의 권력 엘리트를 가리키는 일반적인 용어다. 대다수 사람들은 이 '합법적인 마피아'의 존재를 알지 못한다. 그러나 숨겨진 지배자들에 의한 조직의 힘은 연구 보조금이 필요한 교수 또는 내각과 국무부에서 일자리를 얻고 싶은 후보자에게 감지된다. 이들은 거의 모든 분야에 걸친 국가 정책에 영향을 미친다.[17-1]

실권을 가지고 있는 보이지 않는 세력에 대하여 1922년 존 하이랜John F. Hylan 뉴욕 시장이 다음과 같이 말했다:

우리 공화국의 진정한 위협은 거대한 문어와 같이 우리의 시, 주, 나라에 뻗어있는 보이지 않는 정부다. 그 꼭대기에는 '국제 금융가들'이라고 불리는 소수의 금융 회사들의 그룹이 있다. 강력한 권력을 가진 극소수의 국제 금융가 집단은 그들의 이기적인 목표를 위해 우리 정부를 운영하고 있다.[17-2]

언론에서 나타나는 대다수의 선출직 정치인들은 사실상 보이지 않는 세력의 손바닥 안에 있는 꼭두각시 정도라고 생각할 수 있다. 대중 선거란 돈이 필요하고 누군가 뒤에서 쇼를 준비해줘야 하기 때문이 아닐까?

딥스테이트를 다룬 책들

딥스테이트를 소개하는 출판물 중 가장 많이 팔린 책은 1964년에 출간된 존 스토머John Stormer의 《아무도 감히 반역이라고 부르지 못한다None Dare Call It Treason》일 것이다. 이 책은 유명 출판사가 발행한 것도 아니었는데 무려 7백만 부가 팔렸다. 스토머는 사회의 모든 활동 분야(청소년 그룹, 라디오, 텔

레비전, 영화 산업, 교회, 학교, 교육, 문화 단체, 언론 등)에 딥스테이트가 침투되어 있다고 말한다. [17-3)]

조지타운 대학의 캐롤 퀴글리Carroll Quigley 역사학 교수의 《비극과 희망 Tragedy and Hope》과 《앵글로-아메리칸의 지배조직The Anglo-American Establishment》이야 말로 그 자신이 내부자로서 딥스테이트를 공개하는 중요한 책들이다. [17-4)] 그는 책에서 현대사의 많은 중대한 사건들에 대한 딥스테이트의 역할을 설명함으로 역사학도들에게 현대사에 대한 전혀 다른 시각을 열어주었다.

딥스테이트에 대해 정확한 자료를 바탕으로 가장 많은 정보를 제공한 사람은 이 책에서 여러 번 언급된 스탠퍼드 대학의 안토니 서튼Antony Sutton 교수일 것이다. 서튼 교수의 여러 저술들은 한국전쟁이 포함된 큰 그림을 이해하는 데 없어서는 안 될 필수자료로 생각한다. 하지만 의아하게도 내가 아는 바로는 서튼 교수의 책을 언급한 한국전쟁 연구자는 없다. 딥스테이트에 대한 연구는 아마도 대학교수에게는 건드릴 수 없는 영역으로 취급되는 듯하다.

언론인 조종

> 의사들이 건강을 망치고, 법률가들이 공평성을 파괴하고,
> 대학이 지식을 파괴하고, 정부가 자유를 파괴하고, 언론이
> 정보를 파괴하고, 종교가 윤리를 파괴하고, 은행이 경제를
> 파괴하는 나라에서 우리는 살고 있다.
>
> _크리스 헤지스Chris Hedges 프린스턴대학 교수

어떤 CIA 작전의 이름은 그 의도가 쉽게 나타난다. 예를 들어 CIA가 언론을 조종하는 공작을 '앵무새 작전Operation Mockingbird'이라고 부른다. Mockingbird라는 새는 한국어로 흉내지빠귀라고 하는데 다른 새들의 노래뿐만 아니라, 곤충이나 양서류의 소리까지 따라 부른다. CIA가 시키는 말을 언론사들이 반복한다는 것은 이미 잘 알려진 사실이다.[17-5]

1975년 프랭크 처치Frank Church 상원의원 주최로 CIA의 정보활동 남용에 대한 의회의 청문회가 열렸다. CIA가 다른 나라의 지도자를 암살하거나 정부를 전복시킨다는《뉴욕타임스The New York Times》의 기사로 CIA에 대한 조사가 상원에서 착수된 것이다.

처치 위원회의 마지막 보고서에는 CIA가 대중의 의견에 영향을 주기 위해 수백 명의 언론인들을 이용한다는 사실이 등장한다. 필립 그래함 워싱턴 포스트 사장은 한 CIA 요원에게 이 같은 말을 들었다고 말한다:

> 언론인 하나 매수하는 것이 한 달에 200불 정도로 좋은 창녀를 사는 것보다 싸다.[17-6]

CIA의 언론인 매수는 미국에 국한된 게 아니라는 사실이 독일의 내부 고발자에 의해 알려졌다. 우도 울프코트Udo Ulfkotte 박사는 25년의 경력을 가진 독일의 저명한 저널리스트이다. 그는 2014년에 발표한《매수된 언론인 Journalists for Hire: How the CIA Buys News》이라는 책에서 미국 CIA 요원들이 독일의 저널리스트를 매수하여 가짜 뉴스를 언론에 게재하도록 한다고 폭로했다.[17-7] 그는 CIA가 작성한 글을 자신이 쓴 것인 양 이름을 넣어 친미적이고 반러시아적인 기사를 발행함으로 유럽과 러시아 간 전쟁을 부추기는 일을 해왔다고 내부 고발했다. 이 책은 9개 언어로 번역되었고, 저널리즘을 배우는 학생들에게 필수적이다.

유럽에서 수 많은 유력 언론사와 기자들이 조종된다는 사실에 비추어 볼 때 한국도 예외가 될 수 없다고 추측할 수밖에 없다. 이는 한국 언론의 신뢰도가 OECD 국가들 중 거의 바닥 수준인 이유 중 하나가 될 것이다. [17-8]

종교계 대표

언론인들도 그렇지만 더 큰 우려는 CIA가 성직자들을 이용한다는 점이다. 1996년 7월 17일 미국 상원의회에서 CIA가 저널리스트들과 성직자들을 정보활동에 이용하는 문제에 대한 청문회를 했다. [17-9] 1975년 12월 5일 국회의 청문회 기록은 CIA가 성직자들을 여러 나라에서 이용하는 문제를 다루었다.

최근에 《TASS》기사에 의하면 CIA와 미국 국방부가 벨라루스의 종교 상황을 방해하고 가톨릭 공동체를 반정부 시위로 끌어들이려고 하고 있다고 주장했다. "가용 가능한 정보에 따르면 미국은 벨라루스의 종교 상황을 노골적으로 간섭하고 있으며, 정교회와 가톨릭 기독교인을 서로 대립시키려고 한다. 지금까지 자제를 보여주던 바티칸을 벨라루스의 국내 갈등으로 끌어들이려 하고 있다. 카톨릭 성직자들을 반정부 시위에 연루시키기 위해 워싱턴은 벨라루스 정부에 대한 비판을 제기하고 기도회나 십자가 행렬들의 종료 행사를 통해 반대선전을 퍼트리도록 촉구하고 있다고 덧붙였다. [17-10]

또한 CIA는 아랍에서 친미 여론을 조성하고 저항세력을 잠재우기 위해 컨설팅 회사 등을 이용해 종교계 인사들을 매수해 왔다. [17-11]

한국의 특정한 종교 상황으로 인해 CIA가 침투한다면 피해를 보기 무척 쉬울 것이다. 주입식 교육에 익숙한 한국문화는 종교 지도자의 권위와 신뢰를 맹목적으로 따르는 경향이 있으므로 CIA가 성직자를 이용하는 가능성은 그만큼 높다고 추측할 수 있다.

가령 수많은 목사들이 친미적이고 공산주의 위협을 강조하면서 북한과의 평화와 대화를 추구하는 시도에 적극적으로 반대하는 이유가 CIA의 영향력에서 나오는 것인지 의심해야 할 것이다. 한국에서도 뉴스회사의 가짜 뉴스는 이미 소문이 났기 때문에 뉴스를 맹신하는 이들은 별로 없지만, 이들 종교 지도지들의 말은 대부분의 신도늘이 아무 의심 없이 받아들인다.

18장

외교협회_{CFR}

2009년 오바마 정부의 국무장관 힐러리 클린턴Hillary Clinton은 워싱턴의 새 CFR 건물을 위해 축하연설을 했다:

> 저는 이 새로운 본부에 오게 되어 기쁩니다. 나는 종종 뉴욕시의 CFR 본부
> 에 가봤지만 국무부가 있는 거리의 바로 아래에 CFR의 전초 기지를 두는
> 것이 좋습니다. 우리는 CFR로부터 많은 조언을 얻으므로, 우리가 해야 할
> 일과 미래에 대해 어떻게 생각해야 할지에 대해 지시를 듣기 위해 멀리 가
> 지 않아도 됩니다.[18-1)]

클린턴 국무장관의 연설은 미국의 대외정책을 관장하는 국무부와 외교
협회CFR의 관계를 짐작하게 해준다. 세계정세를 압도하는 미 국무부가 막
강한 권력을 가지고 있다는 것은 기정사실일 것이다. 그런데 국무장관이
국가정책에 대해 정부기관이 아닌 민간단체인 CFR에 지시를 듣기 위해 드
나든다면 이 기구의 영향력이 절대적이라는 것을 알 수 있다. 이 장에서는
CFR이 미친 영향력에 대해 알아보겠다.

CFR의 정체

딥스테이트가 앞세우는 미국의 조직 중 가장 정치적 영향력이 큰 단체가 바로 CFR The Council of Foreign Relations이다. CFR은 자신의 정체에 대해 비영리적이고 초당파적인 회원들의 조직으로 미국의 외교정책과 국제문제의 이해를 증진시키는 목적을 가지고 있다고 내세운다. 1921년 설립된 CFR의 뉴욕 본부 건물은 록펠러 가문이 제공했다. 그 자신이 CFR의 회원이기도 한 조셉 크래프트 Joseph Kraft는 1958년 7월 《하퍼스 Harper's Magazine》지의 기고문에서 CFR을 '정치가들의 학교'라고 정의한다:

> 그것 CFR은 정부가 내리는 결정의 본부 역할을 하며 관료들을 모집하는 선발기구 역할을 해오고 있다. CFR은 워싱턴의 한 부분이 되어 전략을 수행하도록 특정한 방향으로 회원들을 훈련시킨다.

CFR에는 2020년 현재 5,077명의 멤버들이 리스트에 올라 있다. 그런데 이 단체는 어떤 언론에서도 언급하는 경우가 거의 없기 때문에 외교정책에 대해 엄청난 영향력과 권력을 가지고 있음에도 일반인들에게 별로 알려져 있지 않다. CFR이 외교정책에 대해 막대한 영향력을 행사하는 것은 우선 수많은 CFR 회원들이 정부 요직에 포진되어 있기 때문이다. 이것은 미국에서 공화당이 집권하든 민주당이 집권하든 차이가 없다는 것을 의미한다.

1961년 크리스천 사이언스 조사에 의하면 CFR 회원들의 절반 정도가 정부 요직에 근무했다. [18-2] 또한 1988년까지 미국에서 14명의 국무장관, 14명의 재무부 장관 그리고 11명의 국방부 장관 등이 CFR 회원들이었다. [18-3]

캐롤 퀴글리Carroll Quigley 조지타운 교수와 역사학자 아서 슐레진저Arthur Schlesinger에 의하면 CFR은 숨어있는 세력이 앞세운 조직이다. 18-4)

CFR의 본부는 뉴욕 68th Street에 위치한다. CFR이 1년에 5번 출간하

그림 18-1) 2009년 힐러리 클린턴이 CFR 워싱턴 새 건물에서 축하연설을 하고 있다. (출처: youtube ⓒU.S. Department of State)

는 《포린 어페어스Foreign Affairs》라는 저널은 그 조직의 대변자 역할을 한다. 앞서 언급했지만 한반도의 분단을 《포린 어페어스Foreign Affairs》가 예측했다는 사실은 그들의 계획을 미리 알린 것이라고 해석할 수 있다.

체스터 워드Chester Ward 제독은 거의 20년간을 CFR 회원이었는데 그는 이렇게 비판했다:

> 한번 CFR의 지도부가 미국정부가 어떤 정책을 채택해야 한다는 결정이 내려지면 상당한 CFR의 연구기능이 논리, 지적, 감정적으로 새 정책을 지지하고, 반대 측을 지적으로 정치적으로 혼동시키고 신빙성을 떨어뜨리는 데 사용한다. 18-5)

또한 체스터 워드 제독은 1975년 저서 《키신저 온 더 카우치Kissinger ON THE COUCH》에서 "이 엘리트 집단 속에서 가장 강력한 패거리들은 한 가지 공통적 목표를 가지고 있다. 그들은 미국의 주권과 국가 독립을 무너트리기를 원한다."라고 지적했다.

CFR의 거의 모든 멤버들은 금융가나 법률가이다. 18-6) 왜 이 두 종류의

직종이 지배적으로 많을까? CFR은 모건_{J. P. Morgan}에 의하여 창립되었다. [18-7] 또한 CFR의 창립회장은 모건의 개인 법률가인 존 데이비스_{John W. Davis}였고 부회장은 모건을 대리하는 로펌의 법률가였다. 모건의 동업자, 변호사, 에 이전트가 CFR의 초기 멤버들이었다.

1922년 CFR이 창립되었을 때 210명의 초대 회원이 발탁되었다. 많은 창립 CFR 회원들에게 공통적인 또 다른 면모는 러시아의 볼셰비키에 대한 물질적 또는 도덕적 지원자들이었다는 점이다. [18-8]

페트로그라드 적십자 사명에 참어한 톰슨_{William Boyce Thompson}, 앨런 워드웰_{Alan Wardwell}, 로버트 바_{Robert Barr}는 CFR의 창립 멤버이고, 다른 참여자들인 헨리 데이비슨_{Henry Davison}, 토마스 타쳐_{Thomas Thacher}, 해롤드 스위프트_{Harold Swift}는 나중에 CFR에 합류했다. [18-9]

루스벨트 대통령의 정책과 CFR

루스벨트 대통령의 사위이자 투자회사 리먼브러더스의 총괄 매니저인 커티스 돌_{Curtis B. Dall}은 《나의 이용당한 장인_{My Exploited Father-in-law}》이라는 책에 서 루스벨트에 대해 무척 놀라운 주장을 한다.

커티스 돌은 루스벨트의 딸 아나_{Anna}와 결혼했고 백악관에서 많은 날을 보냈고, 루스벨트의 휠체어 이동을 도와주기도 했다. 돌은 루스벨트 가족 에 충성스러웠지만 몇 가지 비판적인 결론을 내린다. 우선 대통령이 선출 되는 과정을 설명한다:

두 주요 정당에서 선별된 두 "배우"는 선거 훨씬 전에 CFR 소그룹에 의해 신중하게 선발되어 검증 위험을 거의 제로로 줄인다. 정치적 단계에서, "후

원자"가 이 "정치인"을 손질한다. 어떤 후보가 바람직한가 하면 "개인적인 야망이 있고, 과거에 발생한 사건으로 협박에 취약한 인물"이다. 즉 후보는 너무 독립적이지 않고, 항상 정책에 관한 '제안'을 받아들일 수 있어야 한다.[18-10]

루스벨트는 대공황을 극복하기 위한 뉴딜이라는 경제정책을 비롯해 역사적으로 수많은 중대 결정을 해온 것으로 알려져 있다. 하지만 돌은 이 점 역시 내부인으로서 다른 의견을 제시한다:

오랫동안 나는 루스벨트 스스로가 미국에 도움이 되는 많은 생각을 개발해 왔다고 믿었다. 하지만 그렇지 않다. 그의 생각 즉 정치적 '탄약'의 대부분은 CFR이 사전에 신중하게 제조한 것이다.[18-11]

돌은 루스벨트는 실제로 권한이 별로 없는 미식축구의 쿼터백에 지나지 않는 것을 발견했다. 쿼터백을 지시하는 백악관의 코치들은 루이스 하우Louis Howe, 버나드 바루크Bernard Baruch, 해리 홉킨스Harry Hopkins, 루이스 브랜다이스Louis Brandeis, 펠릭스 프랭크퍼터Felix Frankfurter, 헨리 모겐소Henry Morgenthau 등의 국제 금융가들의 대리자들이라는 것이다.[18-12]

그가 주장하는 또 하나의 중요한 내용은 독일이 1943년에 항복할 의사를 루스벨트 대통령에게 전달했다는 것이다. 하지만 연합국은 독일의 무조건 항복을 요구했다. 독일의 빌헬름 카나리스Wilhelm Canaris 제독은 루스벨트와 처칠Winston Churchill이 요구하는 무조건 항복은 독일 장군들이 받아들일 수 없었다고 말했다. 만약에 루스벨트가 독일이 미국에 명예로운 항복을 할 수 있게 했다면 전쟁은 일찍 끝이 날 수 있었다는 것이다.[18-13]

CFR 멤버들이 정부의 요직을 장악

케네디 행정부가 시작될 때 준비된 국무부 직원 목록의 처음 82명의 이름 중 63명은 CFR 회원이었다. [18-14] 케네디 정부의 핵심적인 고위 관직에는 CFR들이 임명되었다. 재무부 장관, 국가 안전보장 담당 대통령 보좌관, 국가 안전보장 담당 대통령 보좌관 차관, CIA 국장, 국방부 장관, 국방부 차관, 재정부 차관, 국무부 차관 극동아시아 국무부 차관보, 대통령 특별보좌관 등.

리처드 닉슨 정부에는 무려 110명의 CFR 멤버들이 임명되었다. 얼굴은 바뀌지만, 추구하는 아젠다는 그렇지 않았다. [18-15] 또한 중국을 공산화하는 과정에서 중추적인 역할을 했던 태평양 문제 연구소IPR의 40명 이상이 CFR 멤버들이었다. [18-16]

CFR의 킹메이커 역할

시어도어 화이트Theodore White는 미국 대통령이 어떻게 만들어지는가를 전문적으로 연구한 정치 저널리스트로 1962년 퓰리처상을 받았다. 그는《대통령 만들기The Making of the President》에서 다음과 같은 핵심적인 설명을 한다:

> 계획된 위원회는 지워졌다. 830마일 떨어진 백만장자들의 맨해튼 아파트 Babylon-by-the Hudson에서 단 하룻밤의 미팅으로 기각되었다. [18-17]

위의 글은 시카고 공화당 전당대회가 개최되기 전, 닉슨이 5번가 아파트에 록펠러를 보기 위해 뉴욕으로 가서 어떤 결과가 일어났는지를 요약한 것이다. 닉슨은 록펠러가 원하는 새로운 운영진으로 바꿨던 것이었다. 이 점에 대해 에디스 루스벨트Edith Kermit Roosevelt는 공화당에 강요한 운영진은 사실상 CFR 멤버이고, 록펠러 재단 이사인 체스터 보울즈Chester Bowles가 그린 민주당 운영진과 복사본이라고 언급했다. 18-18)

1968년 베트남의 구정 대공세Tet Offensive로 미국의 여론은 베트남전에 대해 완전히 돌아섰다. 정치적으로는 두 가지 방향이 잡혔다. 진보 진영은 바로 철수를 요구했고 보수 진영은 단호한 승리를 원했다. 하지만 닉슨 정부는 이 두 가지를 모두 외면했고, 전쟁은 지속됐다. 18-19) 이것이 CFR의 영향력이다.

1973년 지미 카터Jimmy Carter는 CFR 회장과 즈비그뉴 브레진스키Zbigniew Brzezinski를 뉴욕에서 만났다. 민주당 지명 협약 7개월 전에 '갤럽Gallup'의 여론 조사에서 카터의 선호도는 4% 미만인 것으로 나타났다. 하지만 뉴욕 미팅 후 그의 사진은 《뉴욕타임스The New York Times》 표지에 세 번 나타났고 《뉴스위크Newsweek》의 표지에 두 번 나타났다. 결국 카터는 후보 지명에서 이기고 대통령에 당선되었다. 당선된 후 카터 대통령은 70명 이상의 CFR 멤버들을 새 행정부의 요직에 임명했다. 18-20)

베트남 전쟁과 CFR

베트남 전쟁 기간(1963~1973년) 동안 사이공의 모든 베트남 대사들은 CFR 멤버들이었다. 18-21) 이것만으로 CFR이 어느 정도로 베트남전에 개입되었는가를 추측할 수 있다.

윌리엄 번디William Bundy는 베트남전을 계획하는 데 핵심적인 일을 했다. 1964년 국무부의 극동아시아부의 차관이 되었고 공직을 그만둔 후 CFR 기관지《포린 어페어스Foreign Affairs》의 편집을 맡았다. 그는 1975년부터 5년간 미국 빌더버그 명예 총장이었으며 조지프 매카시Joseph R. McCarthy와 상극관계였다.

앞에서도 언급했지만 무엇보다 번디는 통킹만 사건이 일어나기 전에 통킹만 결의안을 작성한 인물이다. 그의 동생인 맥조지 번디McGeorge Bundy 역시 CFR 멤버였고 국가 안보 보좌관으로서 통킹만 사건 감독과 관련이 있다. 18-22)

그림 18-2) 베트남전 당시 존슨의 고문들은 헴스를 제외하고 전원 CFR이었다. 왼쪽부터 앤드류 굿파스터(Andrew Goodpaster), 애버렐 해리먼(Averell Harriman), 사이러스 밴스(Cyrus Vance), 맥스웰 테일러(Maxwell Taylor), 월트 로스토(Walt Rostow), 리처드 헴스(Richard Helms), 윌리엄 번디(William Bundy), 니콜라스 카첸바치(Nicholas Katzenbach), 딘 러스크(Dean Rusk), 존슨(Lyndon Baines Johnson) 대통령

베트남전을 운영하는 존슨 정부의 수뇌부는 모두 CFR 멤버들이었다. 그림 18-2는 1968년 존슨 정부의 수뇌부가 북베트남과의 평화협상을 논의하는 장면이다. 그런데 존슨 대통령과 이후에 CFR 회원이 된 리처드 헴스Richard Helms를 제외하면 이 자리에 참석한 모두가 CFR 회원들이다. 18-23)

한국전쟁과 마찬가지로 베트남 전쟁은 제한된 범위 안에서 볼 때만 수수께끼이다. 지속적으로 일어나는 대실패는 사실상 고의적으로 조작된 관리로 인해 일어나는 것이고 냉전 유지의 CFR 아젠다를 달성한 전쟁이었다. 18-24) 즉 한국전과 베트남전의 결과물을 볼 때 딥스테이트로서는 실패가 아닌 대성공이었던 것이다.

한국의 분단을 예측한 CFR

38선에 대한 전통주의적 설명을 반박할 수 있는 주장은 여러 가지 자료를 기반으로 한다. 그중 하나는 1944년 3월에 CFR이 연합군의 공동 점령과 유엔에 의해 10~15년간 신탁통치할 것 등을 거론했으며 최초로 "신탁통치Trusteeship"와 "위임통치Mandate"라는 용어를 같은 것으로 간주했다. [18-25] 이러한 사실은 "특기"할 만하다고 이완범 교수는 언급한다. [18-26]

CFR의 최종 보고서는 세 가지를 제시한다:

1. 연합군에 의한 군사점령과 유엔에 의한 군정 실시
2. 유엔 감독하의 판무관 정부 구성에 의한 공동 민간 행정
3. 독립정부 수립 등

   3단계 구상을 정책대안으로 구상했다. [18-27]

카이로 회담이 있은 지 약 6개월 후, 1944년 4월, CFR이 발간하는 《포린어페어스Foreign Affairs》에 한반도에 대한 특이한 기사가 게재되었다. 미국, 영국, 중국, 러시아가 공동으로 한국을 신탁통치할 수 있다는 가능성을 제시한 것이다. [18-28] 이 잡지에 게재된 내용은 곧 일어날 상황을 암시한 것이었을까? 이 글을 쓴 그라즈단제브A. J. Grajdanzevs는 IPR 멤버로서 한국에 관한 기사와 책을 써왔다.

두쿠 백작의 클론 전쟁

세상은 우리가 추정하는 것보다 더 괴상할 뿐 아니라,
우리가 추정할 수 있는 것보다 더 괴이하다.

_홀데인JBS Haldane

보안을 위해 자유를 포기하는 사람들은 어느 쪽도
못 가질 것이고 어느 쪽도 가질 자격이 없다.

_벤자민 프랭클린Benjamin Franklin

1977년부터 시작된 조지 루카스George Lucas의 스타워즈 시리즈에는 은하계 역사상 가장 강력한 독재정권을 수립한 팰퍼틴Palpatine이 등장한다. 그는 클론전쟁을 일으켜 양쪽을 조종하면서 권력을 잡는다. 스타워즈에서 클론전쟁이 벌어지자 두쿠Dooku 백작은 팰퍼틴과 이런 이야기를 나눈다:

두 쿠 각하, 좋은 소식이 있습니다. 전쟁이 시작되었습니다.

팰퍼틴 잘 됐다. 모든 것이 계획한 대로 가고 있구나.

대다수 대중들은 받아들이기가 힘들겠지만 한국전쟁을 비롯해 베트남전쟁을 포함한 세계에서 장기적으로 벌어지고 있는 전쟁들은 팰퍼틴 같은 보이지 않는 세력이 마련한 시나리오에 의해 조작된 전쟁이다. 미국의 한국전쟁 운용은 실패가 아니라 특정한 목표를 위해 철저한 계획으로 관리된 전쟁이다. 이들의 행위로 한국민족은 현대 세계에서 가장 큰 피해를 보았다. 이 이기적인 이익추구 세력의 의도와 수법을 알아야 같은 비극의 반복을 막을 수 있을 것이다.

음모론의 근원과 하락

조사 없이 하는 비난은 무지의 극치이다.

_알베르트 아인슈타인Albert Einstein

아마도 이 책에서 주장하는 내용에 "음모론"이란 딱지를 붙이려는 사람들이 있을 것으로 예상된다. 음모론은 괴상함과 피해망상을 겪는 사람이 받아들이는 것으로 일반적으로 알려져 있다. 하지만 '딥스테이트'라는 개념이 많이 알려졌듯이 음모론에 대한 부정적인 이미지가 변하고 있다.

우선 음모론은 누가 언제부터 왜 사용하기 시작했을까? 1976년 《뉴욕타임스The New York Times》에 공개된 CIA 문건("1035-960")에 밝혀진 사실에 의하면 CIA는 심리전을 위해 음모론자들Conspiracy Theorists이라는 라벨을 지어냈다(그림 18-3). [18-29] CIA는 당시 케네디 대통령 암살에 대한 정부의 공식적인 입장에 도전하는 사람들을 공격하는 목적으로 음모론이 만들어진 것이다.

CIA 문건은 음모론으로 딱지를 붙이는 공격을 정당화하기 위해 다음의 전략을 사용하라는 제시한다:

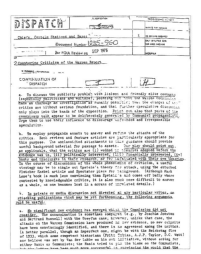

그림 18-3) 《뉴욕타임스(The New York Times)》가 공개한 CIA가 "음모론"을 지었다는 서류 (출처: kukutrust.org)

- 만약에 그렇게 큰 음모가 있었다면 수많은 사람들이 아무런 말을 하지 않는 것은 불가능하다.
- 증인들의 증언은 신뢰할 수 없다.
- 짐작하는 것은 무책임하다.
- CIA와 가까운 사람들이 공격하도록 한다.
- 정치적 동기가 있다.
- 재정적으로 이득이 있다.

결론적으로 말하자면 음모론이란 음모를 감추려는 심리전을 목적으로 CIA가 지어낸 용어이다. 왜 CIA가 미국 국민을 호도하는 방법에 참여할까?

최근 윈체스터대학Winchester University은 음모론이 내포하는 부정적인 면이 더 이상 없다는 조사 결과를 발표했다. [18-30)

음모론의 낙인이 더 이상 부정적으로 받아들여지지 않는 이유가 3가지라고 제시된다. 첫째, 너무 자주 사용되어서 그 영향력을 잃은 것으로 추측할 수 있다. 둘째, 여러 음모론으로 낙인찍힌 사건들이 실제로 진실로 밝혀졌기 때문이다. 셋째, 《뉴욕타임스The New York Times》 기사에서 CIA가 음모론을 지어낸 장본인이라는 사실이 드러났기 때문이다.

19장

미국의 전쟁범죄

한국전쟁은 가장 큰 학살이 일어난 전쟁으로 기억해야 한다.

_휴 딘Hugh Deane

눈에는 눈이면 온 세상을 장님으로 만들지 않겠는가.

_마하트마 간디Mahatma Gandhi

미국이라는 나라는 다양한 얼굴과 세력으로 이루어져 있다. 세계에서 전쟁을 가장 많이 일으킨 나라이기도 하지만 대다수 미국인 개개인은 선량하다. 미국이 지출하는 국방비는 세계 1위로, 2~11위 국가들(중국, 인도, 러시아, 사우디아라비아, 프랑스, 독일, 일본, 한국, 브라질)의 국방비를 합친 것보다 많다. 하지만 다른 한편으로 미국인들이 연간 지출하는 기부금의 규모가 다른 나라들의 기부금을 모두 합친 것보다 더 많다. 그렇기 때문에 미국이라는 전체를 하나로 보고 악이나 선으로 판단하는 실수를 하지 말아야 한다. 이 점은 일본도 마찬가지다. 군국주의 세력과 협력자들이 잘못했다고 모든 일본사람을 똑같이 보아서는 안 되는 것이다.

사실 대부분의 미국인은 우리와 마찬가지로 극소수의 숨어있는 세력에 의하여 피해를 보고 있다. 그러므로 그들은 우리와 같은 처지에 있으며 숨어있는 세력과 대응하는 우리의 동지인 셈이다. 미군의 군복을 입고 한국에 주둔하고 있는 미군 역시 마찬가지다.

미군이 유엔군으로 위장하는 이유

범죄집단은 자신을 감추기 위한 가짜 얼굴을 보여주면서 대중의 시선과 법망을 피해 나간다. 범위를 넓혀 국제적으로 아마 가장 좋은 예는 유엔이나 박애주의 자선 재단 같은 비정부기구NGO의 이름을 내걸고 활동하는 방법일 것이다.

2013년 6월 21일 신선호 유엔 주재 북한대사는 남한에 주둔하는 미군의 호칭이 '유엔사령부'라는 것에 문제를 제기했다. 남한의 유엔사령부가 만들어지는 과정에서 유엔은 전혀 개입되지 않았기 때문에 미군을 더 이상 유엔사령부라고 부르지 말아야 한다는 것이다. 유엔 전문가인 저널리스트 론다 하우벤Ronda Hauben은 유엔 결의안 자료를 검토한 결과 북한대사의 말이 옳다고 동의했다. [19-1]

국제민주법률가협회IADL, 코리아국제평화포럼KIPF 등 국내외 46개 평화단체들은 2019년 10월 1일 뉴욕 유엔처치센터Church Center of UN에서 기자회견을 열고 유엔 산하 공식기구도 아닌 '유엔사'가 유엔 깃발을 사용하고 있는 것은 불법이며 유엔기 사용승인권을 가진 유엔사무총장이 이를 금지시켜야 한다고 요구했다. [19-2] 유엔안전보장이사회는 미국이 한국전쟁에 참전하는 것을 수락했지만 유엔이 주도해야 하는 한국전쟁을 미국이 조종하도록 손을 놓았다.

즉 워싱턴은 단독으로 한국전쟁을 주도하면서 겉으로는 유엔군으로 위장한 것이다.[19-1] 이렇게 오해의 소지가 있는 유엔이라는 명목상의 이름은 70년이 지난 오늘도 계속 존재하며, 미군은 유엔의 이름을 내세워 한국에서 '국제 연합 사령부'임을 주장하고 있는 실정이다. 유엔은 자신의 이름이 도용되고 있으면서도 이를 바로잡지 못하고 강대국이 유엔이라는 명칭을 사용하도록 방관함으로 스스로의 사명을 저버리고 있다.[19-2]

미군이 유엔의 명칭을 사용하는 이유들 중 하나는 자국의 헌법상의 의무를 피하기 위한 것도 있을 것이다. 삼권분립의 원칙하에 만들어진 미국 헌법에 따르면, 행정부가 전쟁을 하려면 국회로부터 전쟁 선포 동의를 얻어야 한다. 하지만 한국전쟁의 참여에는 국회의 동의를 받지 않았다.

루이스 피셔Louis Fisher나 펠릭스 프랑크퍼터Felix Frankfurter 대법원 판사 등의 헌법 전문가들은 트루먼 대통령이 유엔의 이름으로 의회의 승인 없이 한국전쟁에 군대를 파견하는 것은 헌법에 위배되는 것이라고 주장했다.[19-3]

전쟁범죄

한국전쟁은 미국에는 '제한된 전쟁'이지만 북한과 남한에는 전면전이었다. 전쟁으로 양측의 물리적 파괴와 인명 손실은 거의 측정조차 할 수 없는 수준이었지만, 특히 미군의 융단폭격과 후퇴 시 초토화 작전으로 인해 북한은 더 큰 피해를 입었다.

미 공군의 파괴력으로 북한이 입은 피해는 2차 대전 당시 일본이 입었던 피해보다 더 큰 것으로 추산된다. 미군 비행기는 주로 북한에 3만 2천 500여 톤의 네이팜탄을 포함해서 63만 5천 톤의 폭탄을 투하했다. 2차 대전 기간 중 태평양 전선 전체에 50만 3천 톤의 폭탄이 투하된 것과 비교하면 이 작은 북한 지역에 폭탄으로 두 번 세 번 도배를 한 것과 다름없다. [19-4] 죽거나 실종된 인구는 보수적으로 잡아 300만 명에 달하는데 이는 남북한 전체 인구의 10% 이상에 해당한다(북한 1,000만 이하, 남한 2,000만 이하). 희생의 대부분은 북한에서 벌어졌다. 북한의 인구는 남한 인구의 절반이다. 북한의 공식적인 통계자료는 존재하지 않지만 인구의 약 15~20% 이상이 사망한 것으로 추정된다. [19-5]

1953년 5월 5일에는 미 폭격기가 압록강에 있는 5개의 댐을 폭파시켜서 홍수가 나도록 했다. 이 시기는 벼를 모종하고 난 바로 뒤였는데, 공개된 공군 문서에 의하면 시기와 지역 선정은 고의적이었다. 댐이 무너진 후 생겨난 홍수로 벼농사가 파괴됐고 수많은 농부들이 그 자리에서 죽었다. [19-6] 한국전쟁에서 민간인을 목표로 하는 체계적인 계획은 권력 구조의 최상위에 의하여 이루어진 것이다. [19-7]

한국전쟁에서 미군이 자행한 수많은 민간인 지역에 대한 공격은 2차 세계대전 후 뉘른베르크에서 강력한 처벌을 받았던 전쟁범죄들과 비슷하다. 예를 들어 1944년 네덜란드 제방에 비슷한 공격을 한 나치 장교들은 범죄자로 재판을 받고 일부는 사형당했다.

1950년대 초에 북한정부는 미국이 주도하는 전쟁범죄 행위와 국제법 위반 사실에 대한 항의문을 유엔에 공개적으로 여러 번 보냈다. 하지만 유엔은 북한의 요청을 무시했다.

국제민주법률가협회의 조사 보고서

벨기에 브뤼셀에 본부를 두고 있는 국제민주법률가협회IADL는 미국의 전쟁범죄에 대한 북한의 주장을 조사하기 위해 오스트리아, 이탈리아, 영국,

프랑스, 중국, 벨기에, 브라질, 폴란드 등의 법률가들로 위원회를 구성하고, 북한의 여러 도시를 직접 방문하여 조사하도록 했다. 위원회는 평안도, 황해도와 강원도 지역을 16일에 걸쳐 직접 방문하여 현장을 확인하고 목격자와 피해자들을 직접 면담하고 직접 증거만을 인정하는 보고서Report on U.S. Crimes in Korea를 1952년 3월 31일에 발행했다. [19-8]

IADL은 1946년에 설립되었으며 유니세프와 유네스코의 자문그룹인 비정부 단체이기 때문에 독립적인 조사와 판단에 대한 신뢰가 있다. 보고서는 미군의 민간인에 대한 폭탄공격과 대량학살, 화학무기, 생물무기 사용 등을 상세히 설명하고 있다. IADL은 법률가로서 책임을 지고 만장일치로 미군이 반인륜범죄를 북한 민간인에 대해 저질렀으며, 이는 1907년 헤이그 회의와 1925년 제네바 협약을 위반하는 전쟁범죄라고 결론을 내렸다. 다음은 보고서 내용의 일부다:

1. 세균무기

가장 심각한 문제는 공중에서 살포되는 곤충과 나뭇잎 등을 이용한 세균무기였다. 조사단은 모두 169개 지역에서 모든 종류의 벌레 집단들을 발견했다. 미군기가 지나간 후에 발견된 곤충의 종류는 파리, 모기, 거미, 벼룩, 귀뚜라미, 딱정벌레 등이다. 많은 벌레와 곤충들은 한국에서는 발견되지 않는 종류였다. 또한 1~2월 사이, 북한은 영하 기온이었기 때문에 곤충들이 야외에서는 생존할 수 없다. 이 곤충들은 전염병을 일으킬 수 있는 콜레라, 발진티푸스, 장티푸스, 페스트 등의 병균을 지니고 있었다.

예를 들어, 1952년 1월 30일, 북한 지역 강원도 이천군의 남동지역에 눈밭과 바위 위에서 수많은 파리, 거미, 딱정벌레가 발견되었는데 1㎡당 약 20~30마리가 사방 600~700m 정도에 퍼져 있었다. 전문가들은 이 벌레들로부터 콜레라균을 검출했다. [19-9] 또한 이런 곤충들이 떨어져 있는 지역에서 약 300~400m 되는 곳에 곤충을 담았던 것으로 보이는 용기가 발견되었다. 이 용기는 땅에 떨어지자마자 깨지도록 되어 있었다.[19-8]

2. 화학무기

미국은 한국전쟁에서 최소한 1951년 5월부터 질식 가스나 화학무기를 사용했다. 남포시는 3대의 B-29가 화학무기로 공격하여 1,379명의 사상자가 생겼고 그중 480명은 사망했다. 주민들은 가스를 호흡하고 호흡곤란과 함께 거품을 물고 피를 쏟았으며, 화학무기가 살포된 지역은 풀이 황갈색으로 변하고, 은은 검정색 동은 푸른 녹색으로 변했다.[19-8]

3. 대학살

미군은 1950년 10월 17일부터 12월 7일까지 약 2달 동안 황해도 신천 지역을 점령하고 있었다. 이 기간 35,383명의 민간인들이 살해당했다. 범죄는 미군과 이승만 보조 군대(서북청년단)에 의해 자행되었는데 이는 점령 중인 미군 지휘관의 명령과 승인에 의해 일어난 일이다.

1950년 10월 18일, 미군 장교 해리슨이 지휘하는 미군부대가 300명의 아이들을 포함한 900명을 구덩이에 들어가도록 하고 나서 옷을 벗도록 명령했다. 미군은 구덩이에 디젤유를 던져 넣고 불을 질렀다. 구덩이에서 뛰쳐나온 사람들에게는 총격을 가했다. 해리슨은 다음날 현장에 와서 사진촬영을 했다.[19-8]

1950년 10월 20일 100명의 어린이를 포함한 500명의 민간인이 해리슨이 지휘하는 군부대에 의해 살해당했다. 주민들은 모두 동굴에 강제로 들어가야 했고 해리슨의 명령으로 미군이 동굴 입구를 막고 폭발물을 넣어 폭파했다.

또한 사리원에서 950명 살해, 안악에서는 1950년 10월 18일부터 12월 5

일까지 점령하는 동안 약 2만 명의 주민들을 미군이 살해했다.

그 밖에 평양에서 1950년 12월 4일 미군은 시민들을 강제로 강을 건너도록 하고 공중에서 항공기로 이들을 조준하여 살해했는데 그 수가 1,000명에 달했다. 1950년 12월 5일에는 3,000명을 살해했다.[19-10]

4. 미군과 이승만 부대가 저지른 민간인 대상 범죄

이외에 보고서에 실린 민간인 특히 여성들에게 행해진 살인, 고문, 강간과 공개 처형의 잔악함은 이루 말할 수가 없을 정도다. 잔악한 범죄는 일선에서 특히 이승만 부대에 의해 벌어졌는데 이들은 미군의 지휘를 따르고 통제받았다. 미군은 이 모든 범죄들을 관할했으며 기록사진을 촬영해 갔다.

5. 민간인 폭격

IADL 위원들은 북한의 여러 지역을 다니면서 미군폭격으로 얼마나 많은 파괴가 있었는지 목격했다. 수많은 도시와 동네가 몇 개의 건물만이 남아있었다. 평양의 예를 들자면 1950년 6월 27일부터 밤낮으로 폭격을 당했다. 인구는 46만 4천 명에서 1951년 12월 말에는 18만 천 명만이 남아 있었다. 그 기간 동안 3만 개의 폭탄이 투하되었고, 8만 개에 달하는 주택과 건물의 대부분이 파괴되었다.[19-8]

국제민주법률가협회의 결론

다음은 보고서의 진실성을 보증하는 결론을 정리한 것이다:

전쟁에 있어 지상전에서 세균을 이용한 전쟁 무기는 1907년 헤이그 회의에서 금지되었고, 1925년 제네바 협약에서 다시 확인된 바 있다. 의도적으로 파리와 여러 곤충 등을 민간인들에게 퍼트려 죽게 만들고 병을 감염시키는 것은 가장 가증스러운 전쟁범죄다. 독가스 사용과 화학무기를 민간인에게 사용하는 것 또한 국제법 위반이다. 불법 감금, 고문, 체포, 재판 없는 학살과 여성과 어린이에 대한 무차별 살인이 미군 점령기간 동안 미군과 이승만 부대에 의해 벌어졌는데 이 역시 점령지 주민을 보호해야 할 의무를 저버린 전쟁범죄다. 전선이 아닌 민간지역에 무차별 폭격을 한 것 역시 전쟁범죄다. 공공시설, 문화재, 예술품 및 역사적 건물을 파괴하고 표시가 있음에도 교회와 같은 종교 시설을 파괴하는 것 역시 국제법 위반이다.

조사 과정에서 코리아에서 벌어진 야만행위를 확인한 위원회는 공포와 절망을 경험했다. 조사를 하기 전 이런 일이 있으리라고 우리 자신이 믿지 않았던 것처럼 이 보고서를 읽는 사람들도 이 사건들을 믿기 힘들 것이다.
위원회는 엄숙하게 법률가로서 또한 한 사람의 인간으로서 각자의 명예를 걸고 여기에 적힌 일들이 진실임을 진지하게 서약한다. 우리는 다국적 구성원으로 이루어졌으며 특정 종교나 정치적 견해를 공유하지 않으며 언어도 다르다. 그럼에도 법률가로서 우리의 임무를 양심적으로 수행하기 위해 노력했다. 우리는 법률가로서 조사 보고서에 책임을 지겠다.

우리는 이 보고서의 결론에 대해 만장일치로 동의한다. 이 보고서의 독자들은 범죄와 범죄자들에 대한 우리의 공포와 혐오를 공유할 것이다. 이 보고서에 남겨진 기록이 세계의 평화에 기여하기 바란다. 특히 고통받는 한국인들은 이 반인륜적인 무기들이 쓰인 사실을 앞으로 결코 잊지 말아야 한다. 소위 문명화된 나라에서 새로운 차원의 야만이 탄생하여 모든 사람을 협박하고 있다. 인류는 이 교훈을 배워야 한다.

이 보고서는 영어로 작성되었고 위원회의 모든 회원이 서명했다. 1952년 3월 31일 북경

서명자: Dr. Brandweiner, L. Cavalieri, Jack Gaster, Marc Jacquier, Ko Po-nien(in Chinese), M. L. Moerens, Letelba Rodrigues De Britto, Z. Wasilkowska

니덤 보고서

세균전이란, '사람이나 동물 또는 작물을 죽이고 질병을 일으킬 목적으로 의도적으로 살아 있는 질병 병원체 및 거기서 나오는 독물질을 사용하는 전쟁'이다. 이는 극단적인 반인륜 인간성 말살 행위로서 1925년 제네바 협약에 의해 생물학 무기는 사용되지 못하도록 금지하고 있으며 미국도 이에 서명했다. 북한과 중국은 1952년 초부터 미국이 북한 전역과 만주지역에 생물학 혹은 세균전 무기를 사용하고 있다고 비난했다. 그러나 미국은 이를 부인했다.

북한과 중국은 자신들의 주장을 세계에 확인시키기 위해 그 당시 유엔과는 다른 또 하나의 국제기구인 세계평화회의World Peace Council를 통해 국제조사위원회를 만들 것을 요구했다. 그리고 북한과 만주의 세균전 조사에 참여하기 위한 프랑스, 이탈리아, 소련, 브라질, 스웨덴 과학자들로 구성된 국제 과학위원회ISC, International Scientific Commission가 구성되었다.

위원회는 1952년 3월부터 시작된 준비기간을 거쳐 8~9월 북한과 만주지역의 현장을 조사한 후 그 결과를 764페이지에 걸친 보고서로 작성했다. 보고서는 위원회의 단장으로 영국의 대표적 생화학자인 조지프 니덤Joseph

Needham이 대부분을 작성했기 때문에 오늘날 니덤 보고서로 알려져 있다. 보고서의 60페이지까지는 위원회 결성 경위와 조사 결과를 정리한 것이며 뒷부분은 700여 페이지에 걸쳐 위원회의 조사를 뒷받침하는 현장 사진, 세균전을 수행한 미 공군 조종사들의 진술서, 세균 배포 경로 비행지도, 피해 지역 목격자 증언 등의 방대한 문건과 그래픽 등이 실려 있다. 보고서는 인터넷에서 열람과 다운로드가 가능하다.[19-11]

그림 19-1) 동원된 주민들이 미군 비행기에서 살포된 눈 위의 곤충들을 채집하고 있다. (출처: Report of the International Scientific Commission)

미국은 현재까지 한국전쟁 기간에 세균무기를 사용했다는 것을 공식적으로 인정하기를 거부하고 있다. 왜냐하면 그것은 명백한 국제법 위반이며 전쟁범죄에 해당하기 때문이다.

그러나 한국전쟁이 발발하자 트루먼 행정부는 생물학 무기 예산을 1950년 530만 달러에서 1951~1953년에 3억 4,500만 달러로 늘렸다. 위원회는 미국이 세균전을 수행했고 2차 대전 중 세균전을 연구하던 731부대 사령관 이시이 시로石井四郎의 협력을 받았다고 주장했다. 미국이 731부대 출신 전범들과 협력한 사실은 1999년 미국정부가 공식적으로 인정한 바 있다. 미국정부가 일본 731부대장 이시이를 사면하고 그와 공범이 된 것은 이제 역사에 기록된 사실이다. 지난 수십 년간 이시이에 대한 사면 사실은 비밀에 부쳐졌는데 존 파월John Powell 기자가《핵 과학자 회보The Bulletin of the Atomic Scientist》의 1982년 10월 호에 쓴 기사로 밝혀졌다. 19-12)

니덤 보고서는 미국이 생물학 무기를 여러 차례에 걸쳐 사용했다고 결론지었다. 보고서는 미국이 탄저균, 흑사병, 콜레라 등 수많은 생물학 무기를 살포했으며 도자기 폭탄, 종이 낙하산, 찢어지는 종이 상자, 전단 살포 등 십여 가지 이상의 방법으로 세균무기를 살포했다고 적고 있다. 19-13)

목격된 비행기가 뿌려놓은 나뭇잎이나 스프레이 등에는 많은 감염된 벌레들이 발견되었고 그 지역에는 대규모 전염병이 갑자기 발병했다. 우물 옆에 떨어진 단지 안에 있던 수많은 벼룩이 우물에 퍼지고 많은 주민들이 흑사병으로 사망했다. 평안도 안주에서 B-26 항공기가 격추되었는데, 조종사 에녹K. L. Enoch과 존 퀸John Quinn은 자신들이 세균무기를 투하했다고 자백했다. 그들은 일본과 한국에서 세균무기 사용법에 대한 비밀 교육을 받

그림 19-2) 1953년 평양 (출처: Korean Central News Agency)

앗으며, 낙하산을 이용한 설치류 투하, 세균에 오염된 조개, 뇌염과 매독 및 장티푸스를 일으키는 병균을 퍼트렸다고 말했다. 두 조종사는 양심상 이런 무기를 사용하는 것은 꺼렸음에도 임무를 수행했다고 말했다. 이들 의 증언에 의하면 적어도 1951년 후반부터 한반도에 세균무기가 사용되었 다. [19-14]

"누가 악마인가?"

우리는 100만 이상의 민간인을 죽이고 수백만 이상을
거지로 만들었다. 무고한 민간인은 없다. … 우리는 무장한
적군하고만 싸우는 것이 아니다. 그래서 소위 죄 없는 방관자를
죽이는 것을 나는 별로 신경 쓰지 않았다.

_커티스 르메이Curtis E. LeMay 6 · 25 당시 공군 전략 사령관

나는 임무에서 돌아온 조종사들이 머리에 보따리를 이고 가는
여인을 쏘아서 그녀의 몸이 터지는 장면을 보았다고
으스대는 것을 보았다. 우리는 민간인들이 적을 돕는 많은
일을 하기 때문에 그들을 공격하라고 지시받았다.
그러나 나는 그렇게 할 수 없었다.

_존 대럴 서우드John Darrell Sherwood,
《비행복 차림의 장교들: 한국전쟁의 폭격기 조종사들의 증언
Officers in Flight Suits: The Story of American Air Force Fighter Pilots in the Korean War》

조지 부시George W. Bush 대통령은 북한을 '악의 축'이라고 규정했다. 하지만

미셸 초서도브스키Michel Chossudovsky 교수는 "북한과 미국 중, 누가 악마인가?"라고 묻는다.

한국전쟁에서 미군은 북한의 78개 도시와 수천 개의 마을들을 파괴하고 남과 북을 가리지 않고 공중폭격으로 수많은 민간인에게 폭탄을 투하했다. 공군 사령관 커티스 르메이Curtis E. LeMay는 "(북한) 인구의 20%를 죽였지만 별로 신경 쓰지 않는다."라고 말했다. 19-15, 19-16)

이것은 전투행위로서도 사상 유례가 없는 사망률이다. 19-16) 한국전쟁에서 이렇게 어마어마한 숫자의 민간인들이 사망한 것에 대해서 주류 언론을 비롯한 그 누구도 언급하지 않았다.

2차 세계대전의 피해와 비교를 하자면, 영국은 인구의 0.94%, 프랑스는 1.35%, 중국은 1.89%, 미국은 0.32%를 잃었다. 그런데 북한은 20%(미국 추산)의 인명을 잃었다. 아담 캐스카트Adam Cathcart 교수가 찾아낸 통신 기록은 1951년에 미군이 어떠한 폭격을 했는지 생생하게 묘사한다:

> 1월 3일 오전 10시 30분, 평양시 상공에 82대의 B-52 폭격기가 죽음의 화물을 내렸다. … 수백 톤의 폭탄과 소이탄이 동시에 떨어져 평양은 불바다가 되었다. 사람들이 밖으로 나와 이 불을 끄지 못하게, 대서양 양안(미국과 영국)의 야만인들은 수류탄이 하루 종일 연속적으로 터지게 했다.
> 이틀 동안 도시 전체가 화염에 싸였다. 둘째 날, 약 7,800여 개의 집들이 불에 탔다. 미국은 평양에 군사적 목표가 남아 있지 않다는 것을 잘 알고 있었다. 폭탄 파편으로, 산채로 불에 타거나 연기에 질식사한 평양시 시민들은 셀 수가 없다. 전쟁 전에 50만 명이 살았던 도시에 5만 명이 남았다.19-17)

1952년 르메이 장군은 북한을 폭격하는 상황을 자랑스럽게 설명한다:

우리는 모든 도시를 두 번 폭격했고, 이제 갈아엎기 위해 다시 가고 있다.[19-15]

더글러스 맥아더Douglas MacArthur는 평생을 군인으로서 많은 전쟁을 겪었으며 살벌한 살상을 목격한 사람이다. 그런데 그가 한국전쟁의 총사령관 지위에서 물러나고 미국에 돌아간 1951년 5월 의회에서 한국전쟁에 대해 다음과 같이 증언했다:

한국전쟁은 이미 2천만 명이 살던 하나의 국가를 거의 파괴했다. 이런 황폐화는 처음 본다. 나는 그 어떤 사람보다 피와 재앙을 많이 보았다. 그러나 마지막으로 그곳에 갔을 때, 나는 배를 움츠렸다. 그 잔해와 수천 명의 여자와 아이들을 보고 나서… 나는 토했다.[19-18]

20장

전쟁의 공식

워싱턴에 있는 적을 모스크바에 있는 적보다 두려워해야 한다.

_존 콜맨John Coleman

사람들에 대한 좋은 점은 대부분이 본질적으로 훌륭하다는 것이다.
대부분의 사람들은 단순한 삶을 원하고 아무런 문제도 일으키지
않고 해를 끼치지 않으려 한다. 그런데 대부분의 사람들이
선해서 일어나는 문제는 그 선함으로 종종 눈이 멀어서 사악한
악이 어떻게 할 수 있는지 보지 못하게 하는 것이다.

_클라디아 파보니스Claudia Pavonis

한번 두고 난 바둑의 판국을 검토하기 위해 두었던 대로 다시 처음부터
놓아본다. 이것을 '복기'라고 한다. 프로들은 경쟁자들과의 대국을 복기하
면서 그들의 강점, 약점, 수법 등을 파악하고 자신의 실수를 검토한다.

마찬가지로 역사를 되돌아보면서 적의 수법을 파악하고 우리의 오류를
인식해야 할 것이다. 이러한 복습으로 얻어지는 산물은 같은 실패를 반복

하지 말아야 하는 역사적 교훈이다.

어떤 하나의 엄청난 규모의 사건을 우연히 일어난 것으로 해석할 수 있지만, 역사에서 반복적으로 비슷한 현상을 관찰할 수 있다면, 그 패턴을 인식하고 그 원인을 분석하는 것이 학자의 사명이다.

과거에 일어났던 여러 전쟁들의 과정을 조심스럽게 복기해 보면 놀랍게도 같은 현상이 계속 등장한다. 예를 들어 전쟁을 일으키고 오래 유지시키는 데 그들이 사용하는 공식들이 있다. 이 공식들을 이해해야 한국전쟁을 제대로 이해할 수 있고 그들의 의도를 파악해서 미래에 일어날 재앙을 예방할 수 있다.

갈라놓고 싸움 붙이기 공식

앞에서 반복해서 얘기했듯이 갈라놓고 싸움 붙이기Divide & Conquer는 가장 큰 규모의 공식이다. 공산국가와 반공국가의 대립창출로 전쟁과 갈등을 일으켜 어마어마한 규모의 이윤을 얻고 세계를 컨트롤하는 방식이다. 한국전쟁이 가장 좋은 예다.

양쪽을 컨트롤하는 공식

한쪽만 컨트롤하는 것이 전쟁을 일으키기 위해서는 충분하지 않을 수 있기 때문에 전쟁을 원하는 대로 유도하려면 양쪽을 컨트롤해야 더 확실한 결과를 가져올 수 있다. 남한은 미군정이 장악했고 북한은 소련군정이 조종하여 전쟁의 시작과 과정을 컨트롤했다.

상대가 먼저 총을 쏘게 하는 공식

전쟁 구실의 사건을 창조해서 정당방위를 빌미로 전쟁을 일으키는 것이다. 한국전쟁에서 남침유도가 좋은 예이다. 북한이 남침하도록 온갖 방법을 사용해서 유도했다. 미군의 철수는 남북한이 자율적으로 행동하는 것 같이 보이도록 하는 것이지만 수백 명의 미군 고문들은 한국군을 컨트롤하고 있었다. 남한을 태평양 방위선에서 제외시킨 것은 북한이 남침할 수 있는 여건을 만들어 준 것이다. 남한의 방위력을 제한하여 남침을 유도하기도 했다. 또한 이승만과 군부가 북침 의도를 공개적으로 발표하고 남한이 국경충돌을 일으킴으로 모든 여건을 북한이 남침하도록 만들었다.

다른 예는 1941년 12월 7일 일본이 진주만의 미국함대를 공격하도록 유도한 것이다. 루스벨트와 그의 고문들은 일본의 진주만 공격에 대해 알고 있었을 뿐 아니라, 실질적으로 일본을 도발시켜 전쟁을 일으키도록 유도했다.

그림 20-1) 아서 맥컬럼(Arthur McCollum) 소령의 'Eight Action Memo'. 일본이 미국을 공격하도록 자극하는 8가지의 방법들이 나와 있다. (출처: wikipedia)

1941년 10월 16일 헨리 스팀슨Henry Stimson 전쟁장관은 루스벨트와 만나고 난 뒤 "관건은 어떻게 해서 그들(일본)이 첫 총을 쏘도록 조작을 하는가이다."라고 말했다."[20-1] 《기만의 날: 진주만 공격의 진실Day of Deceit: The Truth About FDR and Pearl Harbor》은 로버트 스티넷Robert Stinnett 기자가 17년 동안 진주만 공격에 연관된 20만 개의 자료와 인터뷰를 통해서 얻은 결론을 보고한 책이다.[20-2] 이 책에서 아마 가장 결정적인 자료는 해군정보부 소속 아서 맥컬럼Arthur McCollum 해군 소령의 제안서일 것이다(그림 20-1). 맥컬럼 소령은 일본의 진주만 공격이 벌어지기 1년여 전인 1940년 10월 7일 작성된 문건에서 일본을 다음과 같은 '8가지 행동'으로 자극시키는 방법을 제안한다:

A. 영국이 태평양에서 싱가포르의 기지를 사용하도록 주선한다.

B. 네덜란드가 인도네시아 동인도 회사의 기지를 사용하고 보급품도 획득하도록 주선한다.

C. 장제스에게 모든 가능한 도움을 준다.

D. 장거리 대형급 순양함들을 동양, 필리핀, 싱가포르에 파견한다.

E. 잠수함을 동양에 파견한다.

F. 미국주력함대를 하와이 부근에 유지한다.

G. 네덜란드에 일본이 요구하는 원유를 거절하도록 한다.

H. 영국과 공동으로 일본과 무역에 대한 완전한 금수 조치를 취한다.

맥컬럼의 모든 제안에 대한 루스벨트의 행위를 찾을 수 있다. 예를 들어 'D'에서 제시한 대로 루스벨트는 순양함을 일본해상에 "튀어나오도록Pop-up" 지시했다. 한두 척의 순양함을 잃는 것 정도는 개의치 않는다고 했다.[20-2]

적을 강화시키는 공식

공산 측이 위협을 줄 수 있도록 하려면 그들의 경제력과 군사력을 키우도록 도와줘야 한다. 원자폭탄의 기술과 장비를 소련에 제공한 것이 가장 좋은 예다. 또한 소련이 북베트남에 제공한 트럭은 포드 자동차회사가 지은 공장에서 만들어진 것이다. 다른 예는 체코슬로바키아, 유고슬라비아, 동독, 폴란드 등을 소련군이 장악하도록 해서 공산권의 영토를 확장시킨 일들이다. 또한 장제스의 무기 공급을 중단하는 한편 마오쩌둥의 군대가 중국대륙을 장악할 수 있도록 한 것이다.

독재자를 선정하는 공식

전쟁을 일으키기 위한 조건 중 하나는 특정한 인물을 선택하는 것이다. 남한에서는 이승만, 북한에서는 김일성이 선택된 이유는 그들이 독재적·무력적 성향을 가지고 있었기 때문이다. 그들이 정권을 장악하도록 다른 지도자들(남한에서는 김구와 여운형, 북한에서는 조만식)은 제거됐다.

정보의 실패라는 공식

일본의 진주만 공격으로 2,460명이 사망했다. 이에 대해 일반적으로 '정보의 실패'라고 변명을 한다. 하지만 미국처럼 정보에 뛰어난 나라는 없을 것이다. 앞에서 제시한 대로 미국은 일본의 공격을 예측하고 있었다.

북한의 남침을 예상하지 못한 이유도 '정보의 실패'라는 변명을 사용한다. 하지만 미국은 북한의 남침 준비를 잘 파악하고 있었고 남침 날짜까지 알고 있었다.

전쟁 종결을 지연하는 공식

전쟁 종결을 최대한도로 지연할 수 있도록 모든 방법을 사용한다. 그러기 위해서는 종전협상을 방해한다. '받아들일 수 없는 요구'를 하는 것이 그들의 공식 중 하나이다. 전쟁 종결을 지연시키는 방법은 이라크와 아프가니스탄에서 사용되고 있다.

유엔으로 위장하는 공식

미국은 유엔을 조종하고 있다. 강대국이 작은 나라들에 피해를 보게 하는 데 유엔은 이용당하고 있다. … 강대국은 진실을 근거로 행동하는 것이 아니라 진실을 조작하여 목적을 달성하려고 그들의 의도를 작은 나라에 강요한다.

_알베르트 아인슈타인Albert Einstein

한국전쟁은 유엔의 명분을 사용해서 전쟁을 일으킨 최초의 사건이다. 하지만 미국은 유엔이라는 조직의 명분을 이용하는 전쟁을 지속적으로 일으킨다. 예를 들어 콜린 파월Colin Powell 국무장관이 유엔에서 이라크의 대량살상무기 소유에 대한 발언으로 '결의안 1441'이 통과되었다. 이로 인해 미국은 이라크를 침공하는 합법성을 유엔을 통해 얻었고 2003년 이라크를 침공해서 15년 넘게 전쟁을 유지했다.

미국은 이라크에서 2018년까지 105,000개의 폭탄과 미사일을 사용했고 사망자의 수는 150만~340만 명으로 추산하고 있다.[20-3] 결국 이라크는 대량살상무기가 없었던 것으로 나타났고 여기서도 '정보의 실패'라고 말하면 그뿐이다.

자작극을 일으키는 공식

미국이 자작극을 일으킨다는 확실한 증거는 물론 잘 드러나지 않을 것이다. 하지만 그 예외로 〈노스우드 작전〉이라는 1962년의 자작극 계획서가 발견된 경우가 있다. 이 서류는 케네디 대통령 암살에 대한 문서를 찾는 중 발견되었다(그림 20-2).

이 서류의 저자는 라이먼 렘니처Lyman Lemnitzer 합동참모본부장으로, 비행기 납치를 날조하여 미국의 비행기나 선박을 공격하도록 하여 전쟁을 일으키는 시나리오가 만들어져 있다. 케네디 대통령은 이 계획을 거부했다.

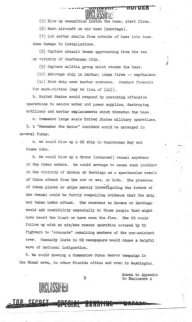

그림 20-2) 자국민을 공격한 후에 쿠바의 짓으로 뒤집어씌운 후 쿠바와 전쟁을 벌이려는 노스우드 자작극 작전 문서. 케네디는 이를 거부했다. (출처: fichier-pdf.fr)

진실을 감추기 위해 가짜 정보로 덮는 공식

한국 사람이 알고 있는 한국전쟁에 관한 대부분의 정보들이 진실이 아닌 이유는 단지 진실이 비밀이어서뿐 아니라 거짓된 정보가 진실을 압도하기 때문이다. 그러기 위해서는 권위를 가진 교수들을 포섭하여 정보를 장악하도록 해야 한다. 앞에서 언급한 대로 흑금성(박채서)에 의하면 미국에 포섭된 이들 중 학술기관의 교수가 가장 큰 비중을 차지하고 있다고 한다. 이러한 증언은 가짜 정보가 범람하는 배경을 설명해 주는 것이다.

맺는말

자신의 계획이 없으면 다른 사람 계획의 한 부분이 된다.

_테렌스 맥케나Terence McKenna

우리가 무지를 막고 자유를 유지하려면,
정보를 제대로 알아야 할 책임이 있다.

_토머스 제퍼슨Thomas Jefferson

한국전쟁의 배경과 과정을 조사해 보면 일관된 지향성과 계획이 만들어져 왔고 이를 실행하는 자들은 그들의 아젠다를 위해 조직적으로 움직여 왔다는 것을 알 수 있다. 이 책에서 제시하는 내용은 확실한 문헌과 자료를 기반으로 하지만 기존의 지식 필터에서 걸러질 수밖에 없었으며 따라서 많은 한국 사람들에게 이 같은 비주류 해설은 받아들여지기 힘들다는 것을 필자는 절감하고 있다.

도서관에는 한국전쟁을 다루는 수많은 책들이 있다. 정병준 교수는 한국전쟁 연구가 '포화상태'이며 진입 장벽이 높다고 말한다. 그렇다면 필자는 왜 이러한 주제를 다루는 책을 썼나?

필자가 6·25전쟁을 다루는 책을 쓴 이유는 한반도의 분단과 전쟁의 원인과 과정을 설명하는 데 가장 핵심적인 부분이 빠져 있다고 생각했기 때문이다. 앞서 얘기한바 전통주의 대 수정주의 대립을 초월하여 완전 버전을 제공하려는 의도이다.

그런데 왜 핵심적인 정보가 빠져 있을까? 핵심적인 정보를 아직도 찾기가 어려워서일까? 그렇지 않다. 이 중요한 정보는 이미 역사적 자료로 외국에서는 공개되어 있어서 누구든지 볼 수 있다. 그런데 왜 한국에서는 이러한 자료를 어떠한 현대 역사학자도 취급하지 않을까? 여기에는 세 가지 가능성이 있다고 생각된다.

첫째는 어떤 세력이 치밀하게 방해를 하는 것이다. 둘째는 소위 말하는 '음모론자'라고 낙인찍힐 것에 대한 염려로 학자들이 피하기 때문이다. 셋째는 너무나 믿기 힘들어 검토하려는 자세조차 취하기 어려워서라는 이유이다. 마셜 맥루한Marshall McLuhan은 다음과 같이 말한다:

> 작은 비밀만 감출 필요가 있다. 큰 것들은 대중이 믿지 않기 때문에 비밀로 유지된다.

필자는 지적 자유를 우선하는 원칙을 가지고 찾을 수 있는 모든 자료들을 바탕으로 한국전쟁의 수수께끼를 풀려고 노력했고, 지난 70년간의 남과 북의 근본적인 문제를 새로운 방향으로 이해하고자 했다. 간단히 말해 이 책을 쓴 동기는, 명백하지만 한국 전문가들은 건드리지 못하는 정보에 입각하여 한국전쟁의 진실을 드러내려는 것이다.

이 많은 분량의 문서화된 역사적 정보는 서구의 독선과 관제 역사가들의 인적 자본과 모순되기 때문에 늘 기억의 구멍으로 빠져나가고 있다. 이 빠져나가는 사실이 알려지는 대가는 외롭고 비싸다. 그러나 앞으로 역사가들이 이 정보들을 자신의 역사 설명에 추가하기 시작하면 언젠가 모두가 알게 되는 역사 사실이 될 것이라는 긍정적인 바람을 가지고 있다.

남과 북이 있고 한 나라가 양 진영의 깊은 골에 빠져 있을수록 가장 무시당하는 것은 진실이다. 한국에서는 외세 엘리트 집단의 이익을 위한 의제를 진전시키기 위해 진실이 통제받는다.

한국전쟁은 내전이라기보다는 두 얼굴을 가진 딥스테이트의 한국 침략이었다. 침략은 지금도 총성 없이 전방위에서 계속되고 있다.

줄리언 어산지Julian Assange는 "만약 전쟁이 거짓말로 시작될 수 있다면, 평화는 진실에 의해 시작될 수 있다."라고 말했다. 어산지의 간단한 말이 한국민족의 염원을 달성할 수 있는 로드맵이 되기를 간절히 바란다.

주요사건 연표(1943-1964)

1943년
11월 카이로 회담 : 루즈벨트, 처칠, 장제스 서명

"자유롭고 독립적인 코리아를 적당한 시기에(in due course)약속한다."

1945년
2월 얄타회담: 루즈벨트, 처칠, 스탈린

5월 8일 독일 항복

7월 포츠담 회담: 스탈린(소련), 트루먼(미국), 애틀리(영국)

8월 6일 히로시마 원폭

8월 8일 소련, 일본에 전쟁 선포

8월 9일 나가사키 원폭

8월 15일 일제에 대한 공식적인 해방일

루즈벨트와 스탈린에 의한 38선 한국 분단. 소련군 북쪽 점령, 미군 남쪽 점령.

9월 소련에 체류하던 김일성 북한 입국

10월 이승만 미국에서 오랜 망명 후 남한 입국

12월 16-26일 모스크바 3국 (미국, 영국, 소련) 외무장관 회의, 한국에 대한 신탁통치 결정

12월 20일(~ 1947년 1월) 트루먼 대통령, 조지 마셜을 중국 국공내전 중재 특사로 보냄.

1947년
7월 19일 서울, 여운형 암살됨.

1948년
4월 3일(~ 1949년 8월 17일) 제주 4.3 사건

8월 15일 대한민국 정부 수립, 대통령 이승만

9월 9일 조선민주주의인민공화국 선포, 수상 김일성

10월 여수·순천 사건

12월 25일 소련군, 북한에서 철수. 고문단은 잔류

1949년
3월 김일성, 모스크바 방문. 남한에 대한 군사적 행동의 승인 요청.

5월 4일 옹진 반도 전투

6월 26일 김구 암살당함

6월 30일 한국에서 미군철수, 500명의 고문 남김.

7월~8월 38선을 따라 남과 북의 더 많은 충돌 발생.

10월 1일 베이징에서 중화인민공화국의 수립을 선포. 마오쩌둥, 국가주석에 취임

1950년

1월 12일 애치슨, 미국의 동북아 안보구역(애치슨 라인)에서 한국을 제외한다고 발표

5월 30일 제 2회 총선, 이승만 측 정치인 대거 패배.

6월 17일 미 국무부 고문, 존 포스터 덜레스 서울 도착. 21일까지 머무르며 38선 시찰

6월 25일 38선 이남으로 북한의 전면적 공격.

6월 27일 트루먼, 미 공군과 해군이 한국군을 지원하도록 명령.

제7함대를 대만 해협으로 파견

이승만 서울 탈출

6월 28일 새벽2시 한강교 폭파

인민군, 서울 함락

이승만, 남한내 정치적으로 의심스러운 반대자 학살 지시

7월 1일 미군 1차 한국에 도착.

7월~8월 인민군이 남한의 90%를 장악하지만 미군에 의해 낙동강에서 막힘.

9월 15일 맥아더, 인천상륙작전. 서울 탈환, 이승만 서울 복귀

9월 21일 조지 마셜, 미 국방장관 취임

10월 7일 유엔군 38선을 넘어 북진.

10월 15일 트루먼과 맥아더, 웨이크 섬 회의

10월 19일 미 8군, 평양 함락.

11월 27일(~12월 13일) 미군과 중국군, 함경남도 장진호 전투. 중국과 북한군이 대규모 반격 감행, 미군 퇴각

12월 15일 미군, 흥남 철수. 3,8선 이남으로 후퇴

12월 23일 월튼 워커 미 8군 사령관, 교통사고로 사망, 매슈 리지웨이 중장이 8군 사령관이 됨.

1951년

1월 4일 중공군과 북한군 서울 점령. 남한측 1.4 후퇴

3월 14일 미군, 서울 탈환.

4월 11일 트루먼, 유엔 사령관직에서 맥아더 해임.

매슈 리지웨이 장군이 유엔 사령관이 되고 제임스 밴 플리트 장군, 미 8군 사령관이 됨.

7월 10일 개성에서 휴전협상 시작

10월 25일 판문점에서 휴전협상 재개

1952년

1월 2일 전쟁 포로 송환문제로 1년 반 동안 휴전 협상은 교착상태에 빠짐.

2월~6월 거제 포로 수용소 소요 사태

3월 국제민주법률가협회(IADL), "코리아에서 벌어진 미국범죄보고서" 발행

5월 7일 거제 포로수용소 프란시스 돗드 수용소 소장 인질 납치사건. 포로 학대 및 정치적 도구이용을 중단 하라는 요구.

5월 12일 리지웨이 사령관 후임으로 마크 W. 클라크 유엔 사령관 취임.

6월 23일 북한지역 수풍댐을 비롯한 주요 4개 수력발전 댐이 미군의 폭격으로 파괴

8월 29일 미군의 최악의 평양 대 폭격.

9월 국제과학위원회(ISC), "니덤보고서"발행

12월 2~5일 아이젠하워 대통령 당선자 한국방문

1953년

3월 5일 스탈린 사망. 휴전 협상에 속도가 붙음

5월 13~16일 미군, 북한 지역 수력발전 시설과 관개용 댐을 폭격. 홍수가 나고 작물 파괴.

6월 이승만, 휴전협정에서 배제된 것에 대한 불만과 휴전 반대를 위해 거제도의 반공포로 25000명 미국측과 상의 없이 석방.

7월 27일 휴전 협정

1955년

12월 박헌영, 남로당 지도자 및 외무장관 평양에서 사형됨. 반역과 간첩 혐의

1958년

북한 재건을 도운 중국 인민지원군 북한에서 철수

1961년

4월 17일 케네디 행정부, 피델 카스트로의 쿠바 정부를 전복하기 위해 1400명의 쿠바 망명자들에 의한 피그스만 공격. 실패

1963년

11월 22일 베트남 전쟁 개입 확대를 반대하는 케네디 암살됨.
린든 존슨 대통령 취임

1964년

8월 2일 통킹만 사건

8월 4일 미 의회 통킹만 결의안 통과, 베트남 전선 전면 확대

참고문헌

머리말

머리말-1) 권영근 (2019). 전면 개정이 필요한 듯 보이는 6·25 전쟁사!!! Issue/Focus, 2019-5-17. (https://blog.naver.com/ygk555/221539612293)

머리말-2) Young Mok Chung (2003). Art and Politics: Picasso's Korean War Paintings and Abstract Art of Korea and Japan, 1950s-1960s. 조형, vol. 25/26, 15-26. 서울대학교 미술대학 조형연구소. (http://hdl.handle.net/10371/72314)

1장 억압되는 정보들

1-1) Aronson, J. (1970). *The Press and the cold war*. New York: Monthly Review Press. p. 108-109.

1-2) Stone, I. F. (2014). *The hidden history of Korean War*. New York: Open Road Integrated Media. Kindle Edition. loc. 387.

1-3) Guttenplan, D. D. (2013). *American radical: The life and times of I. F. Stone*. New York: Farrar, Straus and Giroux.

1-4) 리처드 로빈슨 (1988). 미국의 배반: 미군정과 남조선. (정미옥 번역). 과학과 사상.

1-5) ibid. p. 166.

1-6) 이슈섹션 (2018). 흑금성 "靑·기무사 등 극비정보 넘기는 '검은머리 美 스파이' 1,000명 활동". 헤럴드경제, 2018-8-31.

1-7) Gunther Anders (1956). *The obsolescence of man*. Translated in April-May 2014 by Monter Pérez, Pre-Textos, Valencia, 2011, p. 105-208.

1-8) Randeep Ramesh (2003). The two faces of Rumsfeld. *The Guardian*, 2003-5-9.

1-9) 다니구치 나가요 (2017). 미국 군산복합체의 최대 시장, 동북아시아. 프레시안, 2017-11-24.

2장 한국전쟁의 수수께끼

2-1) Perloff, J. (1989). *The shadows of power: the Council on Foreign Relations and the American decline*. Appleton, Wis.: Western Islands. p. 88.

2-2) Bronowski, J. (1973). *The ascent of man*. Boston: Little, Brown and Company.

2-3) Planck, M. (1949). *Scientific autobiography, and other papers*. New York: Philosophical Library.

2-4)　이동현 (1999). [6·25 특집] 풀리지 않는 전쟁 4대 의혹. 중앙일보, 1999-6-25.

2-5)　Merill John (2004). (새롭게 밝혀낸) 한국전쟁의 기원과 진실. (이종찬 외 옮김). 동아출판.

2-6)　와다 하루키 (1995). 한국전쟁. 창작과비평사.

2-7)　이희진·오일환 (2000). 한국전쟁의 수수께끼. 가람기획.

2-8)　"Possible Soviet Attitudes toward Far Eastern Questions," October 2, 1943, RG 59, Records of Harley A. Notter, 1939-1945, Box 119.

2-9)　"Minutes of the Eleventh Meeting of the United Delegation," April 17, 1945, FRUS, 1945, Vol. I, p. 315-321.

2-10)　Permanent subcommittee on investigation of the committee on government operations United States Senate. 83rd Congress, First Sessopm pursuant to S. Res. 40. February 16 and 17, 1953. p. 199.

2-11)　Robert Cowley (1995). Truman told Stalin not to invade Japan. *New York Times,* 1995-02-2.

2-12)　Jongsoo James Lee (2016). *The Partition of Korea after World War II.* Palgrave Macmillan.

2-13)　기광서 (2014). 해방 전 소련의 대한반도 정책 구상과 조선 정치세력에 대한 입장. 슬라브연구, 제30권 4호, 2014, p. 38-39.

2-14)　U.S. Senate, Military Situation in the Far East, Hearing before the Committee on Armed Services and the Committee on Foreign Relations, 82nd Congress, 1st Session, MacArthur Hearing, 1951, part IV, pp. 2916-2917.

2-15)　Flynn, John T. (1953). *The Lattimore Story.* New York: Devin-Adair. p. 32.

2-16)　ibid. p32.

2-17)　ibid. p32.

2-18)　Walter Trohan (1945). Japs asked peace in Jan. Envoys on way—Tokyo. *Chicago Tribune,* 1945-8-19.

2-19)　Kubek, Anthony (1963). *How the Far East was Lost.* Taipei, Taiwan: China Academy. Kindle edition. loc. 2109.

2-20)　Battle of Okinawa, Wikipedia.

2-21)　Michael A. Hoffman II (1986). *The Journal of Historical Review,* Winter 1985-86, 6(1), 508-512.

2-22)　Barris, Ted (2013). *Deadlock in Korea: Canadians at War, 1950-1953.* Thomas Allen Publishers.

2-23)　MacArthur, General Douglas (2012). *Reminiscences.* Annapolis: Naval Institute Press. Kindle Edition. p. 368.

2-24) Bob Considine (1964). MacArthur Blamed British For a 'Betrayal' in Korea. *New York Times,* 1964-4-9.

2-25) MacArthur, General Douglas (2012). *Reminiscences.* Annapolis: Naval Institute Press. Kindle Edition. p. 423.

2-26) ibid. p. 372.

2-27) ibid. p. 426.

2-28) ibid. p. 374.

2-29) ibid. p. 426.

2-30) Epperson, A. Ralph (1982). *The unseen hand: an introduction into the conspiratorial view of history.* Tucson, Ar.: Master Printers. p. 319.

2-31) G. Edward Griffin (1968). *The fearful master: a second look at the United Nations.* Boston and Los Angeles: Western Islands. p. 112.

2-32) MacArthur, General Douglas (2012). *Reminiscences.* Annapolis: Naval Institute Press. Kindle Edition. p. 415.

2-33) ibid. p. 365.

2-34) Lattimore, Owen (1949). South Korea - Another China. *The Daily Compass,* 1949-7-17.

2-35) Congressional Record, PROCEEDINGS AND DEBATES OF THE 81st CONGRESS SECOND SESSION, VOLUME 96-PART 9, AUGUST 1, 1950, TO AUGUST 18, 1950(PAGES 11447 TO 12844)

2-36) James Hausman (US Mil. Gov.) Speaks on Korean War's Origins. (https://www.youtube.com/watch?v=H3x1H5gZafs by 나이현)

2-37) Foot, Rosemary (1990). *A substitute for victory: The politics of peace making at the Korean armistice talks.* Ithaca and London: Cornell University Press.

2-38) Jian Chen (2001). *Mao's China and the Cold War.* Chapel Hill: University of North Carolina Press.

2-39) Frank Pace, "Oral History," 17, USMHI; polls graphed in Bruce M. Russett, "The Revolt of the Masses: Public Opinion on Military Expenditures," in John Lovell and Philip S. Kronenberg, ed., New Civil-Military Relations: The Agonies of Adjustment to Post-Vietnam Realities (New Brunswick, N.J.: Transaction Books, 1974), 61-63; Frank Pace, "Oral History," 115-16, TPL. In Pearlman, Michael D. Truman and MacArthur: Policy, Politics, and the Hunger for Honor and Renown. Indiana University Press.

2-40) Stone, I. F. (2014). *The hidden history of Korean War.* Kindle Edition. loc. 511.

2-41) ibid. loc. 599.

2-42) ibid. loc. 522.

2-42) ibid. loc. 543.

2-43) ibid. loc. 1261.

2-44) ibid. loc. 415.

2-45) ibid. loc. 423.

2-46) ibid. loc. 1046.

2-47) Thornton Richard C. (2000). *Odd man out: Truman, Stalin, Mao, and the origin of the Korean War.* Washington, D.C.: Brassey's. p.123.

2-48) ibid. p.123.

2-49) ibid. p.125.

2-50) ibid. p.126.

2-51) Matthew B. Ridgway (1986). *The Korean War.* New York, N.Y.: Da Capo. p.13-14.

2-52) General John K. Singlaub (1991). *Hazardous Duty: An American Soldier in the 20th Century.* New York: Summit Books. p.126.

2-53) World policy and bipartisanship. *U.S. News & World Report*, 1950-5-5, 12.

2-54) South Korea Warned. *New York Times*, 1950-5-11.

2-55) Thornton Richard C. (2000). *Odd man out: Truman, Stalin, Mao, and the origin of the Korean War.* Washington, D.C.: Brassey's. p.126.

2-56) Burton Crane (1950). Formosa invasion by August is seen. *New York Times*, 1950-2-1.

2-57) Stone, I. F. (2014). *The hidden history of Korean War.* Kindle Edition. loc.1571.

2-58) War No Surprise, Intelligence Says. *New York Times*, 1950-6-27, 3.

2-59) Donald Nichols (1981). *How many times can I die?* Brooksville, Fl. p.658.

2-60) Blaine Harden (2017). *King of Spies: The Dark Reign of America's Spymaster in Korea.* London: Pan Books.

2-61) 정병준 (2006). 한국전쟁-38선 충돌과 전쟁의 형성. 돌베개. p.661.

2-62) 권영근 (2019). 1950년 6월 28일 새벽 한강 철교 폭파에 관한 또 다른 단서. 2019-10-8. (https://blog.naver.com/ygk555/221671387589)

2-63) 권영근 (2019). 1950년 6월 28일 한강철교 왜 폭파한 것일까?: 추정!!! 2019-5-17. (https://blog.naver.com/ygk555/221539932849)

2-64) 권영근 (2019). 1950년 6월 28일 새벽 한강철교 누가 폭파를 지시했을까? 2019-5-6. (https://blog.naver.com/ygk555/221531006092)

2-65) 권영근 (2019). 6·25 전쟁 10대 불가사의에 대한 해석!!!! 2019-5-13. (https://blog.naver.com/ygk555/221536646471)

2-66) 정병준 (2006). 한국전쟁-38선 충돌과 전쟁의 형성. 돌베개. p.676.

2-67) 라주바예프 (2001). 소련군사고문단장 라주바예프의 6·25전쟁 보고서. 제1권. 국

방부 군사편찬연구소. p.284.

2-68) 정병준 (2006). 한국전쟁-38선 충돌과 전쟁의 형성. 돌베개. p.677.

2-69) 국방부 군사편찬연구소 (2001). 소련군사고문단장 라주바예프의 6·25전쟁 보고서. 제1권. 국방부 군사편찬연구소. p.178-179.

2-70) Manuscript collection of the Office of the Chief of Military History, NA, "History of the Korean Hearings, vol 3, pt. 14, Special Problems in the Korean Conflict", p.9; MacArthur, MacArthur Hearings, vol 1, p.231.

2-71) 정병준 (2006). 한국전쟁-38선 충돌과 전쟁의 형성. 돌베개. p.681.

2-22) 이희진 (2010). 6·25 미스터리. 가람기획. p.125.

2-73) ibid. p.126

2-74) 정병준 (2006). 한국전쟁-38선 충돌과 전쟁의 형성. 돌베개. p.678.

2-75) Annex #8 "Table of equipment for 65,000 strength" P&O 091 Korea T. S(1949.11.17.) 11-29/900, F/W-18/2(Department of the Army, Plans & Operations Division, Records & Message Branch); 정병준 p.679.

2-76) 정병준 (2006). 한국전쟁-38선 충돌과 전쟁의 형성. 돌베개. p.679.

2-77) 이희진 (2010). 6·25 미스터리. 가람기획. p.139-142.

2-78) 김록환 (2015). 우리나라 역사 빛낸 9명의 명장들. 중앙일보, 2015-5-31.

2-79) 김도형 (2011). 한국전 '최악의 패전' 장군, 국립현충원에 안장. 한겨레, 2011-11-30.

2-80) 로빈 (2017). 한국전쟁 최악의 대참사, 현리 전투. ㅍㅍㅅㅅ, 2017-12-6

2-81) 건국대 통일인문학연구단 DMZ연구팀 (2018). 전적비가 기록한 전쟁, 비(碑)가 기억하지 못한 전쟁. 교수신문, 2018-4-2.

2-82) 김도형 (2011). 한국전 '최악의 패전' 장군, 국립현충원에 안장. 한겨레, 2011-11-30.

2-83) 오동룡 (2010). [6·25전쟁 60주년 특별기획] 白善燁이 만난 6·25전쟁의 영웅들. 월간조선, 2010-05. (http://monthly.chosun.com/client/news/viw.asp?ctcd=&nNewsNumb=201006100050)

2-84) 김관후 (2016). 일본군 육군대위 출신 유재흥 사령관. 아시아타임스, 2016-11-4.

2-85) Stone, I. F. (2014). The hidden history of Korean War. Kindle Edition. loc.4115-4160.

2-86) 이희진 (2010). 6·25 미스터리. 가람기획.

2-87) ibid. p.181.

2-88) ibid. p.184.

2-89) Truman, Harry (1950-6-27). "Statement issued by President Truman". (www.trumanlibrary.org)

| 2-90) | MacArthur, General Douglas (2012). *Reminiscences*. Annapolis: Naval Institute Press. Kindle Edition. p. 408. |

2-90) MacArthur, General Douglas (2012). *Reminiscences*. Annapolis: Naval Institute Press. Kindle Edition. p. 408.

2-91) Thornton Richard C. (2000). *Odd man out: Truman, Stalin, Mao, and the origin of the Korean War*. Washington, D.C.: Brassey's. p. 187.

2-92) ibid. p. 187.

2-93) ibid. p. 228.

2-94) Marguerite Higgins (1951). *War in Korea: The Report of Woman Combat Correspondent*. New York: Doubleday.

2-95) Uzal W. Ent (1998). *Fighting on the brink: defense of the Pusan Perimeter*. Paducah: Ky Turner Publ.

2-96) Thornton Richard C. (2000). *Odd man out: Truman, Stalin, Mao, and the origin of the Korean War*. Washington, D.C.: Brassey's. p. 237.

2-97) Appleman, Roy Edgar (2012). *South to the Naktong, north to the Yalu: June-November 1950*. Grand Prairie, Texas: Book Express Publishing.

3장 한국전쟁의 의혹

3-1) 이형근 (1994). 군번 1번의 외길인생. 중앙일보사.

3-2) 하리마오 (1998). 38선도 한국전쟁도 미국의 작품이었다. 새로운사람들. p. 117-118.

3-3) ibid. p. 118.

3-4) ibid. p. 122

3-5) ibid. p. 123

3-6) 임형두 (1999). 박승억씨, 미국 북한 남침유도설 또 주장. 연합뉴스, 1999-6-21.

3-7) 최성재 (2018). 아시나요… '6·25전쟁 4대 의혹'. 자유일보, 2018-6-25.

3-8) Colonel Donald McB. Curtis, letter to the editor, Army, July 1985, 5-6. Curtis was the staff officer in G4 Plans Division who wrote the strategic concept for SL-17. The finished plan can be found at the U.S. National Archives, Adelphi, Md., in Record Group No. 319, Army G-4, Decimal 1949-1950, Box 39.

3-9) 권영근 (2019). 6·25 전쟁이 정보 실패 사례라고? 1950년 6월 19일 왜 미국은 한반도 전쟁 계획을 회람시켰을까? 2019-6-2. (https://blog.naver.com/ygk555/221552398084)

3-10) Cumings, B. (2005). *Korea's place in the sun: a modern history*. New York: W.W. Norton, p. 259-260.

4장 동유럽의 공산화

4-1) Romerstein, Herbert & Evans, M Stanton (2014). *Stalin's secret agents : the subversion of roosevelt's government.* New York: Threshold Editions. p.157.

4-2) ibid. p.159.

4-3) ibid. p.159-160.

4-4) ibid. p.265; MI5 transcript and summary of Klugmann's talk with British Communist leader Robert Stewart, August 23, 1945. Documents in possession of the authors.

4-5) ibid. p.164.

4-6) Michael Lees (1990). *The rape of Serbia: the British role in Tito's grab for power.* San Diego, Calif.: Harcourt Brace Jovanovich.

4-7) Martin, David (1946). *Ally Betrayed: The Uncensored Story of Tito and Mihailovich.* Arcole Publishing. Kindle Edition. loc.4213.

4-8) ibid. loc.4250.

4-9) ibid. loc.2772.

4-10) Winters, S. B. (1989). How Power Passed to Communists in Postwar Czechoslovakia. *New York Times,* 1989-12-19.

4-11) Benn Steil (2018). Who Lost Czechoslovakia? *History Today,* 2018-5-9.

4-12) Smoot, Dan (2013). *The Invisible Government.* Charleston, S.C.: CreateSpace.

4-13) Lane, A. B. (1965). *I Saw Poland Betrayed: An American Ambassador Reports to the American People.* Boston: Western Islands.

4-14) Kubek, Anthony (1963). *How the Far East Was Lost: American Policy and the Creation of Communist China.* Taipei, Taiwan: China Academy. Kindle Edition. loc.2917.

4-15) ibid. loc.2917.

4-16) ibid. loc.2927.

4-17) ibid. loc.2927.

4-18) ibid. loc.3124.

4-19) "Trusteeship for Korea: Stimson's Memorandum for the President," 16 July 1945, FRUS, 1945, Berlin, Vol. II, p.631.

5장 베트남 전쟁: 또 하나의 이상한 전쟁

5-1) Walt, Lewis W. (1970). *Strange War, Strange Strategy.* New York: Funk & Wagnalls.

5-2) "Saturday 3 April 1954 has gone down in American history as "the day we didn't go to war". On that day Dulles met Congressional leaders who were adamant

they would not support any military intervention unless Britain was also involved"
(https://www.bbc.com/news/magazine-27243803?fbclid=IwAR0CpSjZm9IYrKgQ5jRDpkEv
VgycL15JvCO5b2Ox3c8blIEEv6Ea10uwAFE)

5-3) Stockdale, James and Sybil (1984). *In Love and War*. New York: Bantam Books.

5-4) US Senate Committee on Foreign Relations, "Statement by Senator J. W. Fulbright, Chairman, Senate Foreign Relations Committee," press release about release of William P. Bundy's statement about Tonkin Gulf Resolution from September 1966, US Senate Committee on Foreign Relations, Washington DC, [December 21, 1967], in Series 48 Foreign Relations Committee, 48-3 Committee Administration, Box 16, Folder 4, 1967, Fulbright Papers, University of Arkansas (Fayetteville, AR); Proctor, Pat (2016). Containment and Credibility: The ideology and deception that plunged America into the Vietnam War. Delaware: Carrel Books. p. 243.

5-5) Grant, W. T. (1994). *Wings of the Eagle: A Kingsmen's Story*. New York: Ballantine Publishing. p. 1, 24.

5-6) Congressional Record – Senate, March 6, 14, and 18, 1985, p. S2632.

5-7) William F. Jasper Seven Myths About the Vietnam War; "Worth Repeating," THE NEW AMERICAN, May 29, 1995, p. 34.

5-8) Major General Raymond G. Davis, with Colonel William J. Davis (1995). *The Story of Ray Davis, General of Marines*. Fuquay Varina, North Carolina: Research Triangle Publishing, p. 190.

5-9) Grant, W. T. (1994). *Wings of the Eagle: A Kingsmen's Story*. New York: Ballantine Publishing. p. 1, 24.

5-10) Mallan, Lloyd (1968). Military Experts Tell: How we can win in Vietnam in six weeks without nuclear weapons – and why we're not doing it! *Science & Mechanics*, March 1968, p. 40.

5-11) James Perloff (2013). *Truth is a lonely warrior*. Refuge Books. p. 60 Vietnam

5-12) Drake, Ricky J. (1993). *The Rules of Defeat: The Impact of Aerial Rules of Engagement on USAF Operations in North Vietnam. 1965-1968*. Air University Press. p. 4.

6장 중국의 공산화

6-1) Flynn, John T. (1951). *While you slept; our tragedy in Asia and who made it*. Old Greenwich, Conn.: Devin-Adair Co.

6-2) Kubek, Anthony (1963). *How the Far East Was Lost: American Policy and the Creation of*

Communist China. Taipei, Taiwan: China Academy. Kindle Edition.

6-3) Lohbeck, Don (1957). *Patrick J. Hurley.* Arcole Publishing. Kindle Edition. loc. 7965

6-4) William C. Bullitt, "Can Truman Avoid World War III?" *The American Mercury* (June, 1947), p. 646.

6-5) Kubek, Anthony (1963). *How the Far East Was Lost: American Policy and the Creation of Communist China.* Taipei, Taiwan: China Academy. Kindle Edition. loc. 1480.

6-6) ibid. loc. 1212.

6-7) Harry Elmer Barnes (1958). Hiroshima: Assault on a Beaten Foe. *National Review,* 1958-5-10.

6-8) Chamberlain, America's second crusade, p. 219: 22, New York Journal-American, March 18, 1955: Congressional Records, March 22, 1955, pp. 2848-49.

6-9) Flynn, John T. (1953). *The Lattimore Story.* New York: Devin-Adair. p. 68

6-10) James Forrestal & Walter Millis. (2015). *The Forrestal Diaries.* San Francisco: Lucknow Books.

6-11) Welles, Sumner (1951). *Seven decisions that shaped history.* New York: Harper.

6-12) Testimony of major-General Patrick J. Hurley, June 20, 1951, Military Situation in the Far East, Part 4, p. 2837. Hearings before the Committee on Armed Services and the Committee on Foreign Relations United States Senate.

6-13) Congressional Record. March 22, 1955, p. 3374; Kubek, Anthony (1963). *How the Far East Was Lost: American Policy and the Creation of Communist China.* Taipei, Taiwan: China Academy. Kindle Edition. loc. 2686.

6-14) Whitney, Courtney (1956). *MacArthur: His Rendezvous with History.* New York: Alfred A. Knopf Publishers. p. 186.

6-15) Hoover Institution Archives, Loy W. Henderson Collection, Vol. 5, 978-980.

6-16) Kubek, Anthony (1963). *How the Far East Was Lost: American Policy and the Creation of Communist China.* Taipei, Taiwan: China Academy. Kindle Edition. loc. 8052.

6-17) Military Situation in the Far East, Hearings, Part 3, p. 1948-1949.

6-18) China Handbook (1958-53). p. 391-393.

6-19) Kubek, Anthony (1963). *How the Far East Was Lost: American Policy and the Creation of Communist China.* Taipei, Taiwan: China Academy. Kindle Edition. loc. 6328.

6-20) ibid. loc. 6343.

6-21) Flynn, John T. (1953). *The Lattimore Story.* New York: Devin-Adair. p. 95.

6-22) ibid. p. 96.

6-23) ibid. p. 11.

6-24) ibid. p. 11.

6-25) ibid. p. 34.

6-26) ibid. p. 13-14.

6-27) ibid. p. 14.

6-28) ibid. p. 14.

6-29) ibid. p. 106.

6-30) ibid. p. 58.

6-31) ibid. p. 105.

6-32) ibid. p. 90.

6-33) ibid. p. 79.

6-34) ibid. p. 110.

6-35) Joanne Cavanaugh Simpson (2000). Seeing Red. *Johns Hopkins Magazine.* (https://pages.jh.edu/jhumag/0900web/red.html)

6-36) Congressional record-Senate, 1951, June 14, page 6580.

6-37) Perloff, J. (1989). *The shadows of power: the Council on Foreign Relations and the American decline.* Appleton, Wis.: Western Islands. p. 86.

6-38) Chennault, Claire Lee (1949). *Way of a Fighter.* Reprint Services Corp. p. 317.

6-39) Robert Welch, Robert (2018). *Again, May God Forgive Us.* Chicago: Muriwai Books. loc. 2233.

6-40) Congressional Record, Speeches of Senator Joe McCarthy, p. 276.

6-41) Lohbeck, Don (1957). *Patrick J. Hurley.* Arcole Publishing. Kindle Edition. loc. 5764.

6-42) ibid. loc. 8276.

6-43) Kubek, Anthony (1963). *How the Far East Was Lost: American Policy and the Creation of Communist China.* Taipei, Taiwan: China Academy. Kindle Edition. loc. 4446.

6-44) Utley, Freda (1951). *The China Story.* Chicago: Henry Regnery. p. 44-45.

6-45) Congressional Record, February 21, 1949, p. A993.

6-46) Flynn, John T. (1953). *The Lattimore Story.* New York: Devin-Adair. p. 109.

6-47) Subcommittee to Investigate the Administration of the Internal Security Act and Other Internal Security Laws - 1956, Congressional Record: Proceedings and Debates of the Congress, Vol. 103, part 5.

6-48)   이희진 (2010). 6·25 미스터리. 가람기획. p.59.

7장 38선 획정의 비밀

7-1)   Stacy, William E. (1984). *US Army Border Operations in Germany*. US Army Military History Office. OCLC 53275935.

7-2)   Cramer, Michael (2008). *German-German Border Trail*. Rodingersdorf: Esterbauer.

7-3)   Dowty, Alan (1989). *Closed Borders: The Contemporary Assault on Freedom of Movement*. Yale University Press.

7-4)   Mulligan, Hugh A. (28 October 1976). East German border appearance has changed. *The Bulletin*. *The Associated Press*. Retrieved 2009-8-3.

7-5)   박태균 (2005). 한국전쟁: 끝나지 않은 전쟁, 끝나야 할 전쟁. 책과함께. p.78.

7-6)   ibid. p.78.

7-7)   ibid. p.81.

7-8)   ibid. p.54.

7-9)   ibid. p.69.

7-10)   ibid. p.62.

7-11)   권영근 (2018). 1945년 8월 한반도는 왜 38선으로 분할되었을까? Issue/Focus. 2018-11-15. (https://blog.naver.com/ygk555/221398784812)

7-12)   이완범 (2013). 한반도 분할의 역사. 한국학중앙연구원.

7-13)   McCarthy, Joseph (1951). America's Retreat from Victory: The story of George Catlett Marshall. New York: Devin-Adair Co. p.38.

7-14)   이용희 (1987). 38선 획정 신고, 이용희저작집 I : 한국과 세계정치. 민음사(원 저작 1965). p.11.

7-15)   Memorandum Prepated in the Office of Far Eastern Affair, April 18, 1944, U.S. Department of State, Foreign Relations of the United States, Diplomatic Papers, 1944, Vol. V, p.1234.

7-16)   "Korea: Occupation and Military Government: Composition of Forces," CAC 128, March 22, 1944, RG 59, Records of Harley A. Notter, 1939-1945, Records of the Policy and Planning Committees, Box 109, p.3: "Korea: Occupation and Military Government: Composition of Forces," CAC 128, March 29, 1944, RG 59, Records of Harley A. Notter, 1939-1945, Box 119, p.3.

7-17)   이완범 (2001). 삼팔선 획정의 진실. 지식산업사.

7-18)   International: North & South of the Parallel, Time (July 3, 1950), p.15. 신용하, 한국 남북분단의 원인과 포츠담 밀약설,

7-19) 이희진 (2010). 6·25 미스터리. 가람기획. p.67.

7-20) (Council of Foreign Relations, Studies of American Interests in the War and the Peace, Political Series) No. P-B 81 "The problem of Constituting an Independent Political Regime in Korea", May 22, 1944.

7-21) "Korea: Occupation and military government: Composition of Forces," Memorandum prepared by the Inter-Divisional Area Committed on the Far East, March 29, 1944 in Foreign Relations of the United States, 1944, Vol. V(Japan).

7-22) 커밍스, 외 (2005). 악의 축의 발명: 미국의 북한, 이란, 시리아 때리기. 지식의풍경. p.4.

7-23) William R. Langdon (1941). Some aspects of the question of Korean Independence. Decimal File 895. 01/79. 1941-2-20.

7-24) Matray, James Irving (1985). The reluctant crusade: American Foreign Policy in Korea, 1941~1950. Honolulu: University of Hawaii Press. pp.8-9.

7-25) 오코노기 마사오. (2019). 한반도 분단의 기원. (류상영 외 옮김). p.39.

7-26) Forrestal, James & Millis, Walter (2015). The Forrestal Diaries. San Francisco: Lucknow Books. p.56.

7-27) 이희진 (2010). 6·25 미스터리. 가람기획. p.77.

7-28) 리처드 로빈슨 (1988). 미국의 배반: 미군정과 남조선. (정미옥 번역). 과학과 사상. p.228.

7-29) 정병준 (2006). 한국전쟁-38선 충돌과 전쟁의 형성. 돌베개. p.221.

7-30) ibid. p.223.

7-31) Wedemeyer, Albert C. (1958). *Wedemeyer Reports*. New York: Henry Holt & Company, Inc. p.475.

7-32) Radio, XXIV Corps to CG 7th Inf. Div., 251320/I, 25 Sept. 1945, HUSAFIK, part 2 chapter 4, pp.273-274; 정병준 (2006). 한국전쟁-38선 충돌과 전쟁의 형성. 돌베개. p.151.

7-33) G-2 Intelligence Summary, Northern Korea, no.2, 1 Dec. 1945; Report "Visit to Ongin, 25~31 Oct, 1945," Lt. D. Simon, Russian Interpreter, G-2 Files; 정병준, p.152.

7-34) G-2 Intelligence Summary, Northern Korea, no.3, 17 Dec. 1945. 정병준 (2006). 한국전쟁-38선 충돌과 전쟁의 형성. 돌베개. p.152.

7-35) RG 332, USAFIK, entry 11070, box 69-70, Letter, Hodge to Chistiakov, 24 April 1946; 정병준 (2006). 한국전쟁-38선 충돌과 전쟁의 형성. 돌베개. p.153.

7-36) 리처드 로빈슨 (1988). 미국의 배반: 미군정과 남조선. (정미옥 번역). 과학과 사상. p.31-32.

7-37) 정병준 (2006). 한국전쟁-38선 충돌과 전쟁의 형성. 돌베개. p.158.

7-38)   ibid. p.159.

7-39)   G-2 Intelligence Summary, Northern Korea, no.17, 6 August 1946; 정병준 (2006). 한국전쟁-38선 충돌과 전쟁의 형성. 돌베개. p.160.

8장 전쟁 과정

8-1)   전상인 (2001). 고개숙인 수정주의: 한국현대사의 역사사회학. 서울: 전통과현대. p.415.

8-2)   ibid. p.416.

8-3)   ibid. p.415.

8-4)   ibid. p.419.

8-5)   Cumings, Bruce (1990). *The Origins of the Korean War*, vol 2. Princton, NJ: Princeton University Press. p.568-621.

8-6)   전상인 (2001). 고개숙인 수정주의: 한국현대사의 역사사회학. 서울: 전통과현대. p.432.

8-7)   배영대 (2001). 미국학자가 쓴 한국사 '브루스 커밍스의…' 중앙일보, 2001-11-3.

8-8)   정병준 (2007). 나의 책을 말한다 -『한국전쟁 : 38선 충돌과 전쟁의 형성』한국역사연구회, 2007-9-27.

8-9)   Cumings, B. (2014). Introduction: Korea is near. In Stone, I. F. The Hidden History of the Korean War. loc.154.

8-10)   Mark E. Caprio (2011). Neglected Questions on the "Forgotten War": South Korea and the United States on the Eve of the Korean War. *The Asia-Pacific Journal*, Vol 9, Issue 5 No 3, 2011-1-31.

8-11)   배영대 (2006). 6·25 '남침 유도설' 조목조목 반박. 중앙일보, 2006-6-23.

8-12)   이미숙 (2013). 커밍스 '남침유도설' 30년만에 부인… "한국전쟁은 남침… 美 유도한 것 아니다" 서울신문 인터뷰서 밝혀. 문화일보, 2013-6-24.

8-13)   이희진 (2010). 6·25 미스터리. 가람기획.

8-14)   권영근 (2019). 국가안보 문제에 관심이 없어 보이는 한국인! 2019-5-23. (https://blog.naver.com/ygk555/221544408339)

8-15)   Beisner, Robert L. (2009). *Dean Acheson, Life in the Cold War*. New York: Oxford University Press. p.377.

8-16)   Casey, Steven (2010). *Selling the Korean War*. New York: Oxford University Press. p.3.

8-17)   ibid. p.4.

8-18)   ibid. p.4.

8-19) Walker, Martin (1995). *The Cold War: A History.* New York: An Owl Book. p.60.

8-20) Thornton Richard C. (2000). *Odd man out: Truman, Stalin, Mao, and the origin of the Korean War.* Washington, D.C.: Brassey's. p.146.

8-21) ibid. p.146.

8-22) ibid. p.146.

8-23) ibid. p.147.

8-24) ibid. p.147.

8-25) ibid. p.148.

8-26) ibid. p.148.

8-27) ibid. p.148.

8-28) ibid. p.147.

8-29) ibid. p.151.

8-30) ibid. p.155.

8-31) ibid. p.163.

8-32) ibid. p.156.

8-33) ibid. p.155.

8-34) ibid. p.159.

8-35) ibid. p.159.

8-36) ibid. p.168.

8-37) ibid. p.162.

8-38) ibid. p.161.

8-39) ibid. p.163.

8-40) World Policy and Bipartisanship, *US News & World Report,* 1950-5-5, 12.

8-41) Thornton Richard C. (2000). *Odd man out: Truman, Stalin, Mao, and the origin of the Korean War.* Washington, D.C.: Brassey's. p.65.

8-42) ibid. p.172.

8-43) ibid. p.175.

8-44) The Ambassador in Korea (Muccio) to the Secretary of State, May 23, 1950, FRUS, 7:85-86.

8-45) Thornton Richard C. (2000). *Odd man out: Truman, Stalin, Mao, and the origin of the Korean War.* Washington, D.C.: Brassey's. p.177.

8-46) ibid. p.178; Sherry Sontag & Christopher Drew (1998). *Blind Man's Bluff: The Untold Story of American Espionage.* New York: Public Affair.

8-47) ibid. p.178.

8-48) ibid. p.178; C. L. Sulzberger, Truman Doctrine, held set by U.S. for Southeast Asia, *New York Times,* 1950-5-14.

8-49) ibid. p.179.

8-50) Army Combat Units Alerted for Tests. *New York Times,* 1950-6-25, 26.

8-51) Thornton Richard C. (2000). *Odd man out: Truman, Stalin, Mao, and the origin of the Korean War.* Washington, D.C.: Brassey's. p.185.

8-52) 정병준 (2006). 한국전쟁-38선 충돌과 전쟁의 형성. 돌베개. p.383; 바실렙스키·슈테멘코→스탈린(1949.4.20.), 소련 외교문서, 3권, 17쪽.

8-53) ibid. pp.383; 스탈린→슈티코프(1949.4.17.), 소련외교문서, 4권, 13쪽.

8-54) ibid. p.266.

8-55) National Archives, 895.00 file, box 7127, Muccio to State, May 13, 1949; Cumings, Bruce (2001). *Korea's place in the sun.* New York: W.W. Norton, Kindle Edition. loc.5436.

8-56) The Daily Worker, December 4, 1950. (quote from Cumings II).

8-57) 정병준 (2006). 한국전쟁-38선 충돌과 전쟁의 형성. 돌베개. p.290.

8-58) RG 319, Id profile no.534855, Subject: Transmittal of USAFIK Staff Study(1949. 2. 29.)

8-59) Oliver Lee, "South Korea Likely Provoked War with North," *Star-Bulletin,* June 24, 1994.

8-60) 정병준 (2006). 한국전쟁-38선 충돌과 전쟁의 형성. 돌베개. p.243.

8-61) ibid. p.294.

8-62) Burchett, Wilfred G. (1974). *The Struggle for Korea's National Rights.* Pyongyang: Foreign Language Publishing House.

8-63) 정병준 (2006). 한국전쟁-38선 충돌과 전쟁의 형성. 돌베개. p.259.

8-64) ibid. p.259.

8-65) 제2회 국회의사속기록, 제24호(1949. 2. 7.)

8-66) 동아일보, 1949-4-26.

8-67) 정병준 (2006). 한국전쟁-38선 충돌과 전쟁의 형성. 돌베개. p.403.

8-68) 정병준 (2006). 한국전쟁-38선 충돌과 전쟁의 형성. 돌베개. p.240; Koo Papers, box 217, Koo Diaries, entry for 1950-1-4. 굿펠로우는 1949년 9월 27일 서울에 도착했다(895.00file, box 7127).

8-69) ibid. p.246; Syngman Rhee to Robert T. Oliver(1949-9-30). 국산편찬위원회(1996), 대한민국사자료집(이승만관계서한자료집) 2(1949-1950). p.158-159.

8-70) ibid. p.368; 국군의 방위태세는 완벽: 국방부 수뇌부와 본사 좌담회, 연합신문, 1949-5-26.

8-71)   Cumings, Bruce (2001). *Korea's place in the sun*. New York: W. W. Norton, Kindle Edition. loc. 3044.

8-72)   오기영 (1948). 외군주둔하에 자주독립국은 있을 수 있는가? 새한신보, 1948년 11월 상순호(2권 18호), 14쪽.

8-73)   United States Armed Forces in Korea, History of the United States Armed Forces in Korea(HUSAFIK), Washington D. C. Manuscript in Office of the Chief of the Military History, 돌베개(1988), 주한미군사, part 2, chapter 4, pp. 294-295.

8-74)   Kuzmarov, Jeremy. "The Korean War: Barbarism Unleashed." United States Foreign Policy History and Resource Guide website, 2016, http://peacehistory-usfp.org/yankee-imperialism.

8-75)   Report, Major Millard Shaw, Acting Advisor, "Guard of the 38th Parallel by the National Police," cited in Kuzmarov, Modernizing Repression, ch. 4; Cumings, The Origins of the Korean War, II: 129, 195.

8-76)   Channing Liem (1953). The Korean War (6.25, 1950 – 7.27, 1953) - An Unanswered Question.

8-77)   이희진 (2010). 6·25 미스터리. 가람기획. p. 133.

9장 전쟁계획의 치명적인 결함

9-1)   Thornton Richard C. (2000). *Odd man out: Truman, Stalin, Mao, and the origin of the Korean War*. Washington, D. C. : Brassey's. p. 4.

9-2)   ibid. p. 4.

9-3)   ibid. p. 4.

9-4)   ibid. p. 5.

9-5)   ibid. p. 5.

9-6)   ibid. p. 5.

9-7)   ibid. p. 6.

9-8)   ibid. p. 103.

9-9)   ibid. p. 103.

9-10)   ibid. p. 229; Yu Song-chol's Testimony, Part 10, FBIS-EAS, 1990-12-27, 28.

9-11)   ibid. p. 230.

9-12)   ibid. p. 230.

9-13)   ibid. p. 231; July 1, 1950, ciphered telegram, Fyn-Si (Stalin) to Soviet ambassador in Pyongyang (Shtykov), CSIHP, 6-7:40. 231

9-14)   1950, July 2, ciphered telegram, Shtykov to Fyn-Si(Stalin) re political mood in

North Korea, CWIHP, 6-7:42.

9-15) Thornton Richard C. (2000). *Odd man out: Truman, Stalin, Mao, and the origin of the Korean War*. Washington, D.C.: Brassey's. p.232; Harold B. Hinton, U.S. Troops Land in South Korea, North Bombed on Truman Order; Suwon Lost as Defense Weakens, *New York Times*, 1951-7-1, 1.

9-16) ibid. p.235; 8 July 1950, ciphered telegram, Shtykov to Fyn-Si(Stalin), transmission form Kim Il-sung to Stalin, CWIHP, 6-7:43-44.

9-17) 기광서(2004). 북한 무력 형성과 북소관계, 중소연구, 통권 103호, 230-231.

9-18) 양영조(1999). 소련의 대북한 군사정책(1948-1950), 국방부 군사편찬연구소, 군사, 제39호, 142.

9-19) G. Edward Griffin (1968). *The fearful master: a second look at the United Nations*. Boston and Los Angeles: Western Islands. p.176.

9-20) Thornton Richard C. (2000). *Odd man out: Truman, Stalin, Mao, and the origin of the Korean War*. Washington, D.C.: Brassey's. p.236.

9-21) ibid. p.236.

9-22) ibid. p.233.

9-23) ibid. p.236.

9-24) Appleman, Roy E. (1961). *South to Naktong, North to the Yalu*. Washington, DC: Office of the Chief Military History.

9-25) Thornton Richard C. (2000). *Odd man out: Truman, Stalin, Mao, and the origin of the Korean War*. Washington, D.C.: Brassey's. p.234; Field, History of United States Naval Operations: Korea(cited chap.8, n.1), 65, 98. The Juneau and Black-Swan appeared on the east coast for bombardment duty on July 4 and were joined by six other ships in subsequent days.

9-26) Alexander V. Pantsov, & Steven I. Levine (2012). *Mao: The Real Story*. New York: Simon & Schuster.

9-27) Sergei N. et al. (1995). *Uncertain partners: Stalin, Mao, and the Korean War*. Stanford, Calif: Stanford University Press. p.154; Interview with Kang Sang Ho, Yoo Sang Chul, and Chung Sang Min, 1992-4-13.

9-28) ibid. p.155.

9-29) ibid. p.239.

9-30) Appleman, Roy E. (1961). *South to Naktong, North to the Yalu*. Washington, DC: Office of the Chief Military History. p.264.

9-31) Sergei N Gončarov, et al. (1995). *Uncertain partners: Stalin, Mao, and the Korean War*. Stanford, Calif: Stanford University Press. p.150.

9-32) Thornton Richard C. (2000). *Odd man out: Truman, Stalin, Mao, and the origin of *the Korean War*. Washington, D.C.: Brassey's. p.110.

9-33)   ibid. p.113.

9-34)   Chesterton, A. K. (1965). *The new unhappy lords: An exposure of power politics.* Candour Publishing Co. p.44.

9-35)   사회과학출판사(1967), 조선전쟁사 2, 정익우(1991), 조국해방론 비판 상, 통일일보사. p.312-313.

9-36)   ATIS Interrogation, Report no.1468(1950. 9. 29.) 국사편찬위원회(1996). 남북한관계사료집 (북한군포로심문보고서 9-10호), 25집, 208쪽; 정병준 (2006). 한국전쟁-38선 충돌과 전쟁의 형성. 돌베개. p.735.

9-37)   정병준 (2006). 한국전쟁-38선 충돌과 전쟁의 형성. 돌베개. p.735.

9-38)   ibid. p.736-736.

9-39)   안용현 (1987). 한국전쟁의 허와 실. 高麗苑. p.419.

9-40)   정병준 (2006). 한국전쟁-38선 충돌과 전쟁의 형성. 돌베개. p.743.

10장 휴전협상의 지연

10-1)   https://lettersofnote.com/2011/04/06/finished-with-the-war-a-soldiers-declaration/

10-2)   Macgregor, Jim & Docherty, Gerry (2018). *Prolong the agony: How The Anglo-American Establishment Deliberately Extended WWI by Three-and-a-Half Years.* Walterville, OR: Trine Day. p.90.

10-3)   ibid. p.312.

10-4)   ibid. p.311.

10-5)   Deane, H. (1999). *The Korean War 1945-1953.* San Francisco: China Books. p.181.

10-7)   ibid. p.181.

10-8)   ibid. p.182.

10-9)   ibid. p.190.

10-10)   커밍스 (1986). 한국전쟁의 기원. (김자동 옮김). 역사비평사. p.70.

10-11)   Foot, Rosemary (1990). *A substitute for victory: The politics of peacemaking at the Korean armistice talks.* Cornell University Press. pp.47.

10-12)   ibid. p.47.

10-13)   ibid. p.47.

10-14)   Deane, H. (1999). *The Korean War 1945-1953.* San Francisco: China Books. p.182.

10-15)   Knightley, Phillip (1990). *The first casualty of war.* London: Pan Books.

10-16)   Burchett, Wilfred G. (1968). *Again Korea*. New York: International Publishers. p.33.

10-17)   ibid. p.34.

10-18)   ibid. p.35.

10-19)   ibid. p.35.

10-20)   ibid. p.35.

10-21)   ibid. p.35.

10-22)   Aronson, James (1970). *The Press and the Cold War*. Monthly Review Press: New York. p.122.

10-23)   ibid. p.114.

10-24)   ibid. p.122.

10-25)   김명섭 (2015). 전쟁과 평화: 6·25전쟁과 정전체제의 탄생. 서강대학교 출판부.

10-26)   Truman, Harry S. (1965). *Memoirs 2: Years of Trial and Hope*. New York: The New American Library. p.489-490.

10-27)   ibid. p.489.

10-28)   Deane, H. (1999). *The Korean War 1945-1953*. San Francisco: China Books. p.167.

10-29)   ibid. p.167.

10-30)   ibid. p.167.

10-31)   Foot, Rosemary (1990). *A substitute for victory: The politics of peacemaking at the Korean armistice talks*. Cornell University Press. p.116.

10-32)   ibid. 116-117.

10-33)   Deane, H. (1999). *The Korean War 1945-1953*. San Francisco: China Books. p.167.

10-34)   Casey, Steven (2010). *Selling the Korean War*. New York: Oxford University Press.

10-35)   Clark, Mark Wayne (1988). *From the Danube to the Yalu*. Blue Ridge Summit, Pa: TAB Books.

10-36)   Casey, Steven (2010) Wilfred Burchett and the UN command's media relations during the Korean War, 1951-52. *Journal of Military History*, 74.

10-37)   Chossudovsky, Michel (2015). *The Globalization of War: America's "Long War" against Humanity*. Canada: Global Research. ibid. p.27.

10-38)   Foot, Rosemary (1990). *A substitute for victory: The politics of peacemaking at the Korean armistice talks*. Cornell University Press. p.108.

10-39)   ibid. p.109.

10-40)   ibid. p.110.

10-41)   Deane, H. (1999). *The Korean War 1945-1953*. San Francisco: China Books. p.190.

10-42)   Foot, Rosemary (1990). *A substitute for victory: The politics of peacemaking at the Korean armistice talks*. Cornell University Press. p. 108; RG 59, PPS Records, box 20, C. B. Marshall to Paul Nitze, Jan. 28, 1952, NA.

10-43)   Burchett, Wilfred G. & Alan Winnington (1954). *Plain Perfidy*. Britain-China Friendship Association.

10-44)   Epstein, Julius (1973). *Operation Keelhaul*. Old Greenwich, Conn.: Devin-Adair.

10-45)   Deane, Hugh (1999). *The Korean War, 1945-1953*. San Francisco: China Books & Periodicals.

10-46)   Foot, Rosemary (1990). *A substitute for victory: The politics of peacemaking at the Korean armistice talks*. Cornell University Press. p. 158.

11장 김일성은 어떻게 북조선의 지도자가 되었나?

11-1)   커밍스 (1986). 한국전쟁의 기원. (김자동 옮김). 역사비평사. p. 111.

11-2)   ibid. p. 84.

11-3)   Suh, Dae-Sook (1995). *Kim Il Sung: The North Korean Leader*. New York: Colombia Univ. Press. p. xiii.

11-4)   ibid. p. 30.

11-5)   커밍스 (1986). 한국전쟁의 기원. (김자동 옮김). 역사비평사. p. 91.

11-6)   ibid. p. 93.

11-7)   기광서 (1998). 1940년대 전반 소련군 88독립보병여단 내 김일성 그룹의 동향. 역사와 현실 28, p. 258.

11-8)   ibid. p. 258.

11-9)   이종석 (1988). 북한지도집단과 항일무장투쟁. 성균관대학교. p. 82.

11-10)   기광서 (1998). 1940년대 전반 소련군 88독립보병여단 내 김일성 그룹의 동향. 역사와 현실 28, p. 259.

11-11)   이종석 (1988). 북한지도집단과 항일무장투쟁. 성균관대학교. p. 229-232.

11-12)   Wada Haruki & Frank Baldwin (2013). *The Korean War: An International History*. New York: Rowman & Littlefield.

11-13)   이종석 (1988). 북한지도집단과 항일무장투쟁. 성균관대학교. p. 260.

11-14)   기광서 (1998). 1940년대 전반 소련군 88독립보병여단 내 김일성 그룹의 동향. 역사와 현실 28. p. 263.

11-15)   Sergei N Gončarov, et al. (1995). *Uncertain: partners Stalin, Mao, and the Korean War*. Stanford, Calif: Stanford University Press. p. 131.

11-16)   6·25때 북한군 작전국장/유성철 "나의 증언":5. 한국일보, 1990-11-6.

11-17)   커밍스 외 (2005). 악의 축의 발명: 미국의 북한, 이란, 시리아 때리기. 지식의풍경. p.24.

11-18)   김진호 (2008). 미군이 가장 주목한 지도자는 조만식…5인 평가표 발굴. 경향신문, 2008-8-8.

11-19)   Suh, Dae-Sook (1995). *Kim Il Sung: The North Korean Leader*. New York: Colombia Univ. Press. p.101.

11-20)   ibid. p.101.

11-21)   ibid. p.105.

11-22)   ibid. p.109.

11-23)   김국후 (2008). 평양의 소련군정. 한울. ibid. p.57.

11-24)   기광서 (1998). 1940년대 전반 소련군 88독립보병여단 내 김일성 그룹의 동향. 역사와 현실 28, p.272.

11-25)   이종석 (1988). 북한지도집단과 항일무장투쟁. 성균관대학교. p.280.

11-26)   기광서 (1998). 1940년대 전반 소련군 88독립보병여단 내 김일성 그룹의 동향. 역사와 현실 28, p.273.

11-27)   ibid. p.274.

11-28)   김국후 (2008). 평양의 소련군정. 한울. p.236.

11-29)   ibid. p.279.

11-30)   Becker, Jasper (2007). *Rogue regime: Kim Jong Il and the looming threat of North Korea*. New York: Oxford University Press. p.50.

11-31)   이휘성 (2013). 김일성 고향이 만경대로 알고 계시죠? 사실은요 DailyNK, 2013-12-26.

11-32)   Mark O'Neill (2010). Kim Il-sung's secret history. *South China Morning Post*, 17 October, 2010-10-17.

11-33)   Anatoly Medetsky (2004). Kim Il Sung's Soviet Image-Maker. *The Moscow Times*, 2004-7-22.

11-34)   "Kim Il Sung's Soviet Image-Maker" (http://oldtmt.vedomosti.ru/sitemap/free/2004/7/article/kim-il-sungs-soviet-image-maker/229454.html)

11-35)   김국후 (2008). 평양의 소련군정. 한울. p.72-73.

11-36)   ibid. p.74-75.

11-37)   Morosov, p.10: interview with G. Guzmin, April-July 1991, and with a former high-ranking Soviet military adviser to Korea, June 1991; Sergei N Gončarov, et al. (1995). *Uncertain partners: Stalin, Mao, and the Korean War*. Stanford, Calif: Stanford University Press.

11-38)   정병준 (2006). 한국전쟁-38선 충돌과 전쟁의 형성. 돌베개. p.244.

11-39) 스탈린·김일성 면담(1949. 3. 7.), 진실과 수수께끼, 토르쿠노프.

11-40) Grigory Mekler 〈The Godfather〉 Kim Jong Il. (https://www.peoples.ru/military/colonel/mekler/)

11-41) Sergei N Gončarov, et al. (1995). *Uncertain partners: Stalin, Mao, and the Korean War*. Stanford, Calif: Stanford University Press. p. 139.

11-42) ibid. p. 145; 62) Interview with M. S. Kapitas, April 3, 1992.

11-43) Jager, Sheila Miyoshi (2014). *Brothers at War*. New York: W W Norton.

11-44) Hao Yufan & Zhai Zhihai (1990). China's decision to enter the Korean War, History Revisited. *China Quarterly*, 121(March), 100; *Uncertain Partners*. p. 146.

11-45) Interview with M. S. Kapitsa, April 3, 1992; Sergei N Gončarov, et al. (1995). *Uncertain partners: Stalin, Mao, and the Korean War*. Stanford, Calif: Stanford University Press. p. 146.

11-46) Sergei N Gončarov, et al. (1995). *Uncertain partners: Stalin, Mao, and the Korean War*. Stanford, Calif: Stanford University Press. p. 149.

11-47) 한국일보 기획시리즈 6·25 발발전후(2), 2020-6-22. (https://www.koreatimes.net/ArticleViewer/Article/129911)

11-48) Sergei N Gonccarov, et al. (1995). *Uncertain partners: Stalin, Mao, and the Korean War*. Stanford, Calif: Stanford University Press. p. 150.

11-49) ibid. p. 150.

11-50) Thornton Richard C. (2000). *Odd man out: Truman, Stalin, Mao, and the origin of the Korean War*. Washington, D. C.: Brassey's. p. 111.

11-51) ibid. p. 112.

11-52) Gaddis, John Lewis (2005). *Strategies of Containment: A Critical Appraisal of American National Security Policy During the Cold War*. New York: Oxford University Press. p. 108.

11-53) Hunt, Michael & Levine, Steven (2012). *Arc of Empire: America's Wars in Asia from the Philippines to Vietnam*. Chapel Hill, NC: The University of North Carolina Press. p. 106.

11-54) Sergei N Gončarov, et al. (1995). *Uncertain partners: Stalin, Mao, and the Korean War*. Stanford, Calif: Stanford University Press. p. 155.

11-55) ibid. p. 155.

11-56) Janis, Irving L. (1973). *Groupthink*. Del Mar, Ca.: McGraw-Hill Films.

12장 미국은 왜 이승만을 택했는가?

12-1) 정병준 (2005). 우남이승만연구. 역사비평사. p.124-130.

12-2) ibid. p.157~158.

12-3) Cumings, Bruce (2001). *Korea's place in the sun.* New York: W.W. Norton.

12-4) CIA, "Prospects for the Survival of the Republic of Korea," ORE 44-48, Oct. 28, 1948, Appendix A, "Personality of Syngman Rhee"; CIA, "National Intelligence Survey, Korea."

12-5) Allen, Richard (1960). *Korea's Syngman Rhee.* Rutland, Vt.: Charles E. Tuttle Co.

12-6) Hastings, Max. (1988). *Korean War.* Simon & Schuster. p.33-34.

12-7) 커밍스 (1986). 한국전쟁의 기원. (김지동 옮김). 역사비평사. p.272-273.

12-8) ibid. p.273.

12-9) Bruce Cumings (2002). *The Origins of the Korean War, Vol II: The roaring of the cataract* (originally published in 1990). Seoul: Yuksabipyungsa. p.62.

12-10) ibid. p.63.

12-11) War Report of the Office of Strategic Service, pp.26, 72-74; William Corson, Armies of Ignorance, p.178-80.

12-12) Bruce Cumings (2002). *The Origins of the Korean War, Vol II: The roaring of the cataract* (originally published in 1990). Seoul: Yuksabipyungsa. p.135.

12-13) Oliver, Robert. Rhee and American Involvement 1942-1960. p.224.

12-14) Bruce Cumings (2002). *The Origins of the Korean War, Vol II: The roaring of the cataract* (originally published in 1990). Seoul: Yuksabipyungsa. p.511.

12-15) 와다 하루키 (1995). 한국전쟁. 창작과비평사. p.21.

13장 한국전쟁의 큰 그림

13-1) Posner, E. A., Spier, K. E. & Vermeule, A. (2010). Divide and conquer. *Journal of Legal Analysis,* 2(2), 417-471.

13-2) Horowitz, D. L. (2000). *Ethnic groups in conict.* Berkeley: University of California Press.

13-3) Gourevitch, P. (1998). *We wish to inform you that tomorrow we will be killed with our families: Stories from Rwanda.* London: Macmillan.

13-4) Pottier, J. (2002). *Re-imaging Rwanda.* Cambridge: Cambridge University Press.

13-5) Simon Alder Yikai Wang (2014). Divide and Rule: An Origin of Polarization and Ethnic Conflict. Working Paper No. 423.

13-6) Newbury, M. C. (1988). *The Cohesion of Oppression: clientship and ethnicity in*

Rwanda, 1860-1960. New York: Columbia University Press.

13-7) Fearon, J. D. & Laitin, D. D. (2000). Violence and the social construction of ethnic identity. *International Organization,* 54(4), 845-877.

13-8) Military Cold War Education and Speech Review Policies Hearing before the Special Preparedness Subcommittee of the Committee on Armed Forces, United States Senate 87th Congress, Second Session, Part 6, May 16, 24, June 4, 7, 8, 1962. pp. 2875.

13-9) 정병준 (2006). 한국전쟁-38선 충돌과 전쟁의 형성. 돌베개. pp. 164; 동아일보, 1947-5-21.

13-10) ibid. p. 188.

13-11) ibid. p. 221.

13-12) 정병준 (2006). 한국전쟁-38선 충돌과 전쟁의 형성. 돌베개. p. 248.

13-13) ibid. p. 248.

13-14) Millet, Allan R. (2000). Captain Hausman and the Formation of the Korean Army 1945-1950. *Military History,* 40, 229-272.

13-15) 존 메릴 (2004). (새롭게 밝혀낸) 한국전쟁의 기원과 진실. 두산동아.

13-16) 그레고리 헨더슨 (2000). 소용돌이의 한국. 한울아카데미, p. 251.

13-17) 브루스 커밍스 (1986). 한국전쟁의 기원, 상권, p. 155-156.

13-18) 커밍스, 외 (2005). 악의 축의 발명: 미국의 북한, 이란, 시리아 때리기. 지식의풍경. p. 5.

13-19) Stone, I. F. (2014). *The hidden history of Korean War.* Kindle Edition. loc. 5742.

13-20) ibid. loc. 5470

13-21) 커밍스, 외 (2005). 악의 축의 발명: 미국의 북한, 이란, 시리아 때리기. 지식의풍경. p. 54.

13-22) Hayakawa, S. I. (1941). *Language in action.* New York: Harcourt, Brance and Company.

13-23) 서복경 (2015). 무슨 말만 하면 빨갱이, 종북, 좌빨: 반공 세대의 탄생. HuffPost, 2015-12-20.

13-24) 김득중 (2009). 빨갱이의 탄생. 선인.

13-25) 강성현 (2017). '빨갱이' 증오정치의 적폐 청산은 언제쯤. 주간경향 1239호, 2017-8-15.

13-26) ibid.

14장 돈으로 살 수 있는 최고의 적

14-1) Appendix B: Testimony of the Author Before Subcommittee VII of the Platform at Miami Beach, Florida, August 15, 1972, at 2:30 P.M. (https://archive.org/stream/Nati onalSuicideMilitaryAidToTheSovietUnionByAntonyC.Sutton194/Testimonyoftheauthorbefor eSubcommitteeviioftheplatformCommitteeoftherepublicanpartyAtmiamibeachfloridaAugust1 51972at2-30p.m-8_djvu.txt)

14-2) Sutton, A. C. (1968). *Western Technology and Soviet Economic Development: 1917– 1930*. Hoover Institute Publication.

14-3) Sutton, A. C. (1971). *Western Technology and Soviet Economic Development: 1930– 1945*. Hoover Institute Publication.

14-4) Sutton, A. C. (1973). *Western Technology and Soviet Economic Development: 1945– 1965*. Hoover Institute Publication.

14-5) Sutton, Antony (1973). *National Suicide: Military Aid to the Soviet Union*. New Rochester, NY: Arlington House.

14-6) ibid. p. 39.

14-7) Antony C. Sutton (2009). *America's Secret Establishment*. Walterville, OR: Trine Day.

15장 볼셰비키 혁명과 월스트리트

15-1) Sutton, A. (1974). *Wall Street and the Bolshevik Revolution*. Forest Row: Clairview Books. loc. 6.

15-2) ibid. loc. 196.

15-3) ibid. loc. 202.

15-4) ibid. loc. 219.

15-5) Senate Document No. 62, 66th Congress, Report and Hearings of the Subcommittee on the Judiciary, United States Senate, 1919, Vol. II, p. 2680.

15-6) Sutton, A. (1974). *Wall Street and the Bolshevik Revolution*. Forest Row: Clairview Books. loc. 222.

15-7) Wise, Jennings C. (1938). *Woodrow Wilson: Disciple of Revolution*. New York: Paisley Press.

15-8) Sutton, A. (1974). *Wall Street and the Bolshevik Revolution*. Forest Row: Clairview Books. loc. 421.

15-9) ibid. loc. 399.

15-10) Moody, John (1904). *The Truth about the Trusts*. New York: Moody Publishing.

15-11)   Sutton, A. (1974). *Wall Street and the Bolshevik Revolution.* Forest Row: Clairview Books. loc. 1511.

15-12)   ibid. loc. 71-81.

15-13)   ibid. loc. 1416.

15-14)   ibid. loc. 1430.

15-15)   ibid. loc. 2208.

15-16)   ibid. loc. 2248.

15-17)   ibid. loc. 1511.

15-18)   예영준 (2018). 개혁개방 40년…목숨걸고 찍은 18개 손도장이 중국을 바꿨다. 중앙일보, 2018-12-17.

15-19)   Evans, R. (1993). *Deng Xiaoping and the making of modern China.* London: Penguin.

15-20)   Peng, X. (1987). Demographic consequence of the Great Leap Forward in China's provinces. *Population and Development Review,* 13 (4), 639-670.

15-21)   Erik Eckholm (1998). Xiaogang Journal; Village of Small Farmers Marks Own Great Leap. *New York Times,* 1998-9-19.

15-22)   Tyler, P. E. (1997). Obituary: Deng Xiaoping: A political wizard who put China on the capitalist road. *New York Times,* 1997-2-20.

16장 양쪽을 조종하다

16-1)   Sutton, A. (1974). *Wall Street and the Bolshevik Revolution.* Forest Row: Clairview Books. ibid. loc. 2977.

16-2)   ibid. loc. 3006.

16-3)   Jordan, George Racey & Stokes, Richard L. (1952). *From Major Jordan's diaries.* Belmont, Mass.: Western Islands.

16-4)   Testimony of George Racey Jordan, March 3, 1950, U.S. Congress, House of Representatives, Committee on Un-American Activities, Hearings Regarding Shipment of Atomic Material to the Soviet Union During World War II 81st Cong, ad Sess. (Washington: Government Printing Office, 1950), p. 1156.

16-5)   ibid. p. 1149.

16-6)   Sherwood, Robert (2001). *Roosevelt and Hopkins.* Newport Beach, CA: Books on Tape. p. 4; Brown, Elizabeth Churchill (1956). *The Enemy at His Back.* Arcole Publishing. Kindle Edition. loc. 1079.

16-7)   ibid. loc. 1083.

16-8)   ibid. loc. 1083.

16-9)   ibid. loc. 1087

16-10)   McIlvaine, Bill (2000). Harry Hopkins: President Franklin D. Roosevelt's Deputy President. American History Magazine, Personalities, Politics.

16-11)   Brown, Elizabeth Churchill (1956). *The Enemy at His Back.* Arcole Publishing. Kindle Edition. loc. 1096.

16-12)   ibid. loc. 1100.

16-13)   ibid. loc. 1100.

16-14)   ibid. loc. 1192.

16-15)   Romerstein, Herbert & Evans, M Stanton (2014). *Stalin's secret agents : the subversion of roosevelt's government.* New York: Threshold Editions. p. 120.

16-16)   Rusher, William (2001). Harry Hopkins, Soviet agent. *Washington Times,* 2001-1-4.

16-17)   Perloff, J. (1989). *The shadows of power: the Council on Foreign Relations and the American decline.* Appleton, Wis.: Western Islands. p. 128.

16-18)   ibid. p. 130.

16-19)   Skousen, W. Cleon (1970). *The Naked Capitalist: A reivew and commentary on Dr. Quigley's book.* Cutchogue, NY: Buccaneer Books.

16-20)   Bella V. Dodd (1954). *School of Darkness.* Angelico Press.

16-21)   Castro a non-Communist, C.I.A. said in 1959. *NY Times,* 1982-3-28.

16-22)   Smith, Earl E. T. (1962). *The Fourth Floor.* New York: Random House.

16-23)   1950s CIA Aid to Castro Reported. *Associated Press,* 1986-10-19.

16-24)   Janis, I. L. (1972). *Groupthink: psychological studies of policy decision and fiascoes.* Boston, MA: Houghton Mifflin.

16-25)   Frank de Varona & Alex Newman (2018). U.S. Globalists Put Castro in Power and Kept Him There. *The New American,* 2018-6-7.

16-26)   https://www.quora.com/Is-it-true-that-John-F-Kennedy-said-I-will-splinter-the-CIA-into-a-thousand-pieces-and-scatter-it-into-the-wind

16-27)   짐 개리슨 (1992). JFK - 케네디 대통령 암살의 진상. 고려원.

17장 딥스테이트

17-1)   Edith Kermit Roosevelt, Elite Clique Holds Power in U.S., *Indianapolis News,* p. 6. 1961-12-23.

17-2)   Don Bell, "Who Are Our Rulers?," *American Mercury,* 1960-9, p. 136.

17-3) Stormer, John (1964). *None Dare Call It Treason*. Cutchogue, N.Y.: Buccaneer Books.

17-4) Quigley, Carroll (1966). *Tragedy and Hope: A History of the World in Our Time*. New York: Macmillan Company.

17-5) Tracy, James F. (2018). The CIA and the Media: 50 Facts the World Needs to Know. *Global Research*, 2018-1-30.

17-6) Davis, Deborah (2017). *Katharine the Great: Katharine Graham and Her Washington Post Empire*. Graymalkin Media, LLC. Kindle Edition. loc. 2015.

17-7) Udo Ulfkotte (2019). *Journalists for Hire: How the CIA Buys News*. (trans. Andrew Schlademan). San Diego, CA: Progressive Press.

17-8) 박성국 (2019). 한국 언론 신뢰도, 4년 연속 부동의 꼴찌. 서울신문, 2019-6-14.

17-9) SELECT COMMITTEE ON INTELLIGENCE OF THE UNITED STATES SENATE ONE HUNDRED FOURTH CONGRESS SECOND SESSION ON CIA'S USE OF JOURNALISTS AND CLERGY IN INTELLIGENCE OPERATIONS. JULY 17, 1996.

17-10) Russian intelligence head says CIA, Pentagon implicated in Belarus unrest. *TASS*, 2020-9-29. (https://tass.com/politics/1206455)

17-11) 유강문 (2006). 미국, 이라크 침공 후 종교지도자 매수공작. 한겨레, 2006-1-4.

18장 외교협회(CFR)

18-1) Matt Peppe (2016). Hillary Clinton, The Council on Foreign Relations and The Establishment. *Global Research*, 2016-2-25.

18-2) Christian Science Monitor, September 1, 1961, p.9.

18-3) Perloff, J. (1989). *The shadows of power: the Council on Foreign Relations and the American decline*. Appleton, Wis.: Western Islands. p.7.

18-4) ibid. p.191.

18-5) Phyllis Schlafly & Chester Ward (1975). *Kissinger on the Couch*. New Rochelle, New York: Arlington House. p.151.

18-6) Shulzinger, Robert D. (1984). *The Wise Men of Foreign Affairs: The History of the Council on Foreign Relations*. New York: Columbia University Press. p.6.

18-7) Quigley, Carroll (1966). *Tragedy and Hope: A History of the World in Our Time*. Macmillan Company, New York, p.952.

18-8) Perloff, J. (1989). *The shadows of power: the Council on Foreign Relations and the American decline*. Appleton, Wis.: Western Islands. p.38.

18-9) ibid. loc.65.

18-10) Dall, Curtis Bean (1967). *Franklin Delano Roosevelt: My Exploited Father-in-Law.* Tulsa, Okla. : Christian Crusade Publications. p. 24.

18-11) ibid. p. 185.

18-12) ibid. p. 145.

18-13) ibid. p. 106.

18-14) Anthony Lukas (1966). *New York Times,* March 2, 1966, p. 40.

18-15) Perloff, J. (1989). *The shadows of power: the Council on Foreign Relations and the American decline.* Appleton, Wis. : Western Islands. p. 145.

18-16) ibid. p. 88.

18-17) White, Theodore (1960). *The Making of the President.* New York: Atheneum, p. 199.

18-18) Perloff, J. (1989). *The shadows of power: the Council on Foreign Relations and the American decline.* Appleton, Wis. : Western Islands. p. 143.

18-19) ibid. p. 141.

18-20) ibid. p. 157.

18-21) ibid. p. 127.

18-22) ibid. p. 129.

18-23) ibid. p. 136.

18-24) ibid. p. 135.

18-25) [On the Problem of Constituting an Independent Political Regime in Korea], The Minute of Forty-Fifth Meeting of the Political Group, Records of the Council of Foreign Relations, No. P-A 45, F 444, Council on Foreign Relations, March 20, 1944, p. 8.

18-26) 이완범 (1990). 해방전후사의 인식. 한길사.

18-27) David N. Rowe (1944). The Problem of Constituting an Independent Political Regime in Korea. Studies of American Interests in the War and the Peace, Records of the Council of Foreign Relations, No. P-B 81, F 459, Council on Foreign Relations, May 22, 1944, p. 5.

18-28) Grajdanzev, A. J. (1944). Korea in the Postwar World. *Foreign Affairs,* 22. 1944-4.

18-29) "Countering Criticism of the Warren Commission Report". 1967-4-1. (http://www.namebase.net:82/foia/jfk01.html)

18-30) Tom Jacobs, T. (2015). Some Dare Call It Conspiracy: Labeling Something a Conspiracy Theory Does Not Reduce Belief in It, *Political Psychology,* 37(5), 695-705.

19장 미국의 전쟁범죄

19-1) Hauben, Ronda (2018). The role of the UN in the unending Korean War. "United Nations Command" as camouflage. *Global Research*, 2018-3-12.

19-2) 백남주 (2019). 유엔사의 유엔깃발 사용 즉각 중단되어야. 자주시보, 2019-10-03.

19-3) Fisher, Louis (1995). The Korean War: On What Legal Basis Did Truman Act? *American Journal of International Law*, Jan 1995. (89 Am J. Int'l L. 21), p. 30.

19-4) Tom O'Connor (2017). What War With North Korea Looked Like in the 1950s and Why It Matters Now. *Newsweek*, 2017-5-4.

19-5) The Destruction and Reconstruction of North Korea, 1950 - 1960. (https://apjjf. org/-Charles-K.-Armstrong/3460/article.html)

19-6) Boggs, Carl (2010). *The Crimes of Empire: Rogue Superpower and World Domination.* New York: Palgrave Macmillan.

19-7) Robert Barsocchini (2017). Endless Atrocities: The US Role in Creating the North Korean Fortress-State. *Global Research*, 2017-4-28.

19-8) Report of the International Scientific Commission for the Investigation of the Facts Concerning Bacterial Warfare in Korea and China. (https://assets.documentcloud.org/documents/4334133/ISC-Full-Report-Pub-Copy.pdf)

19-9) Charles K. Armstrong (2009). The Destruction and Reconstruction of North Korea, 1950-1960. *The Asia-Pacific Journal*, Vol 7, Issue 0.

19-10) https://www.iadllaw.org/newsite/wp-content/uploads/2017/10/Crime_Reports_1. pdf

19-11) https://www.documentcloud.org/documents/4334133-ISC-Full-Report-Pub-Copy.html

19-12) John Powell (1981). Japan's Biological Weapons. *Bulletin of the Atomic Scientists*, Oct 1981.

19-13) Jeffrey Kaye, 'REVEALED: The long-suppressed official report on US biowarfare in North Korea', Insurge Intelligence. (https://medium.com/insurge-intelligence/the-long-suppressed-korean-war-report-on-u-s-use-of-biological-weapons-released-at-last-20d83f5cee54#_edn1)

19-14) https://www.documentcloud.org/documents/4334133-ISC-Full-Report-Pub-Copy.html

19-15) Blaine Harden (2015). The U.S. war crime North Korea won't forget. *New York Times*, 2015-3-24.

19-16) Prof Michel Chossudovsky (2011). North Korea versus the United States: Who are the Demons? North Korea Lost 30% of Its Population as a Result of US Bombings in the 1950s. *Global Research*, 2011-12-24.

19-17) Max Fishermax (2015). Americans have forgotten what we did to North Korea. *Vox*, 2015-8-3.

19-18) 리인숙 (2019). 문대통령 하늘이 준 이 기회를 잃지 말라. 프레스아리랑, 2019-8-29.

20장 전쟁의 공식

20-1) Henry Stimson diary p. 5433-5435, cited by Stinnett, Robert (2004). *Day of Deceit: The Truth about FDR and Pearl Harbour*. New York: Touchstone. p. 178.

20-2) Stinnett, Robert (2004). *Day of Deceit: The Truth about FDR and Pearl Harbour*. New York: Touchstone. p. 9.

20-3) Medea Benjamin & Nicholas J. S. Davies (2018). The staggering death toll in Iraq. *Alternet*, 2018-3-19.

찾아보기

두 얼굴의 미국과 한국전쟁

개정판 1쇄 인쇄	2023년 05월 14일
개정판 1쇄 발행	2023년 05월 11일
지은이	오로지·남호정
펴낸이	김양수
책임편집	이정은
교정교열	이봄이
펴낸곳	휴앤스토리
	출판등록 제2016-000014
	주소 경기도 고양시 일산서구 중앙로 1456 서현프라자 604호
	전화 031) 906-5006
	팩스 031) 906-5079
	홈페이지 www.booksam.kr
	이메일 okbook1234@naver.com
	블로그 blog.naver.com/okbook1234
	페이스북 facebook.com/booksam.kr
ISBN	979-11-89254-84-1 (03340)

휴앤스토리, 맑은샘 브랜드와 함께하는 출판사입니다.